Klaus Ranzenberger

Kehraus

Noch ein Fall für den Onkel Franz

Innviertler Krimödie

Klaus Ranzenberger

Kehraus

Noch ein Fall für den Onkel Franz

Innviertler Krimödie
VERLAG ANTON PUSTET

Ebenfalls erschienen:

Der Onkel Franz oder die Typologie des Innviertlers – 978-3-7025-0767-1
Neues vom Onkel Franz oder die Odyssee eines Innviertlers – 978-3-7025-0900-2
Alles Gute vom Onkel Franz oder der Innviertler im Jahreskreis – 978-3-7025-0975-0

Mostkost. Ein Fall für den Onkel Franz – 978-3-7025-1025-1

Impressum

Bibliografische Information der Deutschen Nationalbibliothek
Die Deutsche Nationalbibliothek verzeichnet diese Publikation
in der Deutschen Nationalbibliografie; detaillierte bibliografische
Daten sind im Internet über http://dnb.d-nb.de abrufbar.

© 2023 Verlag Anton Pustet
5020 Salzburg, Bergstraße 12
Sämtliche Rechte vorbehalten.

Coverfoto: Kurt Salhofer
Foto U4: © Claire Slingerland/shutterstock.com
Autorenfoto: HCH-Fotopress

Grafik, Satz und Produktion: Tanja Kühnel
Lektorat: Martina Schneider
Druck: FINIDR, s.r.o.
Gedruckt in der EU

ISBN 978-3-7025-1075-6
Auch als eBook erhältlich: eISBN 978-3-7025-8106-0

Entdecken Sie die Vielfalt unseres Programms auf www.pustet.at

Wir bemühen uns bei jedem unserer Bücher um eine ressourcenschonende Produktion.
Alle unsere Titel werden in Österreich und seinen Nachbarländern gedruckt.
Um umweltschädliche Verpackungen zu vermeiden, werden unsere Bücher
nicht mehr einzeln in Folie eingeschweißt. Es ist uns ein Anliegen, einen nachhaltigen
Beitrag zum Klima- und Umweltschutz zu leisten.

„Der Vorteil der Klugheit besteht darin,
dass man sich dumm stellen kann.
Das Gegenteil ist schon schwieriger."

Kurt Tucholsky

Prolog

Jetzt ist es also schon wieder passiert. Obwohl ich mehr oder weniger versprochen hatte, meinen Figuren Derartiges nicht mehr zuzumuten. Das beschauliche Biotop, in dem ich sie angesiedelt habe und das nicht zufällig eine gewisse Ähnlichkeit mit jenem aufweist, in dem ich selbst aufwachsen durfte, wird erneut heimgesucht von zwielichtigen Elementen, schon wieder wird es kriminell in der sonst so idyllischen Provinz.

Doch glauben Sie mir, mich trifft keine Schuld. Ich gehe sogar so weit, zu behaupten, mit der ganzen Sache nichts zu tun zu haben. Es entspricht zwar sonst nicht meiner Art, mich aus der Verantwortung zu stehlen, und genau genommen könnte man argumentieren, dass ja schließlich ich es war, der den Stein ins Rollen gebracht hat. Immerhin hab ich ihn erfunden, den Onkel Franz. Und all die anderen. Was mich ein bisserl zum Vater meiner Protagonisten macht, sie damit gleichsam zu meinen Kindern.

Jo na eh. Aber sie sind mir entglitten. Haben sich, nachdem ihre Art und Persönlichkeit Form angenommen hatten, selbstständig gemacht und ihr Eigenleben entwickelt. Vor allem er selbst, der geschätzte Onkel. Grundsätzlich von angenehmem, ausgeglichenem Charakter, ist ihm eine derart ausgeprägte Sturheit eigen, welche es mir schon seit Längerem unmöglich macht, sein Handeln zu beeinflussen. Und so nimmt sie also ihren Lauf, die folgende Geschichte, und degradiert den Autor selbst zum hilflosen Beobachter.

Na ja, zugegeben, ganz so ist es dann auch nicht. Wovon ich mich nämlich nicht völlig distanzieren kann, ist der Fokus, den dieses Buch auf die Befindlichkeiten der Kleinstadt-Bourgeoisie legt.

Denn die sind einzigartig. Sind so weder im kleinen Dorf noch in der Großstadt zu finden. Derartiges gedeiht nur im Semi-Urbanen. Auf den kommenden Seiten werden Sie, geschätzte Leserin, geschätzter Leser, schnell merken, was ich damit meine.

Beim Onkel Franz entschuldige ich mich an dieser Stelle vorsorglich für alle Unannehmlichkeiten, welche ihn womöglich gleich heimsuchen werden, der interessierten Leserschaft wünsche ich viel Vergnügen!

Bleibt nur noch, wie schon in vorangegangenen Büchern erwähnt, auf die Art einzugehen, wie wir mit der Schreibweise des Innviertler Dialekts in den Passagen der direkten Rede verfahren sind. Wieder ist der Leser aufgefordert, seine Fantasie, sein eigenes Idiom einzubringen, der besseren Lesbarkeit zuliebe haben wir nämlich erneut auf allzu bunte Lautmalerei verzichtet. Dennoch sind und bleiben wir im Innviertel, lassen Sie es sich also ja nicht einfallen, dem Onkel Franz Hochdeutsches in den Mund zu legen, gell?

1

Montag, früher Vormittag. Nach dem Frühstück und der darauffolgenden, ausgiebigen Lektüre der Tageszeitung steht der Onkel Franz jetzt im Schuppen hinter dem Haus. Die Hände in den Hosentaschen dreht er sich langsam, kaum merklich um die eigene Achse, lässt seinen Blick schweifen. Er sucht etwas.

Der nicht sehr große Raum dient zuallererst als Unterstand für des Onkels Moped, der Puch MV50. Auch sein altes Kanapee, das früher in der Stube stand, bevor die Tante darauf beharrte, es auszutauschen, hat hier eine neue Heimat gefunden. Weiters beherbergt der Schuppen allerlei Gartengerät und eine kleine Werkbank. Eigenbau, versteht sich. Einen Schraubstock gibt es und – ordentlich an der Wand aufgehängt – diverse Schraubenzieher und -schlüssel, Feilen und Raspeln. Was man halt so braucht. Und allerhand andernorts ausgemusterte Kastel und Schubladenelemente. Darin befinden sich nach einem ausgeklügelten Ordnungssystem des Onkels verschiedenste Dinge der Kategorie „könnt man noch mal brauchen". Die Tante hingegen behauptet ja, dass es hier im Schuppen mit der Ordnung nicht allzu weit her ist. Dass eher Chaos herrschen würde, in dem schwerlich etwas zu finden wäre. Außerdem könnte man getrost gut die Hälfte der Dinge, die der Onkel irgendwann für Wert befunden hatte, sie aufzuheben, ohne Weiteres entsorgen. Kommt natürlich überhaupt nicht infrage. Wie oft ist es schon vorgekommen, dass der Onkel Franz einem Auftrag seiner Frau – eine kleinere Instandsetzungsarbeit rund ums Haus oder Ähnliches – nur nachkommen konnte, weil sich hier im Schuppen genau der dafür benötigte Behelf gefunden hat. So wie jetzt. Die heutige Anweisung, die der Onkel beim Frühstück erhalten hat, ist es, die ihn nun etwas suchen lässt. Seinen selbst gemachten kleinen Anhänger hat er bereits beladen mit den Reststoffen, die er ins Altstoffsammelzentrum bringen soll. Den sogenannten „Gig", eine Art Holzkiste auf zwei Fahrradreifen mit einer bananenartig gebogenen Zugstange, hat der Onkel Franz sich gebaut, um kleinere Lasten zu transportieren. Für derartige Anhänger hat sich im Innviertel der Begriff „Gig" eingebürgert, ursprünglich wurden damit einspännige, zweirädrige Pferdefuhrwerke bezeichnet. Der des Onkels wird natürlich nicht von einem Pferd gezogen, er hat eine kunstvoll zurechtgebogene Hakenkonstruktion angefertigt, um ihn verkehrssicher am Gepäckträger des Pucherls zu befestigen. Und genau dieses Trumm sucht er jetzt. Wie immer. Es ist wie verhext. Mehrmals die Woche kommt ihm das Ding unter, natürlich immer dann, wenn er es nicht braucht.

„Zefix, wo versteckst dich denn schon wieder?"

Während er zum wiederholten Mal die gleichen Schubladen auf- und wieder zuschiebt, geht die Tante an der offenen Tür vorbei. Eine Weile sieht sie ihm kopfschüttelnd zu und macht sich dann durch ein Räuspern bemerkbar. Wirft einen Blick auf ihre kleine Armbanduhr, tippt mit dem Zeigefinger darauf.

„Die sperren übrigens um eins zu, meinst, wird das vorher noch was?"

„Wie, was? Ach so, nein, hab's eh gleich. Geht schon."

„Jedes Mal dasselbe. Sei halt nicht so stur und ruf den Albert an."

Die Tante spielt damit auf die Tatsache an, dass der Albert im Gegensatz zum Onkel Franz über ein Auto verfügt. Und sich schon mehrfach angeboten hat, bei der Entsorgerei zu helfen.

„Erstens", entgegnet der Onkel, „gehört der alte Kombi seiner Frau, da ist es nicht gesagt, ob er den überhaupt kriegt. Zweitens ist das nicht ungefährlich, so schlecht wie der Albert Auto fährt. Und drittens, drittens hab ich vom letzten Mal noch genug."

Der Onkel Franz nimmt es genau mit der Mülltrennung. Das beginnt schon damit, dass er darauf achtet, dass erst gar nicht viel anfällt. Fast ausschließlich Mehrwegflaschen, wo nur irgend möglich keine Plastikverpackungen, dazu eine möglichst lange Lebensdauer aller benutzten Dinge, dann ist schon viel gewonnen. Mit dieser Einstellung und Handlungsweise, da ist sich der Onkel sicher, ist von seiner Seite der Sache Genüge getan. Die beinahe wissenschaftliche Akribie, ja geradezu Pedanterie, mit der der Albert sich des Themas annimmt, geht ihm allerdings, gelinde gesagt, auf die Nerven. Immer, wenn der Onkel – so geschehen bei ihrer letzten gemeinsamen Entsorgungsmission – einen Behälter mit zu Hause Vorsortiertem in den seiner Meinung nach dafür vorgesehenen Container kippen wollte, war er zur Stelle, der Herr Albert, um eine finale Sicherheitskontrolle durchzuführen. Bei der er selbstverständlich auch immer etwas zu beanstanden hatte. Derartige Pensionisten-Allüren mag er nicht, der Onkel Franz. Drum – der Freundschaft zuliebe – verzichtet er seither auf die Unterstützung seines alten Spezis beim Entsorgen.

*

Zur selben Zeit dreht Diplomkaufmann Gerold Haubinger seine obligatorische Stadtplatzrunde. Der vordergründig sichtbare Zweck dieses kleinen Spazierganges ist es, den Hund der Familie auszuführen. Vielmehr geht es dem Geschäftsmann und Besitzer eines stattlichen Stadtplatzhauses aber darum, sich der Gemeinde zu zeigen und seine Position in derselben auszudrücken. Sehen und Gesehen-Werden, Grüßen und Gegrüßt-Werden, abgestuft nach Stand und Verhältnis zueinander. So wird zum Beispiel beileibe nicht jeder gegrüßt, wenn man in der Kleinstadt auch fast alle Passanten kennt. Kunden werden in der Regel mit einem kurzen Kopfnicken bedacht, begleitet von einem kaum merklichen Nach-oben-Ziehen des linken Mundwinkels. Das muss reichen. Die Haubingers betreiben ein feines Büro- und Schreibwarengeschäft im Parterre ihres Hauses, in zweiter Generation, und sind sich ihrer Wichtigkeit durchaus bewusst. Kreuzt Kundschaft den Weg von Gerold Haubinger, welche von Stand und Herkunft an die eigene heranreicht, wird zusätzlich ein Ziehen des jagdlichen Filzhutes angedeutet. In weiterer Ausbaustufe kommt eine kaum merkliche Verbeugung hinzu. Verbale Verzierungen wie „Verehrung" oder „Hawediehre" deuten schlussendlich darauf hin, dass hier zumindest gesellschaftlicher Gleichstand eingeräumt wird.

Gerold Haubinger genießt es, sich in dieser Form aktiv zu positionieren. Man muss – so meint er – seiner Umwelt schon mitteilen, wo die Trennlinien verlaufen, dann tun sich alle Beteiligten leichter bei der Einordnung. Eine Ansicht, die er schon immer vertritt und welche sich mit seinem neuen Amt nur noch verstärkt hat. Seit den letzten lokalen Wahlen sitzt er nämlich nicht nur im Gemeinderat, sondern bekleidet zusätzlich das wichtige Amt des Stadtrates für Bau und Umweltangelegenheiten. Fast wär's auch noch der Vizebürgermeisterposten geworden, ein Ziel, das aus seiner Sicht lediglich als aufgeschoben zu betrachten ist. Kurz und gut, Diplomkaufmann Stadtrat Gerold Friedrich Haubinger ist ein wichtiger Mann in der Gemeinde.

*

Der Onkel Franz hat es dann doch noch rechtzeitig ins Altstoffsammelzentrum geschafft. Vor allem das von der Tante in Aussicht gestellte Rindsgulasch, das nach getaner Arbeit zu Hause auf ihn warten würde, hat ihn motiviert. Gerade hat er sein Moped nebst Anhänger vor den Glascontainern abgestellt, da begrüßt ihn auch schon jemand. Es ist der Moser Erwin, der Leiter des Betriebs. Man kennt sich vom Wirtshaus, und der Onkel nimmt sich gern etwas Zeit, um mit dem Erwin ein paar Sätze zu wechseln.

„Na, bist wieder unfallfrei hergekommen mit deinem Müllexpress?"

„Sowieso, siehst du ja. Außerdem nimmt mein Pucherl nicht so viel Platz weg wie die ganzen Benzinkutschen da."

Der Onkel Franz spielt damit auf die Tatsache an, dass auf dem Hof des ASZ das reinste Chaos herrscht. Kreuz und quer stehen die Autos mit ihren Anhängern, eines größer als das andere.

Kombis, Kleinbusse, allerhand sogenannte SUVs und Pick-ups. Und was alles weggeworfen wird! Teppiche, Sofas, Küchenzeilen, halbe Hauseinrichtungen. Einer lädt sogar gerade eine gut drei Meter hohe Plastikpalme ab.

„Ich mein, es ist ja schon gut, dass es euch gibt, aber wahrscheinlich schafft man sich noch weit leichter was Neues an, wenn man sein altes Zeug so problemlos loswird, oder?"

„Da hast wohl recht, Franzl. Seit ich hier bin, wird's jedes Jahr mehr. Drei Jahre schau ich mir das noch an, dann geh ich eh in Pension."

Der Moser Erwin verabschiedet sich hastig, er hat soeben gesehen, dass eine seiner Mitarbeiterinnen doch tatsächlich gerade in die große Kunststoffpresse steigt.

„Helga, spinnst du", ruft er, während er auf die Presse zuläuft. „Sofort raus da! Bist du lebensmüde?"

Aber die Frau macht vorerst keinerlei Anstalten, dieser Aufforderung nachzukommen. Im Gegenteil. In aller Ruhe stampft sie, in der Presse stehend, auf irgendeinem Teil herum. „Jaja, reg dich nicht auf. Da hat sich was verklemmt, ich hab's eh gleich."

Jetzt explodiert er, der Moser Erwin, scheinbar ist es nicht das erste Mal, dass die Frau die wichtigsten Sicherheitsvorschriften ignoriert. „Nix da, gleich", brüllt er, „auf der Stelle kommst du raus!" Gleichzeitig schlägt er auf den großen roten Not-aus-Schalter.

Auf jeden anderen seiner Mitarbeiter hätte ein derart scharfer Verweis Eindruck gemacht, nicht so bei der Pawlak Helga. Von Haus aus ein eher rustikaler Charakter, bringt die stämmige Frau nichts so leicht aus der Ruhe.

„Geh, Erwin, da passiert doch nix", sagt sie jetzt auch, während sie langsam aus der Presse steigt, „ich weiß schon, was ich tu. Bei dem alten Trumm muss man halt ab und zu ein bisserl nachtreten, damit's funktioniert. Aber wenn du ausschaltest, dann kann's ja nicht gehen."

Das sieht ihr Chef anders, er setzt zu einem längeren Vortrag über Sicherheit am Arbeitsplatz an, will der Pawlak klarmachen, wie gefährlich das, was sie gerade veranstaltet hat, ist. Aber die winkt ab, lässt ihn stehen und trottet gemütlich davon.

Der Onkel Franz hat die Szene kopfschüttelnd beobachtet und sich seinen Teil gedacht. Er kennt die Presse und ihre Funktionsweise, der Moser Erwin hat sie ihm einmal ausführlich erklärt. Kunststoffteile, die weder getrennt zum Recycling aussortiert werden noch bei den sperrigen Abfällen etwas zu suchen haben, kommen in die große Maschine, die sie mit hydraulischer Kraft auf einen Bruchteil ihres ursprünglichen Volumens zusammengepresst. In regelmäßigen Abständen werden die vollen Container abgeholt und gegen leere getauscht. Das übernimmt ein Verwertungsunternehmen an der südlichen Grenze des Bezirks. Dort wird der Inhalt im Anschluss grob sortiert und geschreddert. Das Granulat, das dabei entsteht, wird größtenteils verheizt oder kommt als Füllmaterial zum Einsatz, zum Beispiel im Straßenbau.

Und da steigt die einfach rein, da könnt ein Fuß schnell weg sein, denkt sich der Onkel und macht sich wieder an seine Arbeit. Während er etliche Flaschen von ihren Schraubverschlüssen befreit, erregt nun jemand anderes seine Aufmerksamkeit. Wenn das Gesicht desjenigen, der ihm aufgefallen ist, auch halb von dem großen Karton verdeckt ist, den er trägt, es kann trotzdem kein Zweifel bestehen, wer da gerade an ihm vorbeigeht. Der Albert, na bravo! Bei aller Freundschaft, den brauch ich jetzt nicht. Noch hat er mich nicht gesehen, denkt sich der Onkel, schaun wir, dass das so bleibt. Also greift er sich sein Moped, um es hinter die Glascontainer zu schieben. Jetzt könnte man sagen, dass das schon ein etwas sehr kindisches Verhalten ist von einem erwachsenen Mann, hier Verstecken zu spielen. Aber wie zuvor schon bemerkt, dem Onkel graut es vor der fachlichen Unterstützung seines Freundes beim korrekten Mülltrennen.

Die Strategie scheint aufzugehen. Den Albert immer fest im Blick, erledigt der Onkel Franz seine Arbeit, stets darauf bedacht, nicht gesehen zu werden. Nimmt seine Wege hinter den Containern, entsorgt erst die Flaschen, dann Karton und Altpapier. Als er aber zuletzt eine Schachtel mit den wenigen Kunststoffbecherln und -flascherln, die im Haushalt der Tante anfallen, an sich nimmt, um damit ungesehen in die Halle zu schlüpfen, in der die dafür vorgesehenen Behälter stehen, geht die Sache schief. Wie aus dem Erdboden gewachsen steht er plötzlich hinter ihm, der Albert, ein fröhliches Grinsen auf den Lippen.

„Ja servus, Franzl, na das wenn ich gewusst hätt, dass du heut auch entsorgst, wieso sagst denn nix?"

„Der Albert, so eine Überraschung! Nein, nein, geht schon, hab ja nicht viel. Eh nur noch das da."

„Zeig einmal her!"

Der Albert fällt sofort in den Modus des Müllberaters. Setzt sich seine Lesebrille auf und kramt in des Onkels Schachtel herum.

„Das wolltest jetzt aber nicht alles da hineinschmeißen, oder?"

„Ja, äh, schon eigentlich. Wieso?"

„Schau, da hast du PE beziehungsweise PP, das da aber ist PVC. Und der Rest ist PET."

„Wie bitte?"

„Das hab ich dir aber alles schon einmal erklärt. Ab und zu glaub ich, du hörst mir gar nicht zu."

Eine Unterhaltung, die einem alten Ehepaar zur Ehre gereicht hätte. Da des Onkels Bedarf an Derartigem schnell gedeckt ist, wechselt er das Thema. Mittlerweile stehen sie wieder vor der Halle und mit Blick auf Alberts alten Kombi meint er: „Schauschau, lässt dich deine Frau heut mit dem Auto fahren?"

„Ich fahr, wann ich will", entgegnet der Albert leicht beleidigt, „oder, wenn s' mich wohin schickt, so wie heut. Wird bei dir auch nicht anders sein, oder?"

„Ja freilich, soweit kommt's noch. Das teil ich mir schon selber ein. Sag, wie spät ist es eigentlich?"

„Himmel, genau! Halb eins schon. Jetzt muss ich aber schaun, dass ich heim zum Essen komm!"

„Was kocht s' dir denn heut Gutes, deine Frau? Wahrscheinlich was recht Gesundes, oder?"

Eine Anspielung darauf, dass beim Albert daheim üblicherweise alle paar Monate eine Umstellung der Ernährungsrichtlinien ausgerufen wird. Die Frau des Freundes ist Abonnentin eines dementsprechenden Fachmagazins und folgt den darin veröffentlichten Ratschlägen mit beinahe religiöser Überzeugung. Dass sich die Autoren der Ernährungsbibel von einem Quartal zum nächsten meist massiv widersprechen, stört sie dabei wenig. Waren etwa vor drei Monaten noch sämtliche Kohlenhydrate des Teufels, wird nun die gesunde Kartoffel-Reis-Diät gefeiert. Und wenn das vorbei ist, gibt's demnächst nur noch Fisch. Den dafür dann maximal gedämpft und ungewürzt. Irgendetwas in der Art halt. Und der arme Albert muss mit.

„Jaja, is schon recht, Franzl, ich weiß eh, dass du beim Essen eher einfach gestrickt bist. Ich fahr auf jeden Fall jetzt heim auf einen Schwammerlauflauf. Kann dir ja morgen zum Stammtisch eine Kostprobe davon mitbringen."

„Nein, bitte nicht. Und wenn du mir noch einen Gefallen tun willst, lass mir ein bisserl Vorsprung mit dem Moped. Weil du mit dem Auto auf der Straße, das ist gar nicht so ungefährlich."

Nach dieser im Innviertel durchaus als freundschaftlich zu bezeichnenden Konversation verabschieden sich die beiden Pensionisten, um dem jeweiligen Mittagstisch zuzustreben.

*

„Und wieso sagt mir das der Bürgermeister nicht selber?" Der Moser Erwin sitzt im sogenannten kleinen Besprechungssaal der Personalstelle im Rückgebäude des Rathauses. Zuerst hat er sich noch nicht viel dabei gedacht, dass man ihn hierher bestellt hatte. Irgendeine bürokratische Geschichte, vielleicht schon in Zusammenhang mit seiner nahenden Pensionierung. So was in der Art. Aber nun ist er sprachlos. Und verärgert.

„Weil sich der Herr Bürgermeister nicht um alles persönlich kümmern kann. Und weil das in meinen Aufgabenbereich fällt als Vorsitzender vom Personalbeirat. Und dann betrifft's ja auch noch mein Ressort als Stadtrat."

Stadtrat Haubinger hat sein „Ich tu nur meine Pflicht"-Gesicht aufgesetzt und blättert in der Personalakte seines Gesprächspartners hin und her. Dass seine Wahl auf diesen Moser gefallen ist, hat vornehmlich zwei Gründe. Erstens ist der Posten, den er bekleidet, einer der wenigen, die für seine Zwecke infrage kommen, zweitens hat der Mann noch einen alten Dienstvertrag. Der stammt aus Zeiten, da die Altstoffannahme als Bürgerservice der Stadtgemeinde eingeführt worden war. Mittlerweile untersteht das Zentrum samt seiner Angestellten dem Bezirksabfallverband, einer Holding mit verzweigter Beteiligungsstruktur. Zu der Stadtrat Haubinger auch so seine Verbindungen hat, das erleichtert die Frage der Neubesetzung. Um den Arbeitsplatz freizubekommen, hat er zusätzlich seinen Einfluss innerhalb der Gemeinde geltend gemacht. Wenn er sich dabei auch weiter aus dem Fenster lehnen musste, als ihm lieb war.

„Schaun Sie, Herr Moser. In knapp drei Jahren wär es bei Ihnen sowieso so weit gewesen, wir ziehen das jetzt aus budgetären Gründen einfach ein bisschen vor. Wir alle müssen sparen und Ihre Lohngruppe … na ja, es rechnet sich halt nicht. Unser Vorschlag wär also folgender. Bis zum Ende des Jahres Innendienst zur besonderen Verwendung, da findet sich schon was auf dem Gemeindeamt. Den Resturlaub, der sich bei Ihnen angesammelt hat, konsumieren Sie im Anschluss und danach geht's nahtlos in die Pension. Zugegeben, mit gewissen Abschlägen. Aber auch mit Belobigung. Für hervorragende Dienste, dafür werd ich mich persönlich einsetzen. Na, was sagen Sie?"

Der Moser Erwin hat den arroganten Geschäftsmann und Provinzpolitiker, der ihm da gegenübersitzt, noch nie gemocht. Einer, der sich zu den „Besseren" der Stadt zählt, sich kaum jemals selbst die Hände schmutzig gemacht hat und der es, bei aller aufgesetzter Freundlichkeit, nicht verhehlen kann, dass er auf Leute wie ihn herabsieht. Und der schiebt ihm jetzt gerade aufmunternd nickend ein Formular nebst Kugelschreiber über den Schreibtisch. Aber so nicht, Herr Stadtrat! „Unterschreiben tu ich erst mal gar nichts.

Den Resturlaub, den nehm ich ab sofort, und das da, das schau ich mir daheim noch genauer an. Wenn's recht ist." Er nimmt das Papier, faltet es zweimal und steckt es in die Innentasche seiner Arbeitsjacke. Erhebt sich und verlässt grußlos das Büro.

*

Diesem unangenehmen Personalgespräch war ein Anruf eines alten Freundes vorangegangen. Studienkollege, Parteifreund, Verbindungsgenosse, Weggefährte seit Jahrzehnten. Und einer derjenigen, bei denen man selbst – obwohl eine Hand stets die andere gewaschen hat – immer etwas in der Schuld stand. Und der rief also nun an und forderte einen Gefallen ein. Durchaus in einem gewissen Maß auch etwas schmeichelhaft für Gerold Haubinger, war der andere doch weitaus höher dekoriert als man selbst. Immerhin Minister!

„Ex-Minister, das ist ja das Problem, lieber Freund. Aber lass uns das nicht am Telefon …, ist in letzter Zeit nicht die beste Idee. Bin morgen in der alten Heimat. Da stoß ich dann zum Verbindungsabend dazu und danach können wir reden."

Diplomkaufmann Gerold Haubinger ist, genauso wie sein honoriger Freund, Ordensritter der Männerverbindung „Eulalia". Was die Herren bei den regelmäßigen Zusammenkünften ihrer Loge so treiben, ist weitgehend unbekannt. Einem strengen Ehrenkodex folgend dringt kaum etwas nach außen. Allerdings mutmaßen nicht wenige Außenstehende, dass es gar so geheimnisvoll nicht ablaufen soll bei diesen Corps-Abenden. Wohl eher würde es sich dabei um spätpubertäre Trinkgelage auf ebensolchem Humor-Niveau handeln, munkelt man. Bei denen sich die Herren Honoratioren abseits der Blicke der restlichen Gesellschaft und der ihrer Gattinnen frei von Zwängen verlustieren. Aber wie gesagt, nichts Genaues weiß man nicht.

An gegenständlichem Abend auf jeden Fall haben sich Gerold Haubinger und der aus Wien angereiste Ferdinand Schleindinger freiwillig zum Schlussdienst gemeldet. Der besteht darin, dass die beiden das Clublokal, genannt „Castell", nach Ende der Zusammenkunft wieder auf Vordermann bringen. Tisch abräumen, Bierkrüge abspülen, etwaige andere Spuren beseitigen. Nachdem sie das erledigt hatten, kam es dann bei einem letzten Bier zu dem angekündigten Gespräch.

„Schau, Gerry", kam der Herr Ex-Minister dann auch schnell auf den Punkt, „du weißt, ich bitt nicht gern um was. Hab ich auch selten nötig. Aber es geht um meinen Buben, den Leopold. Kannst dich ja sicher noch an ihn erinnern?"

„An den Poldi, na freilich. War ja immerhin ein Zeiterl mit unserer Sissy zusammen. Weiß gar nicht, was in das Mädl gefahren ist, dass sie sich dann getrennt hat. War ja ein recht patenter Bursch, nicht wahr!"

„Aber Blödsinn! Der Poldi ein patenter Bursch. Ist ja eh lieb von dir, wenn du das sagst, aber es stimmt halt leider nicht. Eine Flasche ist er, und faul auch noch. Langzeitstudent. Grad hat er wieder abgebrochen, an der BOKU. Davor war's BWL, nach Jus und Journalismus. Mehr wie ein, zwei Semester hat er's noch nirgends ausgehalten. Wahrscheinlich bin ich eh selber schuld. Hab ihm immer eine zu lange Leine gelassen. Aber jetzt ist Schluss, jetzt soll er arbeiten!"

„So, so, arbeiten", meinte darauf Gerold Haubinger nach einem Schluck aus seinem Bierkrug, „und als was?"

„Das ist ja das Problem. Der kann ja nix! Bis vor Kurzem hätt ich ihn trotzdem problemlos irgendwo untergebracht in Wien. In irgendeinem Ministerium oder einem staatsnahen Betrieb, gell. Gut bezahlt und nicht zu anspruchsvoll. Aber seit dem Skandal bin ich ohne Einfluss. Im Gegenteil, der Name Schleindinger ist zurzeit nichts mehr wert, das wirst du ja mitbekommen haben. Vor allem in der Hauptstadt krieg ich keinen Fuß mehr auf den Boden."

Ferdinand Schleindinger war Mitglied der Bundesregierung, deren Legislaturperiode kürzlich äußerst unrühmlich vorzeitig zu Ende gegangen war. Man war bei der Wahl des Koalitionspartners nicht sehr wählerisch gewesen und hatte zusammen mit diesem relativ schmerzfrei einen Umbau der Machtstrukturen in der Republik angestrebt, sich dabei zu sehr mit einer mächtigen Wirtschaftslobby verbrüdert und dabei jede Bodenhaftung verloren. Und der Minister für Wirtschaft und Soziales Schleindinger immer vorne mit dabei. Der Höhenflug endete jäh, als Journalisten eines linksliberalen Blattes Gesprächsmitschnitte zugespielt bekamen, die ein politisches Erdbeben auslösten. Die strafrechtliche Relevanz mancher Aussagen sowie das desaströse Sittenbild, das die Aufnahmen offenbarten, ließen dem ansonsten so zögerlichen Herrn Bundespräsidenten gar keine andere Möglichkeit, als die Regierung umgehend aufzulösen, und nach den darauffolgenden Neuwahlen blieb kein Stein mehr auf dem anderen.

„Jaja, es erwischt immer die Falschen", versuchte Gerold Haubinger seinem Freund Trost zuzusprechen, „aber wirst sehen, deine Zeit kommt wieder. Aber sag, Ferdl, wie kann ich dir jetzt helfen?"

„Na ja, ganz einfach. Du sitzt im Gemeinderat in der bestimmenden Fraktion, Stadtrat bist auch, und was ich so hör, hast sogar auf den Bürgermeister Einfluss. Da sollt's doch ein Leichtes sein, für meinen Poldi einen halbwegs solid bezahlten Posten zu organisieren. Ich bitt dich ganz lieb, alter Freund."

*

Am Mittwochvormittag geht der Onkel Franz gern auf den Wochenmarkt, das wissen wir mittlerweile. Schlendert über den oberen Hauptplatz der kleinen Stadt, beäugt die ausgestellten Waren, meist fernab jeder Kaufabsicht. Oft geht es nur darum, sich Gusto zu holen für das eine oder andere Gericht, das es zu Hause vielleicht schon länger nicht gegeben hat. So springt ihm bei einem Stand, der vorwiegend Wildfleisch anbietet, eine schöne, große Hasenkeule ins Auge. Sofort wird eine Erinnerung wach. Und zwar an ein Sonntagsessen vor etlichen Monaten. Geschmorte Hasenkeule mit

viel Wurzelwerk und Rotwein. Lorbeer, Wacholder und noch allerhand Kräuter sowie die eine oder andere Geheimzutat der Tante
hatten damals miteinander ein Geschmackserlebnis entstehen lassen, das dem Onkel jetzt, da er daran denkt, erneut das Wasser im
Mund zusammenlaufen lässt. Kurzerhand erwirbt er das Objekt
der Begierde.

Nachdem er das Paket in seiner Tasche verstaut hat, steuert er den
kleinen Stadtplatzgastgarten an, wo er sich üblicherweise mit seinem Spezi, dem Albert, nach erledigtem Marktgang auf ein Vor-
mittagsbier trifft. Während er auf einem der Klappstühle Platz
nimmt, fällt dem Onkel Franz ein, dass er dieses Bier heute wohl
allein wird trinken müssen. Der Albert hat ihm beim gestrigen
Stammtisch beim Egger-Wirt ja mitgeteilt, dass er am nächsten
Tag ausnahmsweise verhindert wäre, genau! Weswegen noch mal?
Irgendetwas in Zusammenhang mit seiner Frau, ein Auftrag oder
so. Der Onkel gesteht sich gerade ein, dass er wohl nicht so genau
zugehört haben wird, gestern beim Wirt. Egal, bekomm ich alles
sicher bald haarklein erzählt, denkt er sich, während er seine Bestellung bei der mittlerweile erschienenen Kellnerin aufgibt.

Beim ersten Schluck Bier beginnt der Onkel Franz mit jener Beschäftigung, der er immer dann frönt, wenn er allein im Gastgarten sitzt. Der Beobachtung seiner Mitmenschen. Er lässt den Blick
schweifen von einem Passanten zum anderen, von Marktstand zu
Marktstand. Spektakuläres gibt es nicht zu sehen, aber darum geht's
auch nicht. Vielmehr interessieren ihn die Verhaltensweisen der
Umstehenden und Vorübergehenden. Die einen gemütlich schlen-
dernd etwa, andere dagegen in hastiger Eile, immer wieder kurz vor
einer Kollision mit Entgegenkommenden. Oder mit den zwischen
den Ständen Beieinanderstehenden, welche sich, als hätten sie ewig
Zeit, ausgiebig über dies und das unterhalten. Über die Nachbarin etwa, die schon wieder auf Urlaub war, oder über die eine oder
andere Blödheit der lokalen Politik. Nichts wirklich Wichtiges,
Konkretes. Man schimpft halt gern ein bisserl, reine Gewohnheit.
Auch von den über den Marktplatz stehend und sitzend verteilten

Bettlern ist oft die Rede. Hier kommt kaum Positives zur Sprache. Die meisten sind sich einig, dass die oft südosteuropäisch aussehenden jungen Männer ohnehin einer organisierten Gruppe angehören und mit Kleinbussen von Stadt zu Stadt herumgefahren würden. Manche wollen auch schon Männer ebensolcher Herkunft in Anzügen gesehen haben, die ihre Runde machen und Bettelnden in regelmäßigen Abständen das Geld wieder abnehmen. Der Onkel hält Derartiges zwar für möglich, neigt aber eher zu der Vermutung, dass es sich bei den meisten dieser Berichte um urbane Legenden handelt. Ein Phänomen, das immer wieder zu beobachten ist. Einer oder eine will etwas gesehen, gehört oder gelesen haben, auf jeden Fall aus verlässlichster Quelle, und gibt das dann der Einfachheit halber als eigene Wahrnehmung weiter. Daraus entsteht nicht selten eine Eigendynamik, die dafür sorgt, dass die Geschichte ihre Kreise zieht und plötzlich der Eindruck entsteht, unzählige Leute hätten bereits selbst Derartiges erlebt. Der Onkel Franz ist in diesen Dingen allerdings nicht allzu anfällig, im Gegenteil. Sie wecken die angeborene, gesunde Skepsis in ihm.

Während er darüber nachdenkt, fällt sein Blick auf die gegenüberliegende Straßenseite. Dort, wo eine Lücke zwischen zwei Marktständen die Sicht freigibt auf einen dahinterliegenden Hauseingang, sitzt ein Mann auf einem Bündel, das sich bei näherem Hinsehen als großer Rucksack herausstellt. Um ihn herum liegen noch allerhand Taschen und Säcke, es sieht so aus, als hätte der eher Verwahrloste sein gesamtes Hab und Gut bei sich. Aber er hebt sich ab von den Bettlern. Einmal durch die Tatsache, dass er nicht erkennbar um Geld bittet. Und durch die große Flasche, aus der er in regelmäßigen Abständen einen kräftigen Schluck nimmt.

Dem Onkel fällt bei dem Anblick ein Artikel in einer der Wochenendausgaben seiner Stammzeitung ein, den er vor längerer Zeit interessiert gelesen hatte. Darin ging es um die Gruppe der Berber. Womit allerdings nicht die Angehörigen des gleichnamigen nordafrikanischen Volksstammes gemeint waren, sondern eine besondere Art, eine bestimmte Gruppe von Wohnungslosen. Eine, die sich sozial organisiert hat und gegenseitig Hilfestellung gibt. Diese Berber, die oft weit umherziehen, verstehen sich auch nicht als Bettler. Wenn, dann bezeichnen sie sich selbst eher als Schnorrer. Und haben sich einen strengen Verhaltenskodex ungeschriebener Regeln auferlegt. Nach denen wird etwa unaufdringliches Verhalten und Solidarität untereinander eingefordert. Wohltätigkeit wird angenommen, Sozialhilfe vonseiten des Staates aber abgelehnt. Und Diebstahl ist absolut verboten. Der Artikel war bebildert und der Mann auf der anderen Straßenseite erinnert den Onkel Franz nun stark an die Berber auf jenen Fotos.

Ein Blick auf seine Uhr reißt ihn aus diesen Gedanken. Himmel, bald zwölf! Jetzt aber schnell nach Haus, wo die Tante mit dem Mittagessen wartet. Wenn seine Frau auch sonst eher kulant ist in Sachen Pünktlichkeit, beim Essen versteht sie in dieser Hinsicht keinen Spaß. Komisch, denkt sich der Onkel Franz, meistens komm ich zu spät, wenn der Albert dabei ist. Was ihn auch immer in der Annahme bestätigte, dass meist der Freund schuld war an etwaigen Verspätungen. Und so hat er's dann auch oft kommuniziert. Aber heute zieht sie nicht, diese Ausrede, also schnell zum Radl und nichts wie heim! Auf dem Weg zu seinem Gefährt wechselt der Onkel die Straßenseite und nimmt drüben die schmale Gasse, die sich am Mittwoch zwischen der Häuserfront des Stadtplatzes und der Rückseite der Marktstände bildet. So kommt er unabsichtlich – er hat gar nicht mehr daran gedacht – an dem Haustor vorbei, unter dessen Rundbogen sich der mutmaßliche Berber niedergelassen hat. Zwar wäre der Onkel Franz allein aufgrund seiner aktuellen Zeitnot wohl an ihm vorbeigegangen, doch wird ihm der Weg versperrt. Die Leibesfülle der Frau vor ihm, dazu der große Einkaufskorb an ihrem Arm, beides macht ein Durchkommen unmöglich. Und auch ihr Verhalten zwingt ihn zum Stehenbleiben. Sie hat sich nämlich vor dem Mann im Hauseingang aufgebaut und beschimpft ihn leidenschaftlich.

„Immer diese Bettelei, jeden Mittwoch! Geh halt arbeiten, hast eh zwei gesunde Hände! Und wie's da ausschaut! Dass du dich gar nicht schämst, bei uns im Dorf gibt's das nicht, wo kommen wir denn da hin, das ist ja …"

An dieser Stelle unterbricht der Onkel die Schimpfende, er mag so etwas nicht.

„Jetzt holen S' halt einmal Luft, liebe Frau. Hat der Ihnen was getan oder warum regen S' sich so auf?" Das überfordert die Angesprochene augenscheinlich, denn es kommt keine Antwort. Lediglich mit ihrer freien Hand wedelt sie etwas in der Luft herum und ihr Mund schnappt ein paar Mal auf und zu wie bei einem Fisch. Dann dreht sie sich ohne ein weiteres Wort um und entfernt sich kopfschüttelnd. Auch des Onkels Kopf wackelt etwas hin und her, als er ihr nachschaut. Dann wandert sein Blick zum Hauseingang. Von dort wird ihm gerade eine Doppelliter-Flasche Rotwein Marke „Alter Knabe" entgegengestreckt.

Begleitet von zwei Worten, die heiser aus einem von struppigem Bart umwucherten Mund kommen. „Danke. Willste?"

„Nein, nein, dankschön", lehnt der Onkel Franz die Einladung zum Umtrunk ab, „vormittags höchstens Bier. Außerdem muss ich heim, zum Essen."

„Wat jibt's denn?"

„Wie, was? Ach so, Krautfleckerl, glaub ich."

„Wat is dat denn?"

„Das? Das sind Fleckerl mit Kraut und …", hier unterbricht er sich selbst und fragt: „Haben S' Hunger?"

„Schon."

„Gut. Moment."

Der Onkel schlüpft – merklich in Eile, wir wissen warum – zwischen den Marktständen hindurch und kommt kurz darauf zurück mit einer stattlich gefüllten, dampfenden Leberkässemmel. Die drückt er dem Mann in die Hand und wendet sich zum Gehen.

„Dat is ja mal nett. Dank dir, mein Alter."

„Jaja, bittschön. Aber ich bin nicht Ihr Alter, ich bin der Franz."

„Olaf. Nüscht für unjut, wat?"

„Passt schon. Mahlzeit."

*

„Also weißt', Franzl", sagt die Tante zwischen zwei Gabeln Kraut-fleckerln, „es freut mich ja eh, dass dir der Hase damals so gut ge-schmeckt hat. Aber dass du dann gleich so eine große Keule heim-bringst, die wird uns zu zweit ja viel zu viel."

Der Onkel Franz hat Glück gehabt. Als er mit merkbarer Verspä-tung vom Markt zurückgekommen ist, hat sich herausgestellt, dass seine Frau heute ausnahmsweise selbst im Zeitplan etwas hinten nach ist. Die Nachbarin hätte sie so lange nicht weggelassen vom Gartenzaun, kennst sie ja eh, wenn die mal anfängt. Und bis dann das Nudelwasser endlich kocht!

„Passt schon", hat der Onkel die Abweichung vom Gewohnten ent-schuldigt, „essen wir halt einmal um Viertel nach." Hat es darauf-hin übernommen, den Tisch zu decken, worüber er fast die Hasen-keule in seiner Tasche vergessen hätte.

„Ja genau, schau her, ich hab auch was mitgebracht."

Woraufhin ihm also jetzt erklärt wird, dass das gute Stück ins Tiefkühlfach müsse, bis sich eine Gelegenheit biete, jemanden ein-zuladen. Ein bisserl ist er enttäuscht, der Onkel, aber was soll's, in diesen Dingen liegt die Befehlsgewalt eindeutig bei seiner Frau.

„Und, wie war's am Markt?" Eine beiläufige Frage der Tante, fast jeden Mittwochmittag gestellt.

„Ja, mei", antwortet ihr Gatte, „eh wie immer. Lauter Pensionisten, wo du hinschaust."

„Wenn du in den Spiegel schaust, dann siehst du auch einen. Einen Pensionisten, mein ich. Das weißt aber schon, oder?"

Der Onkel Franz hat es nicht so mit den Ruheständlern. Zu ein-gleisig in Denken und Handeln sind die meisten von ihnen, da ist er sich sicher.

„Jo na eh", gibt er widerstrebend zu, „freilich weiß ich, dass ich streng genommen auch dazugehör. Also auf dem Papier. Aber ich bin halt nicht so ein typischer, das musst schon zugeben."

„Was wär jetzt typisch für so einen Pensionisten?"

„Das Eingefahrene halt. Die immer gleichen Routinen. Sturheil, egal, was ist. Beim Albert merk ich das oft."

„Ach so", die Tante nickt verstehend, „du meinst so Sachen, wie jeden Mittwoch auf den Wochenmarkt, am Dienstag zum Stammtisch mit immer den gleichen Leuten, immer denselben Hut und Janker an, Abendjause pünktlich um halb sieben und …"

„Jaja, ist schon recht, hab dich schon verstanden."

Das leichte Grinsen in den Mundwinkeln seiner Frau überträgt sich auf den Onkel Franz. An sich hat er es nicht gern, wenn ihn jemand durchschaut. Aber bei der Tante ist das etwas anderes, die darf. Ganz abgesehen davon, dass er bei ihr sowieso keine Chance hätte, so gut wie sie ihn kennt.

2

Am Dienstagabend, knapp eine Woche später also, ist der große Tisch am Kachelofen beim Egger-Wirt gut besucht. Stammtisch halt. Der Onkel Franz und der Albert, der Hans und weitere der üblichen Verdächtigen haben sich eingefunden zum wöchentlichen Umtrunk und Meinungsaustausch. Der Seniorchef des Wirtshauses ist natürlich auch Teil der gutgelaunten Runde. Obwohl schon in Pension, hilft er noch tatkräftig mit im Betrieb, den mittlerweile sein Sohn führt. Außer am Dienstagabend, da ist er ausschließlich Gast. Lässt sich von der Resi, die beinahe schon so lange hier im Dienst ist wie er selbst, sein Bier und sein kaltes Schweinernes servieren. Und er wird behandelt wie jeder andere auch. Mit einer Ausnahme, zahlen tut er nicht, der alte Egger. Wär ja noch schöner. Der Juniorchef, der heute ein ganz besonders schönes Trachtenwesterl trägt, kommt jetzt an den Tisch und verteilt bunte bedruckte Zettel.

„So, meine Herrschaften", verkündet er dabei mit leicht habsburgischer Klangfärbung, „eine hochinteressante Einladung hätt ich da für euch. Bitte um zahlreiches Erscheinen."

Der alte Egger schüttelt den Kopf. Einerseits, weil er schon weiß, was auf den Zetteln steht, und andererseits, weil ihm die Art zu reden, die sich der Bub auf der Saison am Arlberg angewöhnt hat, auf die Nerven geht. Die meiste Zeit über drückt er sich Gott sei Dank zwar schon so aus, wie es zu einem Innviertler Bauern- und Wirtsbub, der er nun mal ist, passt. Jedoch ab und zu, meist dann, wenn er eine seiner berühmten innovativen Ideen hat, haut es ihm den Arlberg wieder heraus. So wie jetzt.

„Eine Craft-Beer-Degustation mit einem Biersommelier aus Salzburg hab ich organisiert. Ein Hopfen-Aficionado ersten Ranges, der Mann. Da könnt ihr alle, wie ihr dasitzt, noch was lernen, mit Verlaub."

„Über was?" Diese Frage kommt vom Onkel Franz persönlich.

„Na, über die neuesten Trends, was flavoured Beer angeht, nicht wahr. Pale Ale, Porter, Stout oder Lager, veredelt mit feinen Nuancen von Cherry, Raspberry, Strawberry, Pineapple, was du willst."

„Mit was? Auf Deutsch, mein ich."

„Kirsche, Himbeer, Erdbeer, Ananas. Nur um ein paar der Möglichkeiten zu nennen. Ein ganz neues Geschmackserlebnis, sag ich euch."

„Obst?" Der Onkel ist entsetzt. „Im Bier? Das gehört höchstens in eine Bowle, an Silvester, wer's mag. Aber doch nicht in ein Bier, spinnst jetzt?"

„Na, das hätt ich mir gleich denken können. Unflexibel, wie der Innviertler ist, lässt er sich halt nicht leicht auf was Neues ein, gell?"

„Moment einmal", will der Onkel das so nicht auf sich und seinen Stammesgenossen sitzen lassen, „gegen was Neues, da haben wir jetzt grundsätzlich nichts, gell! Aber glaubst nicht, dass es seinen Grund hat, wenn ich zu einem Bier eher einen Gusto hab auf ein Gselchtes, auf eine Essigwurscht oder so was in der Art? Weil er weiß, was zusammenpasst, mein Körper, verstehst? Wenn ich mir ein Weißbier aufmach, dann will er zum Beispiel eine Weißwurscht, mein Magen. Und keine Banane!"

„Gibt's auch", lässt sich der junge Egger durch diese Gegenrede nicht beirren, „Banana flavoured Hefeweizen, ein besonderes Schmankerl. Man muss sich halt nur drauf einlassen, gell?"

Jetzt mischt sich der Seniorchef ein, das Ganze wird ihm anscheinend gerade zu blöd.

„So, Bub, wir haben's alle gehört, deine Zettel bist auch losgeworden, jetzt gehst zur Schank und zapfst uns eine Runde Kellerbier, die geht aufs Haus. Und die Resi soll ein Gselchtes aufschneiden und ein Bauernbrot, weil das passt da hervorragend dazu, gell?"

„Is scho recht", tritt der Junggastronom im heimatlichen Dialekt den Rückzug an, „kummt glei." Er weiß, wann er verloren hat.

Nach der vom alten Egger gesponserten Runde Bier bestellt der eine oder andere Stammtischler noch ein Krügerl, der Rest der Stube hat sich mittlerweile geleert. Es geht auf die Sperrstunde zu. Da öffnet sich die Tür und ein später Gast betritt den Raum. Gruppeninspektor Hausleitner, örtlicher Polizist und den Anwesenden bestens bekannt.

„Die übliche Sperrstundenkontrolle, wenn's erlaubt ist?"

Bei diesen Worten klopft er mit den Fingerknöcheln auf die Tischplatte. Ein alter Brauch, eine Geste, die die Frage ersetzt, ob man sich dazusetzen darf. Genauso nonverbal wird dem Uniformträger durch zustimmendes Nicken signalisiert, dass er am Stammtisch willkommen ist. „Der Hausleitner Thomas", begrüßt ihn die Resi, wie üblich mit einem Blick auf ihre Armbanduhr, „da bist aber schon noch ein bisserl zu bald. Sperrstund ist erst in einer Viertelstund."

„Ich weiß schon", gibt der wie immer zur Antwort, „das hab ich einkalkuliert. Es muss sich ja auch für mich noch ein Seiterl ausgehn. Oder zwei."

Die Resi hat das angesprochene Seiterl bereits dabei, auch wie immer. Man kennt das Spiel. Meistens werden es eh zwei bis drei so kleine Krügerl, und mit der angesprochenen Sperrstunde ist es dann plötzlich auch nicht mehr ganz so genau. Der Hausleitner legt die Regeln, die sein hohes Amt mit sich bringt, auch in anderen Dingen nicht so streng aus. Die ihm auferlegte Amtsverschwiegenheit zum Beispiel, die kennt er eher nur vom Hörensagen. Darum ist er ja auch gern gesehener Gast an den Wirtshaustischen. Denn meist gibt's was Neues zu erfahren. Der heutige Abend macht da keine Ausnahme.

„Bin eh froh, dass ich's grad noch zeitig geschafft hab hierher", verkündet er nach einem kräftigen Schluck, „weil wenn's nach der neuen Kollegin gegangen wär, mit der ich heute Streife machen hab dürfen, dann säß ich noch immer am Schreibtisch."

Nach dieser Ouvertüre sind jetzt nach ungeschriebenem Ritual die Stammtischler dran, durch Nachfragen dem Informationsfluss weiteren Schwung zu verleihen. Was für eine neue Kollegin das denn sei, was denn so lange gedauert habe und Ähnliches wollen sie scheinbar beiläufig wissen. Und bekommen ausführlich Auskunft. Frisch von der Polizeischule hätte man die junge Frau ausgerechnet ihm ans Bein gebunden. Das hat man von seinem Ruf, der Erfahrenste unter den Beamten zu sein. Und dann gleich Außendienst! Gut, der könne auch gemütlich sein, oft ist eh nichts los in der Nacht. Aber gerade heute wäre über Funk eine Anweisung hereingekommen. Ein später Spaziergänger, der im Waldstück hinter dem Altstoffsammelzentrum unterwegs war, hatte dem Revier gemeldet, dass dort am rückwärtigen Zaun jemand liegen würde. Ziemlich verwahrloste Person, reglos, möglicherweise verletzt. Er – der Spaziergänger – würde diese Person nicht anfassen, die Exekutive solle sich kümmern. Erste Hilfe also Fehlanzeige.

Die war aber durchaus notwendig, wie sich nach Ankunft der Streife sofort herausstellte. Der Mann, den sie an der beschriebenen Stelle vorfanden, hatte eine blutige Kopfwunde, war nicht ansprechbar. Sofort verständigte die Neue die Rettung. Vom besorgten Mitbürger, der die Meldung gemacht hatte, war weit und breit keine Spur mehr. Der dürfte sich doch tatsächlich nach seinem Anruf aus dem Staub gemacht und den Verletzten einfach liegen gelassen haben. Wie später von den Kollegen auf dem Revier zu erfahren war, hatte der Anrufer sich auch nicht namentlich zu erkennen gegeben, hatte auf dementsprechende Nachfrage einfach aufgelegt. Ein feiner Mensch. Zu fein, um sich um den hilflosen augenscheinlich Obdachlosen zu kümmern. Aussehen und Kleidung ließen diese Vermutung zu, aber vor allem der Rucksack und die diversen Taschen, die sie rund um den Mann aufgefunden hatten. Wahrscheinlich dessen gesamtes Hab und Gut, weshalb die Mannschaft des mittlerweile eingetroffenen Rettungswagens mit der Erlaubnis von Gruppeninspektor Hausleitner die Gepäckstücke auch ins Krankenhaus mitgenommen habe. Sehr zum Missfallen der jungen Kollegin. Man wisse ja nicht, was vorgefallen war, müsse den potenziellen Tatort und alle Beweisstücke sichern.

„Die ist ordentlich übermotiviert, die Neue", berichtet der Polizist den aufmerksamen Zuhörern am Stammtisch weiter, „aber die bieg ich mir schon noch hin. Hoffentlich."

Beim Onkel Franz hat sich beim Zuhören eine Vermutung eingestellt. Nämlich die, dass es sich bei dem Aufgefundenen um diesen Olaf handeln könnte, dem er neulich auf dem Markt die Leberkässemmel spendiert hatte. Die Beschreibung vom Hausleitner legt das auf jeden Fall nahe. Und natürlich stellt er sich auch die Frage, wie es dem Verletzten wohl geht. Gerade, als er sich dahingehend erkundigen will, redet der Polizist, der eben sein zweites Seiterl geleert hat, weiter. „Den Sandler haben s' noch vor Ort erstversorgt, scheint nicht lebensbedrohlich gewesen zu sein, der Schlag auf den Kopf. War dann, kurz bevor sie ihn abtransportiert haben, auch wieder ansprechbar. Aber rausgekriegt hab ich nix aus ihm, weil der war ziemlich voll, glaub ich. Auf jeden Fall hat er eine gewaltige Fahne gehabt und einen leeren Doppler rot haben wir auch gefunden. So, und wie dann die Rettung weg war, hab ich mir gedacht, dass jetzt Feierabend ist. Aber die Neue, Forsthofer Svenja heißt s' übrigens, war anderer Meinung. Hat darauf bestanden, dass wir den ‚Tatort' untersuchen. Jetzt bin ich zwar eigentlich ihr Vorgesetzter, aber wiederum mein oberster Vorgesetzter, der Herr Landespolizeikommandant, heißt zufällig auch Forsthofer. Und ist ihr Onkel. Na ja, und wie man so sagt, der Ober sticht den Unter, gell. Sonst hätt ich die Sache auf der Stelle beendet. So aber hab ich einen Scheinwerfer holen müssen aus dem Auto und alles ausleuchten. Und das Fräulein Svenja hat fotografiert. Zuerst den leeren Doppler und dann, nach ein bisserl Suchen im Gras, einen Seitenschneider. So einen, mit dem man Draht durchzwicken kann. Und der liegt jetzt bei uns gesichert in der Asservatenkammer, weil er ein paar dunkle Flecken hat. Rost, wenn ihr mich fragt, sie aber meint, das könnt Blut auch sein. Und dann hat sie noch, mir hat schon alles wehgetan vom Scheinwerferhalten, ewig lang den Zaun untersucht. Und was soll ich euch sagen, an einer Stelle waren zwei Maschen abgezwickt. Muss nichts bedeuten, hab ich gemeint, kann schon länger so sein, der Zaun ist alt. Aber die Forsthoferin hat andere Theorien, wollt sogar gleich noch die Spurensicherung anfordern. Da hab ich dann doch wieder meinen Dienstrang ins Spiel gebracht. Hab angeordnet, dass jetzt erst mal gar nix ist. Spuren hätt sie ja soweit gesichert, hab ich zu ihr gesagt, fotografiert ist auch alles, das muss reichen für heut. Morgen kann sie ja dann von mir aus ins Krankenhaus gehen und den Vagabunden befragen. Gut, hat sie gemeint, aber protokolliert muss das Ganze schon noch heut werden. Da hab ich dann fast wieder nachgeben müssen, wer weiß, was die ihrem Onkel sonst erzählt. Haben wir dann also noch einen schönen Bericht schreiben dürfen. Viel Lärm um nichts, wenn ihr mich fragt."

Nach der polizeilich höchstzulässigen Sperrstundenüberschreitung von drei Seiterl Bier verabschiedet sich Gruppeninspektor Thomas Hausleitner schließlich, alle anderen machen sich ebenfalls auf den Heimweg. Der Albert und der Onkel Franz gehen den größten Teil der Strecke gemeinsam, wie gewohnt. Ihre Häuser liegen ja nicht weit voneinander entfernt.

„Der war ja wieder mal sehr gesprächig", meint der Albert jetzt, „von wegen Amtsgeheimnis und so."

„Kennst ihn ja", antwortet der Onkel Franz, „der redet halt gern. Aber was ich schon im Wirtshaus die ganze Zeit sagen wollte, ich glaub, ich weiß, wen die da gefunden haben."

Und er erzählt seinem Spezi von seiner Begegnung letzte Woche auf dem Markt. Und dass die Beschreibung, die der Hausleitner vom Verletzten gegeben hat, ziemlich genau auf diesen Olaf passen würde. Der Albert wiederum meint, es könne sich genauso gut um jeden anderen Obdachlosen handeln, die sähen ja alle irgendwie ähnlich aus. Da ist der Onkel jedoch gänzlich anderer Meinung, er hat es nicht so mit Verallgemeinerungen. Was das betrifft, kommen die beiden in der Folge nicht so recht auf einen gemeinsamen Nenner. Nicht, dass sich der Onkel Franz sonst vor einem Streitgespräch mit seinem Spezi drückt, heute ist es ihm dafür jedoch schon eindeutig zu spät. Daher beschließt er, das Thema zu wechseln.

„Was anderes jetzt. Schön, dass du heut Zeit ghabt hast für'n Stammtisch", sagt er darum nun, „hab schon befürchtet, du bist wieder verhindert."

„Was heißt wieder?"

„Na ja, letzten Mittwoch, da hast ja auch keine Zeit gehabt auf ein Marktbier."

„Ach da. Das hab ich dir aber gesagt, Franzl. Da hab ich einen wichtigen Termin gehabt. Mit dem Commodore."

„Mit wem?"

„Mit'm Staffelbauer Sepp, den kennst sicher. Obmann vom Modellbauclub."

„Ah, der. Und der nennt sich Commodore? Weil er kleine Modellschifferl auf'm Dorfweiher fahren lasst?"

„Das verstehst du nicht. Außerdem will ich eh Pilot werden. Ich interessier mich da mehr für die Fliegerei."

„Willst du mir sagen, dass du jetzt auf deine alten Tag noch zum Vereinsmeier wirst? Ernsthaft?"

„Ja. Wieso denn nicht? Meine Frau hat halt gemeint, dass ich ein Hobby bräucht. Drum hat sie mich angemeldet beim Club. Und bei uns im Keller hat s' mir schon einen Raum freigemacht, da wo sie sonst bügelt. Da kann ich dann meine Flieger bauen."

Der Onkel Franz schüttelt den Kopf. So recht kann er sich seinen Spezi nicht vorstellen, wie er da mit Federmesser und Kontaktkleber flugfähige Modelle zusammenbastelt, daheim neben dem Heizraum. Der Albert ist nämlich nicht unbedingt der Geschickteste. So sieht es zumindest der Onkel. Nebenbei passt ihm der Gedanke nicht, dass sein Freund dann wohl künftig öfter keine Zeit für gemeinsame Unternehmungen haben könnte. Das würde er allerdings niemals zugeben. Darum sagt er auch nur: „Ja, wennst meinst. Für mich wär's halt nix."

Mittlerweile sind die beiden ihren Häusern schon relativ nahegekommen. Nur noch die Abkürzung über einen neu angelegten Schotterweg, dann wird man sich trennen. Hier hat die Gemeinde erst neulich drei Bauparzellen umgewidmet und die dafür nötigen

Anschlüsse verlegt. Bis hier Häuser stehen werden, wird es wahrscheinlich noch etwas dauern, wenn es auch auf einem der Grundstücke bereits eine Bauhütte gibt. Die schon mit Strom versorgt sein dürfte, denn es brennt Licht in dem kleinen Verschlag. Das ist seltsam zu dieser späten Stunde, wie auch die Tatsache, dass die Tür offensteht. Auf ihrem Weg daran vorbei kommen die beiden Freunde der Hütte ziemlich nahe, sie steht fast an der Grundgrenze. Eine gewisse Neugier stellt sich ein. Wahrscheinlich wären sie trotzdem vorbeigegangen, die merkwürdigen Geräusche, die jetzt aber an ihre Ohren dringen, lassen sie innehalten. Ein seltsames Gebrabbel ist es, unterbrochen durch Husten, Stöhnen und unterdrücktes Fluchen. So würde es zumindest der Onkel Franz auf Nachfrage beschrieben haben. So wie er auch angeben würde, dass der Albert und er nicht aus reiner Neugier jetzt auf den Eingang zugehen, um nachzusehen. Tatsächlich geben die Geräusche durchaus Anlass zu der Annahme, dass hier vielleicht jemand Hilfe braucht.

Und so ist es dann auch. Auf dem Bretterboden der Hütte sitzend, den Oberkörper an die Wand gelehnt, finden sie einen ziemlich verwahrlosten, von seinen Habseligkeiten umgebenen Mann vor, den der Onkel sofort wiedererkennt. Dem Olaf scheint es nicht wirklich gut zu gehen, abgesehen von dem an einer Stelle bereits wieder durchgebluteten Verband wirkt er auch schwach und desorientiert. Brabbelt unverständliches Zeug vor sich hin, durchsetzt von Beschimpfungen und Hustenanfällen. Als er seine beiden Besucher aus glasigen Augen anschaut, zeigt sein Blick kurz so etwas wie Erkennen. Noch immer ist seinem Gerede kein Sinn zu entnehmen, lediglich „der Franz" und „Leberkäs" glaubt der Onkel zu verstehen. „Ja gibt's das", sagt er nun zum Albert, „das ist der Olaf, der, von dem ich dir vorhin erzählt hab. Und wie's ausschaut, war meine Vermutung richtig."

„Möglich", räumt der Freund ein, „aber sollt er dann nicht im Krankenhaus sein?"

Bei dem Wort „Krankenhaus" erwacht der Berber aus seiner Lethargie und beginnt mit der Hand in der Luft herumzuwedeln.

„Nix Krankenhaus. Kannste verjessen, bin abjehauen. Will nich!"
Der Onkel Franz nutzt die Gelegenheit, um so etwas wie ein Gespräch in Gang zu bringen.

„Kein Krankenhaus, ist schon gut. Aber da kannst nicht bleiben.
Wird schon recht kalt jetzt in der Nacht und dein Verband schaut
auch nicht gut aus. Verstehst?"

Ob der Mann auf dem Boden den Onkel versteht, ist nicht zu sagen, zumindest erkannt dürfte er ihn aber haben.

„Jo, Alter, dich kenn ich. Leberkäs, nich?"

„Genau, ich bin der Franz, der mit der Leberkässemmel. Und du
kommst jetzt mit, einverstanden?"

„Spinnst du, Franzl", sagt darauf der Albert, „wo willst denn hin
mit dem, mitten in der Nacht?"

„Ja, keine Ahnung. Aber da können wir ihn nicht liegen lassen,
glaubst nicht auch?"

„Stimmt schon, hast recht. Aber wär's nicht besser, der käm wieder
ins Krankenhaus? Ich könnt die Rettung rufen." Bei diesen Worten
holt der Albert bereits sein Mobiltelefon aus der Tasche.

Währenddessen hat sich der Olaf mühsam hochgerappelt und es
tatsächlich auf die Beine geschafft. Schwankend lehnt er an der
Wand und fuchtelt wieder mit den Händen. „Keine Doktors, sach
ich. Geht mir jut, siehste doch!"

Dabei droht er, das Gleichgewicht zu verlieren, der Onkel muss ihn
stützen, legt sich den Arm des anderen über die Schulter. Dabei
nimmt er neben anderen Gerüchen auch deutlich die Rotweinfahne
wahr, von der der Hausleitner berichtet hatte. Doch sein Entschluss
steht fest. Einfach seinem Schicksal kann man diesen Olaf nicht
überlassen, und wenn er partout nicht ins Krankenhaus zurück
will, dann ist das auch sein gutes Recht. Bleibt nur noch, ihn mit-
zunehmen. „Geht schon, Albert", sagt er deshalb auch, „du nimmst
den Rucksack und die Taschen und ich helf dem Olaf. Weit is es ja
nicht mehr zu mir."

„Na ja, wennst meinst. Da wird dir aber deine Frau ganz schön was
erzählen."

„Die ist nicht daheim", antwortet der Onkel Franz, „die ist bei der Mitzi."

Die Mitzi ist eine bereits hochbetagte Verwandte. Meist kommt die verwitwete Frau zwar ganz gut allein zurecht, ein paar Mal im Jahr verschlechtert sich ihr Gesundheitszustand aber derart, dass sie auf familiäre Hilfe angewiesen ist. Und da kann es dann schon einmal vorkommen, dass die Tante ein, zwei Nächte bei ihr bleibt. Und gestern war es wieder einmal so weit.

Der Olaf ist ein großer, kräftig gebauter Mann und wiegt so einiges. Mit Sicherheit ein Mehrfaches seines Gepäcks. Dennoch ist es nicht der Onkel Franz, sondern der Albert, der auf dem Heimweg immer wieder darüber lamentiert, wie schwer er zu schleppen hätte. Der Berber wiederum hat sich in sein Schicksal gefügt und stolpert friedlich neben seinem Helfer her. Ein großer Teil seines Gewichtes lastet dabei auf den Schultern des Onkels. Er gibt auch wieder allerhand Unverständliches von sich.

„Und wo legst du den jetzt nieder bei dir daheim", will der Albert wissen, „ins Ehebett, oder was?"

„Ach Schmarrn, in den Schuppen, hab ich mir gedacht. Da steht mein altes Kanapee und einen elektrischen Heizkörper gibt's auch."

„Und wenn deine Frau heimkommt, was dann?"

„Das überleg ich mir, wenn's so weit ist."

*

Der Onkel Franz hat es mit der Hilfe seines Freundes dann schlussendlich geschafft, den Obdachlosen bis zu seinem Haus zu schleppen. Im Schuppen angekommen, wurde er auf das Kanapee bugsiert und mit etlichen Decken zugedeckt. Der Mann ist dann auch sofort eingeschlafen, was es dem Onkel erleichterte, unter Einsatz des herbeigeholten Erste-Hilfe-Koffers einen neuen Verband anzulegen. Die Wunde war im Krankenhaus genäht worden. Sie blutete leicht, sah aber insgesamt nicht allzu besorgniserregend aus. Nachdem er den Albert nach Hause geschickt hatte, ging der Onkel auch zu Bett. Es war schon sehr spät und er von der Schlepperei hunde-müde. Dennoch war an geruhsamen Schlaf nicht zu denken. Immer wieder wurde er wach und stand auf. Ging hinaus zum Schuppen, um nach seinem Patienten zu sehen. Der wiederum schlummerte selig, begleitet von herzhaftem Schnarchen.

*

„Schmeckt dir mein Kaffee?"

Diese Frage stellt der Onkel Franz dem scheinbar gut ausgeruhten Berber, der gerade mit großem Appetit das ihm servierte Frühstück verschlingt.

„Prima, Alter. Hast wat jut bei mir."

„Sag nicht Alter zu mir, das mag ich nicht. Ich heiß Franz, hab ich dir schon auf dem Markt gesagt. So, und jetzt erzählst du mir, was da gestern los war. Scheinbar hat dich irgendwer draußen beim Sammelzentrum niedergeschlagen, so viel weiß ich schon."

„Da weeßte mehr als ich. War wohl ziemlich voll. Filmriss, versteh-ste?"

„Sag einmal", schiebt der Onkel jetzt eine Frage dazwischen, die ihn schon seit seiner ersten Begegnung mit diesem Olaf beschäftigt, „was ist das eigentlich für ein Dialekt, den du da hast. Bayer bist du nicht, so viel steht fest."

„Hör bloß auf, Bayer! Nee, ich bin Friese. Aus Emden. Kennste?"

„Ungefähr. Ganz oben halt, oder?"

„Jo, an der Emsmündung. Da kannste nach Holland rüberspucken."

„Und wieso bist weg von dort?"

„Lange Geschichte, mein lieber Franz. Bin schon länger auf Wan-derschaft."

Bei diesem Satz bekommt der große Mann einen nachdenklichen Gesichtsausdruck, scheinbar melden sich gerade Bilder der eigenen Vergangenheit.

Dem Onkel Franz liegen dazu einige Fragen auf der Zunge. Er hat sich schon des Öfteren Gedanken gemacht, was im Leben von

Menschen vorgefallen sein muss, dass es sie derart an den Rand der Gesellschaft geschwemmt hat. Da meldet sich unweigerlich sein Mitgefühl, ob er will oder nicht. Aber, um ehrlich zu sein, auch eine gewisse Neugier. Deren Aufmerksamkeit momentan allerdings mehr von den aktuellen Ereignissen in Anspruch genommen wird. Ereignisse, die dazu geführt haben, dass dieser Olaf nun hier bei ihm im Schuppen gelandet ist. Letzte Nacht war es selbstverständlich, erst einmal zu helfen, nun aber möchte er schon wissen, womit er es hier genau zu tun hat.

„Na gut", wechselt er deshalb das Thema, „jetzt aber wieder zu gestern. Ein bisserl was wirst ja schon noch wissen. Zum Beispiel, warum du nicht im Krankenhaus geblieben bist. Ganz so fit bist du nämlich noch nicht."

„Ach hör auf, dat jeht schon", bei diesen Worten greift er sich an den Kopf, „hab nen dicken Schädl. Aber einjesperrt, dat halt ich nich aus."

„Was", fragt der Onkel ungläubig nach, „die haben dich da eingesperrt im Spital?"

„Nee, dat nich. Aber beaufsichtigt, dat is dat selbe. Also bin ich abjehauen."

„Und dann hast du den Bauwagen aufgebrochen, wo wir dich gefunden haben."

„Irgendwo", gibt der Berber zurück, „musst ich doch unterkommen, verstehste? Und ins Hotel Ritz, wo ich sonst absteige, war's mir zu weit." Dabei grinst er den Onkel Franz schüchtern an.

„Na gut", meint der, „wenigstens haben wir dich dort gefunden. Aber eines würd mich schon noch interessieren. Wieso warst du überhaupt da draußen beim Sammelzentrum, was wolltest du dort?" Bei dieser Frage verzieht der Olaf das Gesicht. Nachdem er vorher noch einen Bissen seines Wurstbrotes ausgiebig durchgekaut hat, setzt er zu einer zögerlichen Antwort an.

„Ach, weißte, dat is mir 'n büschen unanjenehm. Dat war nämlich nich so janz legal. Ich wollt da rein, orjanisieren, verstehste?"

„Organisieren? Was jetzt genau."

„Ich weiß ja gar nich, warum ich dir dat alles erzähle. Aber du hast mir jeholfen, ich glaub, dir kann ich vertrauen. Is doch so, oder?"

Nachdem der Onkel seinem Gast versichert hat, dass dem so sei, hat der ihm dann die ganze Geschichte erzählt. Dass er es auf verschiedene Wertstoffe abgesehen hatte. Was halt Geld bringt, Kupfer zum Beispiel. Er kenne sich da ein bisschen aus. Und dass er der Meinung ist, man könne dabei nicht wirklich von Diebstahl sprechen, es gehe ja keinem ab. Schließlich werfen die Leute das Zeug ja weg. Nur eben gerade, als er sich am Zaun zu schaffen machte, wäre er gestört worden. Und hier werde jetzt blöderweise seine Erinnerung sehr verschwommen.

„Dat ich eene uff'n Kopp bekommen hab", bei diesen Worten greift der Berber an seinen Verband, „is ja jetzt wohl amtlich. Und nen juten Humpen Roten hatt ich ja auch intus, nich?"

Der Onkel Franz hakt nach. Fordert den Olaf auf, sich anzustrengen. An irgendetwas werde er sich doch noch erinnern können.

„Mann, dat war zappenduster."

„Was war's?"

„Ja finster halt. Bis auf die Scheinwerfer."

Langsam hebt sich anscheinend der Erinnerungsschleier, beide Männer spüren das. „Welche Scheinwerfer?", will der Onkel wissen. „Denk nach!"

„Da war ein Wagen. So'n großer. Den hat einer reinjelassen. Aber nicht vorne am Haupttor. Hintenrum, wo ich war."

„Und dann? Los, sag schon, was war dann?"

„Nix mehr. Dann sind bei mir die Lichter ausjegangen."

*

Bevor er sich am späten Nachmittag mit dem Albert wie verabredet beim Egger-Wirt trifft, hat der Onkel Franz noch einen Sondierungsanruf bei der Mitzi getätigt. Unter dem Vorwand, sich nach deren Befinden zu erkundigen. Nicht, dass ihn das nicht auch wirklich interessiert hätte, der wahre Grund war aber, den Zeitpunkt herauszufinden, an dem die Tante wieder nach Hause kommen würde. Zwar geht sie selten in den Schuppen – den erkennt sie weitgehend als Territorium ihres Mannes an –, dennoch würde ihr die Anwesenheit des dortigen Gastes nicht lange verborgen bleiben. Wenn er sie auch gut kennt, seine Frau, ihre Reaktion darauf kann der Onkel nur schwer einschätzen. Darum der Anruf. Idealerweise kommt sie erst zurück, wenn der Olaf schon weg ist, denkt er sich, dann müsste er sie mit der Geschichte gar nicht erst belasten. Leider war aber nichts Genaueres herauszufinden.

„Es geht ihr schon wieder ein bisserl besser, der Mitzi", hat ihm die Tante am Telefon mitgeteilt, „aber bis zum Abend bleib ich sicher noch. Und wenn's nötig ist, dann halt auch noch über d'Nacht. Mal schaun. Ich geh dir wohl schon recht ab?"

„Ja freilich", hat der Onkel geantwortet, „immer. Aber es geht schon, der Kühlschrank ist ja voll. Dann also bis morgen. So am Vormittag, oder?"

„Genau. Oder bis heut Abend."

*

„Und der ist jetzt ganz allein bei dir daheim?" Der Albert schüttelt den Kopf. „Traust dich ganz schön."

„Aber geh", antwortet der Onkel Franz nach einem Schluck Bier, „was soll denn sein? Außerdem hat er geschlafen, wie ich weg bin. War wohl doch nicht so ohne, der Schlag auf den Kopf."

Die beiden sitzen im Gastgarten, sind noch die einzigen Gäste. Es ist mitten in der Woche und das Mittagsgeschäft noch nicht angelaufen. Darum können sie sich auch unbesorgt in normaler Lautstärke über die aktuellen Ereignisse unterhalten. Nur immer dann, wenn die Resi in den Garten kommt, um ihre Bestellungen zu bringen, unterbrechen sie kurz.

Der Albert will es genau wissen. Was er so alles erzählt hat, dieser Olaf, möglichst wörtlich.

„Gar so viel weiß er scheinbar selber nicht mehr", berichtet der Onkel nun weiter, „nur eben, dass er glaubt, einen Wagen gesehen zu haben. Einen kleinen Laster oder so was. Der da mitten in der Nacht beim hinteren Tor reingefahren sein soll."

„Mysteriös", meint sein Gegenüber etwas theatralisch, „da geht was vor!"

Der Albert neigt nämlich dazu, hinter allem, das vom Alltäglichen abweicht, irgendwelche dubiose Vorgänge zu vermuten. Besonders seit dieser Sache mit dem Haslinger-Bauern. Damals waren er und der Onkel Franz in eine Geschichte rund um Grundstücksspekulationen und verschwundene Mitbürger hineingestolpert. Außerdem schaut er nach wie vor zu viele Krimiserien im Fernsehen. CSI und so weiter. Von Kitzbühel bis Miami. Die liegen dem Onkel wiederum so gar nicht, und auch die damalige Aufregung war nicht das Seine. Er hat's lieber gemütlich.

„Eigentlich geht uns das ja alles gar nix an", sagt er darum auch jetzt.

„Wieso", wendet der Albert nicht zu Unrecht ein, „du wolltest den ja gestern unbedingt mitnehmen, oder?"

„Ja, schon, weil man den nicht so liegen lassen kann, nur deshalb."

„Aha. Aber ausgefragt hast ihn dann doch ganz schön. Bist neugierig, gell?"

„Bisserl vielleicht."

„Dann schlag ich vor, wir zwei schaun die Tag' einmal beim Altstoffsammelzentrum vorbei, vielleicht lässt sich ja was in Erfahrung bringen."

Die Resi, die gerade die Essigwurscht für den Onkel Franz bringt, hat den letzten Satz vom Albert noch mitbekommen.

„Altstoffsammelzentrum? Da könnt ihr gleich meinen Juniorchef mitnehmen. Sonst spannt der mich wieder am Ruhetag ein, zum Leergut-Entsorgen. Als ob ich da nix Besseres zu tun hätt."

Der leicht grantige Unterton der altgedienten Kellnerin hat nicht unbedingt etwas zu bedeuten. Gehört quasi zum Berufsbild. Aber so wie sie dabei das Gesicht verzieht, ist sie anscheinend tatsächlich alles andere als erfreut.

„Ich mein, ich helf eh gern und gehör ja fast zur Familie, so lang, wie ich schon da bin. Aber ein ganzer freier Tag wär auch schön, oder? Na ja, egal. Wenigstens seh ich so ab und zu meine Cousine und kann ein bisserl mit ihr ratschen."

„Was für eine Cousine?", fragt der Albert nach. „Wo? Im ASZ draußen?"

„Ja, die Pawlak Helga. Die arbeitet dort. Die kennst du sicher. So eine Kräftige."

„Ich glaub, die hab ich schon mal gesehen dort. Die mit den großen Zähnen, oder?"

Jetzt, da der Albert das erwähnt, erinnert sich der Onkel, dass ihm bei der Frau, die da neulich in der Presse herumgestiegen ist, ebenfalls die merkwürdigen Schneidezähne aufgefallen waren.

„Um Gottes willen", meint die Resi nun, „auf die darfst du sie ja nicht anreden, da ist sie empfindlich. Wenn s' auch sonst eher ein wenig wilder ist, die Helga."

*

Lange ist er dann nicht mehr sitzen geblieben beim Egger-Wirt, der Onkel Franz. Die Ankündigung seiner Frau, vielleicht doch bereits heute Abend zurückzukommen, hat ihn nach Hause getrieben. Auf dem Weg ist er dann noch beim Metzger seines Vertrauens vorbeigegangen, um für den Olaf eine ordentliche Portion Leberkäse zu besorgen. Wie das weitergehen soll mit dem Berber, wie lange der noch zu Gast sein kann in seinem Schuppen, das ist dem Onkel noch nicht klar. Zumindest solange es der Gesundheitszustand des Mannes notwendig macht, muss man sich kümmern, so viel ist sicher. Dann wird man sehen. Und vor allem ist da ja dann auch noch die Tante. Was die zu dem seltsamen Untermieter sagen würde, mag er sich vorerst gar nicht ausmalen.

Mit diesen Gedanken beschäftigt, legt der Onkel Franz den Rest des Weges zurück. Es dämmert schon, die meisten seiner Nachbarn haben in ihren Stuben bereits Licht an. So kann er schon aus einiger Entfernung an den dunklen Fenstern des eigenen Hauses erkennen, dass die Tante wohl noch nicht zurückgekehrt ist. Und das bedeutet, dass er die erklärenden Worte, die er sich schon ein wenig für sie zurechtgelegt hat, vorerst nicht brauchen wird. Zumindest heute nicht mehr. Bevor er noch in den Schuppen schaut, geht er nun zuerst ins Haus. Einerseits, um sich vollends zu vergewissern, dass er noch Strohwitwer ist, andererseits, um Teller, Messer, Brot sowie Essiggurken und zwei Flaschen Weißbier nebst Gläsern zu holen. Der Mensch lebt nicht vom Leberkäs allein.

Mit einem Tablett voll dieser guten Sachen betritt er nun den Schuppen. Sein Gast ist mittlerweile wieder wach und hört ihn erst gar nicht kommen. Hektisch ist er gerade damit beschäftigt, in seinem Gepäck zu kramen. Offensichtlich sucht er etwas.

„Suchst du was?", lautet deshalb auch die Frage vom Onkel Franz, mit der er auf seine Anwesenheit aufmerksam macht. Der Olaf zuckt kurz zusammen, scheint etwas erschrocken. Schnell fängt er sich aber wieder und meint: „'N Abend, Franz. Kontrollier nur mal eben meine Vorräte, verstehste? Und da merk ich doch glatt, dass meine Buddel weg is. Ham mir wohl die Weißkittel abjenommen. Sach, haste nix für mich? 'N Roten oder so. Nehm auch Vermouth, irgendwat mit Prozente halt."

„Jetzt gibt's erst mal was zum Essen", erwidert der Onkel und stellt das Tablett auf einen kleinen Schemel vor das Kanapee. Für sich selbst zieht er einen alten Stuhl heran.

„Ui, lecker, Leberkäse", freut sich der Olaf und setzt sich, „Und wat is in den komischen Flaschen da?"

„Das ist ein Weißbier, so was kennt ihr da oben im Norden nicht, gell? Wird dir schon schmecken." Der Berber schnappt sich eine der Flaschen, um das Etikett zu studieren.

„Wat? Fünf Prozent? Is dat überhaupt schon Alkohol?"

Komisch, denkt sich der Onkel Franz, das sag ich eigentlich auch immer. Laut meint er aber: „Wird dir schon reichen. Schadt vielleicht gar nicht, so eine kleine Diät."

Die beiden haben dann, wenn auch in etwas ungemütlicher Sitzposition, miteinander das stattliche Stück Leberkäse verputzt und sich mit dem Weißbier zugeprostet. Das hat dem Olaf gar nicht so schlecht geschmeckt. Zuerst wollte er es zwar aus der Flasche trinken, aber der Onkel hat darauf bestanden, es ihm fachmännisch einzuschenken. Während ihres Mahles kam dann auch so etwas wie eine Konversation in Gang, in deren Verlauf der Onkel Franz versucht hat, ein wenig über die Vorgeschichte seines Gastes in Erfahrung zu bringen. Halbwegs erfolglos allerdings. Gut, hat er sich gedacht, muss man respektieren, wenn er nicht drüber reden will.

Darum wechselt er jetzt auch das Thema. Zwischen zwei Bissen Leberkäs lenkt er das Gespräch wieder auf die jüngere Vergangenheit. „Du, jetzt nochmal wegen gestern. Du hast mir doch erzählt, dass jemand beim ASZ einen Wagen reingelassen hat. Wie hat denn der ausgeschaut?"

„Wer jetzt? Die Karre oder der Typ, der dat Tor aufjemacht hat?"

„Was? Ach so. Na, eigentlich beide, wenn du's noch weißt."

„Jo, so jenau nich, nur unjefähr. Der Wagen war so'n großer. Mit Ladefläche. Wie ihn die Amis haben, weeste? Und SL stand da druff. Bei dem Typen wird's schon schwieriger, war ja dunkel. Den konnt ich immer nur kurz sehen, wenn die Scheinwerfer von der Karre …"

An der Stelle verstummt der Olaf und scheint angestrengt nachzudenken. Beim Onkel Franz steigt die Spannung. Sollte der Berber den Mann, der das hintere Tor mitten in der Nacht geöffnet hatte, doch gut zu sehen bekommen haben? Scheinbar regt sich da gerade eine Erinnerung.

„Was ist jetzt, hast was erkannt? Erinnerst dich an was? Sag schon."

Aber der Olaf schüttelt nur langsam den Kopf und hebt die Schultern.

„Nee, leider, da kommt nüscht. Wohl doch zu versoffen, die Birne."

*

Der Onkel Franz hat es dann bald aufgegeben, noch etwas aus seinem Gast herauszubringen und sich verabschiedet, um ins Bett zu gehen. Diese Nacht, so hatte er beschlossen, würde er ihn noch beherbergen. Gleich morgen früh, noch vor der Rückkehr seiner Frau, würde er den Olaf bitten, sich wieder auf den Weg zu machen. Die Wunde am Kopf des Berbers sah gut aus, auch sonst hatte der Onkel seiner Ansicht nach getan, was dem Anstand nach geboten war. Zur Sicherheit hat er sich dann noch seinen Wecker auf sieben Uhr gestellt, denn er war schon sehr müde und wollte es nicht riskieren zu verschlafen. Ein altes Ding, das nun schon seit Jahren – genau genommen seit seiner Pensionierung – unbenutzt und eher als Dekoration auf seinem Nachttisch steht.

*

Am nächsten Morgen erwacht der Onkel Franz gut ausgeruht und streckt sich genüsslich. Dabei fällt sein Blick auf den Wecker. Wenn auch die Uhrzeit, die der anzeigt – kurz nach acht – die wahrscheinlich richtige ist, das Läutwerk hat auf jeden Fall versagt. Denn nicht das Klingeln des Weckers hat ihn munter gemacht hat, sondern vielmehr die Geräusche von unten, die er nun einzuordnen versucht. Schritte hört er und das Klappern von Geschirr oder Ähnlichem. Er schwingt seine Beine über den Bettrand und schlüpft in die Pantoffeln. Noch im Schlafanzug bewegt er sich nun langsam die Treppe hinunter. Das macht er normal nie, der Onkel. Das Bad befindet sich hier oben neben dem Schlafzimmer und erst nach erfolgter Morgentoilette betritt er sonst fertig angekleidet und frisiert das Parterre. Aber nun will er doch gleich wissen, wer da morgens in seinem Haus zu Gange ist. Wenn er es auch nicht direkt ausgesprochen hat, glaubt der Onkel dennoch, dem Olaf deutlich signalisiert zu haben, dass er ihm lediglich den Schuppen als Unterschlupf zur Verfügung gestellt hat, nicht das ganze Haus. Außerdem hab ich ja abgesperrt, denkt er sich, als er sich jetzt vorsichtig der offenen Küchentür nähert.

Das Bild, das sich ihm bietet, ist ein gewohntes. Seine Frau, wie sie zwischen Küchenkasteln und Esstisch hin und her pendelt und den Frühstückstisch deckt. Nach Kaffee duftet es auch schon und das Röcheln der Filtermaschine vervollständigt den vertrauten Geräuschteppich. Die kleine Reisetasche, die auf einem der Stühle steht, und die Tatsache, dass die Tante nicht die übliche Kleiderschürze, sondern noch ihre Kostümjacke trägt, legen die Vermutung nahe, dass sie gerade erst zurückgekommen sein muss vom Pflegebesuch bei der Mitzi.

„Grüß dich, Franzl. Sag einmal, wie schaust denn du aus? Hast verschlafen?"

Der Onkel muss wohl so, wie er da in der Küchentür steht, im Pyjama und mit zerzaustem Haar, ein komisches Bild abgeben. Denn die Tante schmunzelt bei dieser Frage und schüttelt leicht den Kopf dazu.

„Ich? Verschlafen? Wieso? Ach so, weil ich … nein, ich hab nur nicht gewusst, dass du schon zurück …" Er kommt etwas ins Stammeln, es fällt ihm nämlich gerade der Olaf ein. Ob seine Frau ihn schon bemerkt hat? Wohl nicht, sonst hätten ihre ersten Fragen anders gelautet.

„Komm", sagt sie stattdessen, „geh rauf und zieh dir was an, gleich gibt's Frühstück. Sag, übrigens, ich such mein Tablett, weißt du, wo das ist?"

Herrschaft, das Tablett, denkt sich der Onkel Franz, das muss noch im Schuppen beim Olaf sein. Mit dem hab ich doch gestern die Jause rausgetragen. Jetzt muss schnell eine plausible Erklärung her.

„Das? Ach so, ja weißt, das ist draußen auf der Werkbank, im Schuppen. Da war der Griff locker, den hab ich gestern repariert."

„Soso, repariert", meint darauf seine Frau, „sehr gut. Dann geh ich gleich mal raus und hol's mir." Mit dieser Ankündigung setzt sie sich auch schon Richtung Haustür in Bewegung. Im Bestreben, ihr zuvorzukommen, drückt sich der Onkel im Flur an ihr vorbei.

„Nein, nein, lass nur, ich bring's dir!"

In Pantoffeln und Schlafanzug geht er schnell nach draußen, die Tante folgt ihm. Sie findet das ungewohnte Verhalten ihres Gatten etwas eigenartig, runzelt die Stirn.

„Geh Franzl, da verkühlst du dich doch. In dem Aufzug!"

Dem Onkel Franz ist selbst klar, dass es seltsam anmuten muss, wie er da nun fast im Laufschritt auf den Schuppen zusteuert. Aber was soll's, besser ich bring es ihr dann gleich schonend bei, als dass sie den Olaf selbst vorfindet auf dem alten Kanapee. Er schlüpft durch die Tür und schließt sie auch gleich wieder hinter sich.

Das Tablett steht auf dem Schemel, dort wo er es gestern abgestellt hat. Darauf die zwei Teller und Gläser, jedoch nur eines der Jausenmesser. Das zweite ist genauso verschwunden wie der Olaf samt Gepäck. Einerseits ärgert das den Onkel, irgendwie passt es ihm nicht so ganz, dass der Berber sich so ganz ohne Abschied aus dem Staub gemacht und dabei scheinbar auch das Messer hat mitgehen lassen. Andererseits befreit ihn diese Tatsache von der unangenehmen Aufgabe, seiner Frau die Geschehnisse der letzten Nacht zu beichten. Denn die steht gerade hinter ihm in der Tür.

„Jetzt komm halt ins Haus, Franzl", hört er sie in seinem Rücken mit leicht tadelndem Unterton sagen, „so dringend brauch ich das Trumm jetzt auch wieder nicht."

„Jaja, ich hab's schon, komm eh gleich", antwortet er ihr. Teller, Gläser und das verbliebene Messer konnte er gerade noch ungesehen in einer Schublade der Werkbank verschwinden lassen.

3

Siegfried Alexander Meier-Lobrecht, der vorzugsweise seinen zweiten Vornamen benutzt und sich dabei im Kreise Gleichgesinnter gern mit Sascha ansprechen lässt, streift durch den Mischwald, der sich am Rand des Industriegeländes ausdehnt. Hier, hinter dem Altstoffsammelzentrum, ist gottlob noch ein Stück Natur erhalten geblieben. Nicht zuletzt auch dank der Bemühungen einer von ihm initiierten Protestbewegung. Einer Bewegung, aus der sich in Folge die Bürgerliste entwickelte, der er vorzustehen die Ehre hat. Bei den letzten Kommunalwahlen hatte man dann kandidiert und prompt auch ein Mandat errungen. So sitzt er nun im Gemeinderat, der Herr Meier-Lobrecht, und setzt sich mit all seiner Kraft und Erfahrung für ein gerechteres, ökologisches Zusammenleben in der Stadt ein. Auch die hohe Kultur ist dem Herrn Professor ein Anliegen. Hat er doch vor seiner Pensionierung Deutsch und Geschichte am hiesigen Gymnasium unterrichtet. Und ein bisserl Latein. Wenn die Anrede „Professor" in diesem Zusammenhang auch eher eine Berufsbezeichnung als einen akademischen Grad darstellt, handelt es sich dennoch um einen Titel. Ein Ehrentitel, der sich bei passender Gelegenheit auch im Ruhestand noch gut macht.
Sein geliebtes „Béret Français" – eine Tellermütze, wie sie auch die Basken tragen – auf dem Kopf, nähert sich der Sascha Meier-Lobrecht nun einer seiner geheimen Fundstellen hier im Wald. Dieser Tage wird er im Kreise einiger ausgewählter Freunde kochen und er hat ein Gericht im Sinn, für dessen Zubereitung Morchella Esculenta, die Speise- oder Rundmorchel, unverzichtbar ist. Sein Laguiole-Messer mit dem hübschen Griff aus Olivenholz bereits gezückt, das Pilzkörbchen am Arm, tritt der Herr Professor

zwischen drei Buchen, die den Rand einer flachen Senke säumen. Eine der Stellen, an der er schon öfter Glück gehabt hat bei der Suche nach dem schmackhaften Pilz.

Zu seinem Unmut findet er den Platz verändert vor. Irgendjemand hat hier allerhand Zweige abgelegt. Mühevoll muss er das Geäst nun wegräumen, um an seine Beute zu gelangen. So diese nicht schon zertrampelt wurde von denjenigen, die hier zugange gewesen sind. Unter den Zweigen kommt nun Erde zutage, als hätte jemand umgegraben. Ärgerlich. Hier müssen wohl Kinder am Werk gewesen sein, denkt er sich, dumm und ohne Respekt vor den Früchten, die Mutter Natur wachsen lässt. Allzu viel Hoffnung hegt er nun zwar nicht mehr, dennoch greift er sich einen großen Ast und stochert damit vorsichtig in der lockeren Erde herum. Schiebt nach und nach einiges davon zur Seite, immer darauf bedacht, das, wonach er sucht, nicht zu beschädigen. Und tatsächlich legt der Herr Gemeinderat dabei nun etwas frei, das auf den ersten Blick eine Morchel sein könnte. Und wo eine ist, so sagt ihm seine Erfahrung, sollten auch mehrere sein. So stellt er sein Körbchen ab und geht vor seinem Fund auf die Knie. Mit beiden Händen beginnt er vorsichtig die Erde rund um die kleine runde Kappe, die da zu sehen ist, zur Seite zu schieben.

Wenn ihn auch zuerst der leicht modrige Geruch, den er wahrnimmt, in der Hoffnung bestärkt, Morcheln zu finden, wird nun in der Sekunde klar, dass er hier auf ganz etwas anderes gestoßen ist. Denn was da aus dem Waldboden hervorragt, ist nicht die Spitze eines Pilzes, sondern vielmehr die einer menschlichen Nase. Bis diese schockierende Erkenntnis zur Gänze im Gehirn des Herrn Meier-Lobrecht ankommt, schieben seine Hände noch immer mechanisch Erde zur Seite. Das Gesicht, das sie dabei freilegen, bietet einen grausigen Anblick. Mund und Augen weit aufgerissen, starrt ihm das mit Erde verschmierte Antlitz eines Toten entgegen. Das ist zu viel für ihn. Entsetzt springt er auf, taumelt zurück. Unverständliches stammelnd, reibt er sich hektisch die Hände an seinen Hosenbeinen, bevor er sich übergibt.

Chefinspektor Karl Steiner von der Abteilung Leib und Leben des Kriminalamtes der Landespolizeidirektion Linz sitzt im selben kleinen Verhörraum des örtlichen Reviers, der ihm schon bei seinen letzten Ermittlungen zur Verfügung gestellt worden ist. Ihm gegenüber ein reichlich derangierter Sascha Meier-Lobrecht, dem es nur sehr begrenzt gelingt, so etwas wie Fassung zurückzugewinnen. Der Schreck über den grausigen Fund steckt ihm noch in den Gliedern, wer kann's ihm verdenken.

Nachdem es dem Herrn Gemeinderat mit zittrigen Fingern gelungen war, sein Mobiltelefon zu aktivieren, um die Polizei zu informieren, zog er sich etliche Meter von der Fundstelle zurück, um den Anblick des Toten nicht mehr in seinem Blickfeld zu haben. Sein Pilzmesser hob er zuvor vom Boden auf und hielt es – wie zur Abwehr weit von sich gestreckt – noch immer in der Hand, als die Streife eintraf. Gruppeninspektor Thomas Hausleitner und seine frisch gebackene Kollegin hatten bereits die Kriminalgruppe alarmiert und waren zur Sicherung der Fundstelle an den Tatort beordert worden. Der Hausleitner kennt den Meier-Lobrecht, die Neue nicht. Sie hat nur einen mit einem Messer bewaffneten Mann gesehen und augenblicklich die erst kürzlich auf der Polizeischule erworbenen Kampftechniken abgerufen. Schnell lag er auf dem Bauch, der Herr Professor, die Nase im Waldboden und den Arm mit dem Messer auf den Rücken gedreht.

„Sie müssen die junge Kollegin schon entschuldigen", richtet Steiner nun erneut das Wort an sein Gegenüber, „aber das Bild, das sie da im Wald neben der Leiche abgegeben haben müssen, macht ihre Reaktion schon verständlich, nicht? Ihr Messer ist übrigens vorerst konfisziert, das schaut sich gerade die Gerichtsmedizin genauer an."

„Mei…mei…mein Messer? Das Laguiole? Aber wieso denn?"

„Na ja, weil der Mann im Wald erstochen wurde. Vielleicht hat sich die Geschichte ja ganz anders abgespielt, als Sie uns erzählt haben."

„Ich muss doch sehr bitten!" Meier-Lobrecht findet kurzzeitig zu seinem Oberlehrer-Gehabe zurück. „Sie wissen wohl nicht, mit wem Sie es hier zu tun haben!"

„Doch, doch", lässt sich Steiner nicht beeindrucken und blättert in den Notizen, die er vor sich liegen hat, „Siegfried Alexander Meier-Lobrecht, Gymnasialprofessor im Ruhestand, geschieden, Gründer der Bürgerliste BUM, Gemeinderat und honoriges Mitglied verschiedener Kulturvereine hier vor Ort. Hab ich was vergessen?"

Steiner ist zwar geneigt zu glauben, dass er hier höchstwahrscheinlich keinen Täter vor sich hat, doch musste er in seiner Karriere diesbezüglich schon öfter Überraschungen erleben. Außerdem ist der Mann da momentan das Einzige, was er hat. Auch regt ihn auf, dass – kaum, dass sein erster Schock sich etwas gelegt hat – dieser Wichtigtuer schon wieder glaubt, seinen Stand hervorkehren zu müssen. Den lass ich auf jeden Fall eine Spur länger zappeln als nötig, denkt er sich gerade, als die Tür hinter ihm aufgeht. Die Gerichtsmedizinerin, die zusammen mit der Spurensicherung weitere Erkenntnisse zusammengetragen hat, bedeutet ihm, dass sie draußen auf ihn warten würden zum Bericht.

Der Meier-Lobrecht wird unter der Auflage, sich zur Verfügung zu halten, aus der für ihn sicher unangenehmen Situation entlassen. Chefinspektor Steiner bittet um einen starken Kaffee und die Rechtsmedizinerin und den Leiter der Spusi zu sich. Recht ergiebig sind deren Erkenntnisse noch nicht, zumindest die Todesursache scheint aber halbwegs klar. Eine etwa fünfzehn bis zwanzig Zentimeter lange Klinge – Genaueres nach der Obduktion – ist unter dem linken Rippenbogen eingedrungen und schräg nach oben geführt worden. Hat dabei wahrscheinlich den Herzbeutel verletzt, das dürfte zu einem relativ schnellen Tod geführt haben. Was dessen Zeitpunkt betrifft, wäre die Sache allerdings schon etwas diffiziler. Beschaffenheit des Waldbodens, die Feuchtigkeit, Temperaturabfall in der Nacht, das alles macht eine genaue Festlegung schwierig. Ein bis zwei Tage, viel mehr nicht, Genaueres, wie gesagt … Was die Spurensicherung zumindest schon mit Sicherheit sagen kann, ist die Tatsache, dass der Tote wohl noch nie erkennungsdienstlich erfasst worden ist. Fingerabdrücke Fehlanzeige. Mitte, Ende dreißig schätzt die Medizinerin den Mann, ost- bis südosteuropäische Gesichtszüge könnte man ihm unterstellen, aber auch das wäre nur eine erste Vermutung.

*

„Wohin soll ich kommen?"
Der Onkel Franz steht im Flur, das Telefon am Ohr. Festnetz versteht sich. Seine Frau hat den Anruf entgegengenommen und ihm den Hörer überreicht. „Der Albert. Scheinbar wichtig."
„Und was soll ich da, auf der Festwiese?"
Es dauert etwas, bis der Onkel versteht, was sein Spezi von ihm will. Sein erstes selbst gebautes Flugzeug wäre fertig, erklärt ihm der Albert. Und jetzt benötige er Hilfe beim Jungfernflug. Auf der großen Wiese am Ortsrand, dort wo sonst für diverse Festivitäten das Bierzelt aufgebaut wird, in einer halben Stunde, bis dann, servus.
Widerwillig holt der Onkel Franz sein Moped aus dem Schuppen und macht sich auf den Weg. Spielzeugflieger starten lassen, wie die Kinder, denkt er kopfschüttelnd. Er hält das neue Hobby seines Freundes nach wie vor für nicht altersgerecht. An der Festwiese angekommen, parkt er sein Pucherl neben dem alten Kombi vom Albert. Der ist gerade dabei, das Ergebnis seiner Bastelei aus dem Laderaum zu holen. Der Onkel nimmt Aufstellung neben ihm, die Hände auf dem Rücken verschränkt. „Das hat ja gar keine Flügel, ich hab mir gedacht, du bist fertig mit dem Trumm?"
„Lass dir Zeit", gibt der andere zurück, „die kommen gleich. Die hab ich für den Transport abgenommen." Bei diesen Worten fördert er nun auch die beiden Tragflächen zutage und beginnt mit der Montage. So recht will das aber nicht klappen, irgendwie passen die Steckverbindungen nicht ineinander. „Ja, zefix, wieso geht denn das nicht, daheim hat's ja noch gepasst!"

Der Onkel Franz holt inzwischen seine lederne Tasche vom Packelträger seines Mopeds. In die hat er zu Hause in weiser Voraussicht zwei gekühlte Flascherl Bier und Speckbrote gepackt, damit verwandelt er die Ladefläche des Kombis schnell in einen improvisierten Jausentisch.

„Komm Albert, lass halt erst einmal die blöden Flügel, jetzt gibt's eine Stärkung."

„Meine Flügel sind nicht blöd, außerdem sind das Tragflächen. Mit Höhenruder."

„Ja, von mir aus. Trotzdem stoßen wir zwei jetzt an. Geh her!"

Der Albert gibt nach, wendet sich aber nach einem Schluck Bier und zwei Bissen vom Speckbrot gleich wieder seinem Fluggerät zu. Der Onkel kaut gemütlich weiter und beobachtet, wie sein Spezi erneut erfolglos mit den Tragflächen hantiert. Scheinbar passen die Dinger noch immer nicht an den Rumpf.

„Die Höhenruder, von denen du zuerst geredet hast, sind das diese Klappen da an den Flügeln?"

„Ja, genau. Aber lass mich jetzt mit deinen Fragen in Ruhe, siehst eh, dass ich an einem Problem arbeite!" Schön langsam wird er ein bisserl nervös, der Herr Modellbauer.

„Ja, ist schon recht. Ich mein ja nur. Ob das normal ist."

„Ob was normal ist?"

„Na, dass die nach vorne zeigen, deine Höhenruder. Gehört das so?"

„Weißt du, Franzl, das ist jetzt schon eine sehr blöde Frage. Da merkt man, dass du überhaupt keine Ahnung hast vom …" Der Albert verstummt mitten im Satz, jetzt hat auch er kapiert, dass er schon die längste Zeit versucht, die linke Tragfläche auf der rechten Seite zu montieren. Und umgekehrt.

„Das hättest mir aber auch gleich sagen können, wirklich wahr!"

„Ja mei, ich wollt mich halt nicht einmischen, wo ich doch keine Ahnung hab von so was. Außerdem hab ich mir gedacht, du kommst selber drauf. Aber sag, was sind das eigentlich für Buchstaben da auf den Dingern?"

„Was für Buchstaben?"

„Na ja", gibt der Onkel Franz nach einem Schluck Bier zurück, „da auf dem einen Flügel ist ein L und auf dem anderen ein R. Was bedeuten die?"

„Links und rechts", antwortet der Albert sichtlich zerknirscht.

*

Nun sitzen sie in der Gaststube vom Egger-Wirt, die beiden Freunde. Der Besuch des Stammlokals hat vornehmlich zwei Gründe. Einmal war der Onkel Franz der Meinung, dass seine zur großen Flugshow mitgebrachte Verpflegung eindeutig zu schmal ausgefallen wäre für zwei erwachsene Mannsbilder. Zum anderen, weil er weiß, dass der Egger im Besitz einer langen Ausziehleiter aus Aluminium ist. Die würden sie sich dann nach der soeben von der Resi servierten Jause ausleihen. Mit deren Hilfe sollte es wohl möglich sein, das Flugzeug vom Albert aus der Baumkrone der alten Eiche auf der Festwiese zu bergen. In die ist das Spielzeug nämlich kurz nach dem Start gekracht. Allem Anschein nach war es auch bei der Bedienung der Fernsteuerung zu einem kleinen Links-rechts-Missverständnis gekommen. Ein paar Bemerkungen zur Bruchlandung konnte sich der Onkel zuerst nicht verkneifen, angesichts der Niedergeschlagenheit seines Freundes hat er dann aber seine Sticheleien alsbald eingestellt. Auch jetzt, am Stammtisch, lässt er den Albert damit in Ruhe. Nicht einmal die Resi kommt auf die Idee zu fragen, wofür die beiden denn eine Leiter brauchen, hat sie doch Brisanteres zu berichten.

„Stellt's euch vor, eine Leich', maustot. Und eingegraben, hinterm Müllzentrum. Der Meier-Lobrecht hat s' gefunden!"

Noch bevor diese grausige Sensation so richtig angekommen ist beim Onkel Franz und seinem Spezi, noch bevor die beiden anfangen können, etliche Fragen zu stellen, die sich angesichts dieser Nachricht aufdrängen, wird ihre Aufmerksamkeit von einem neuen Gast in Anspruch genommen. Der hat in der Zwischenzeit die Stube betreten und steuert nun zielstrebig auf sie zu. Am Stammtisch angekommen, klopft er mit den Fingerknöcheln gegen das Holz. Mit einem Nicken deuten der Onkel und der Albert an, dass der Neuankömmling am Tisch willkommen ist, die Überraschung steht ihnen dabei mehr als deutlich ins Gesicht geschrieben.

„Lange nicht gesehen, meine Herren", meint Chefinspektor Steiner, während er Platz nimmt, „schön, wieder mal hier zu sein. Wenn auch der Anlass alles andere als erfreulich ist. Aber wie ich gerade gehört habe, ist mir diesbezüglich eure Gerüchteküche eh schon zuvorgekommen." Dabei schaut er die Resi an, die nun tatsächlich etwas rot wird im Gesicht. „Da hätt ich dann auch gleich zwei Fragen an Sie", fährt der Linzer fort, noch immer die Kellnerin im Blick. „Erstens: Ich hab recherchiert, dass es heut Mittag bei euch einen Schweinsbraten gegeben hat. Wenn da noch eine Portion da ist, die würd ich nehmen. Und zweitens: Woher weiß das halbe Dorf jetzt schon wieder von meinem Toten?"

„Schwei…Schweinsbraten?", antwortet die Resi leicht verdattert, „da müsst ich schaun. Und wegen dem Ding, dem Toten, ja mei, das hab ich vom … von einem Gast halt." Fast wär ihr der Name vom Hausleitner herausgerutscht, der war nämlich heute schon da auf ein Seiterl. Und dass der Herr Gruppeninspektor das Amtsgeheimnis eher für einen Vorschlag hält, ist ja bekannt.

„Ein Gast, soso. Na, ich kann's mir schon vorstellen. Und zum Schweinsbraten ein Krügerl Bier, gell?" Mit dieser Bestellung entlässt Steiner sie vorerst aus dem Verhör und wendet sich dem Onkel zu. „Und Sie, Herr Franz? Irgendwas gehört? Nein? Weil bei meinem letzten Besuch hier habt ihr zwei ja meist schon mehr gewusst als ich. Das machen wir diesmal anders, verstanden?"

Sowohl der Onkel Franz als auch der Albert versichern dem Chefinspektor aus Linz, sie seien selbst gerade eben mit der Tatsache konfrontiert worden, dass schon wieder was passiert sei in ihrer sonst so ruhigen Heimatgemeinde. Wer der Tote sei, wo man ihn denn gefunden habe und wie, ob es schon einen Verdacht gebe in Bezug auf Tathergang und Täter, all das fragt jetzt der Albert den Polizisten. Aus seinem Konsum sämtlicher Krimiserien, die das

Kabelfernsehen zu bieten hat, leitet er ja für sich eine gewisse diesbezügliche Expertise ab. Dem Onkel ist das peinlich. „Jetzt lass ihn halt in Ruh mit deiner Fragerei, den Herrn Steiner", sagt er deshalb nun auch, „ich hab dir damals schon gesagt, dass uns solche Sachen nichts angehen. Das ist nichts für Pensionisten, dafür gibt es eine Polizei." Diese Formulierung hat er von der Tante, bekam sie mehrmals von ihr zu hören, als sie sich vor längerer Zeit schon einmal eingemischt haben in die Ermittlungen des Linzers.

„Lassen S' ihn nur, Herr Franz", meint der jetzt, „ich versteh ihn schon. Ich wär auch neugierig. Außerdem wissen wir eh nicht viel mehr, als sich ohnehin schon herumgesprochen hat im Ort. Männlicher unbekannter Toter, erstochen, wie's ausschaut. Anschließend im Wald vergraben, allerdings nicht allzu tief. Flache Mulde, Erde drauf, Zweige drüber, fertig. Ein Schwammerlsucher ist auf den Toten gestoßen, als er dort herumgestochert hat." Während dieser Worte hantiert der Chefinspektor mit seinem Mobiltelefon. Anscheinend sucht er etwas. „Jetzt gilt es erst einmal, die Identität des Toten zu klären. Drum müssen Sie sich leider was nicht so Schönes anschauen. Moment, wo hab ich ihn denn? Ah ja, da ist er ja. Nicht der angenehmste Anblick, wie gesagt, aber ein anderes Foto haben wir nicht. Nachdem ich aber weiß, dass es hier im Ort wohl kaum jemanden gibt, den ihr nicht kennt, muss ich euch das jetzt trotzdem zumuten. Wie ihr seht, bin ich also nicht nur wegen dem Schweinsbratl da. Apropos, Frau Resi wie schaut's damit aus?"

Gleichzeitig mit dieser Frage hält er der Kellnerin bereits das Handy mit dem Bild des Toten hin. Wenn die auch zuvor etwas rot geworden ist, jetzt wechselt ihre Gesichtsfarbe ins Gegenteil. Auch der Albert, der als Nächster das Foto zu sehen kriegt, wird bleich um die Nase. Etwas anders verhält es sich beim Onkel Franz. Der verspürt beim Anblick der Aufnahme zuallererst so etwas wie Erleichterung. Hat er doch schon die ganze Zeit die latente Befürchtung gehegt, bei dem Toten könnte es sich um den Olaf handeln. Das behält er aber vorerst noch für sich. Wie die beiden anderen auch, schüttelt er lediglich betroffen den Kopf.

„Franz, Ich sag's dir, das hat was mit der Sache von neulich zu tun. Mit diesem Olaf. Den haben s' auch in dem Wald hinterm Sammelzentrum niedergeschlagen. Und ein paar Tage später finden die dort ein Toten. Wo ist der jetzt eigentlich, dein Olaf? Dem müsst man ein paar Fragen stellen, meinst nicht?"

Der Albert ist halbwegs aufgeregt. Solange Steiner noch da war, hat sich scheinbar einiges in ihm aufgestaut, denn jetzt, da der Polizist sich nach Genuss seines Schweinsbratens verabschiedet hat, bricht es regelrecht aus ihm hervor. Seine kriminalistische Ader meldet sich. Auch der Onkel Franz war zuletzt eher einsilbig, denn er hat sich insgeheim schon ähnliche Gedanken gemacht wie sein Spezi. Nachdem klar war, dass es sich bei dem Aufgefundenen nicht um den Olaf handelt, stellte sich die Vermutung ein, er könnte in irgendeiner Form etwas zu tun haben mit dem Toten. Doch er ist mit diesen beunruhigenden Gedanken dem Albert einen Schritt voraus. Dass sich der Berber schon seit Donnerstagfrüh nicht mehr bei ihm im Schuppen aufhält und mit ihm auch eines seiner großen Jausenmesser verschwunden ist, kommt er gerade darauf, hat er dem Freund so genau noch gar nicht erzählt. Wann denn auch. Der war ja die letzten Tage nur noch in seinem Bastelkeller. Kurz wartet er noch ab, bis die Resi außer Hörweite ist, dann bringt er den Albert auf den neuesten Stand.

„Das müssten wir jetzt eigentlich sofort alles dem Steiner sagen", meint der Onkel Franz am Ende seines Berichts, „glaubst nicht auch?"

„Schon", lautet die Antwort, „aber wir wollten doch sowieso noch mal im Sammelzentrum vorbeischaun. Das machen wir zuerst. Du kennst doch den Leiter, den Moser Erwin. Vielleicht kriegen wir aus dem was raus. Ich mein, über die Nacht, wo der Olaf eine auf den Schädel bekommen hat. Ob an dem, was er gesehen haben will, was dran sein kann. Und danach gehen wir gleich zum Steiner. Einverstanden?"

Der Onkel ist zuerst anderer Meinung, will gleich mit dem Polizisten reden, geht uns alles nichts an wie gesagt. Aber der Albert lässt nicht locker und so gibt er schließlich nach. Kann ja nicht schaden, denkt er sich, Außerdem meldet sich auch bei ihm jetzt eine gewisse Neugier.

*

Leopold Schleindinger war alles andere als begeistert, als ihm sein Herr Papa eröffnete, dass das süße Studentenleben nun endgültig beendet wäre. Einen Posten hätte man für ihn unter Einsatz verbliebener Beziehungen aufgetan, nicht einmal so schlecht bezahlt. Widerspruch zwecklos, Arbeitsantritt sofort. Als er dann noch erfuhr, welche Beschäftigung ihn erwartet, war er entsetzt. An einer ruhigen leitenden Stellung in irgendeinem Wiener Ministerium hätte er notgedrungen noch Gefallen gefunden. Aber in der alten Heimat, in der Provinz, und dann auch noch in der Abfallwirtschaft? Grauenvoll! Aber der gestrenge Herr Vater ist hart geblieben und so musste er sich wohl oder übel in sein Schicksal fügen, der Poldi.
Schleindinger junior war nicht der Einzige, dem die neue Situation nicht gefiel. Seine Untergebenen im Altstoffsammelzentrum, fast ausschließlich Frauen, hatten genauso wenig Freude an der überraschenden Posten-Neubesetzung. Wenn ihr bisheriger Chef, der Moser Erwin, mit allen auf Du und Du und in derselben Arbeitskleidung überall tatkräftig im Einsatz war, bei dem neuen verhält es sich nun gänzlich anders. Zum einen ist er nicht gewillt, sich selbst die Hände schmutzig zu machen, zum anderen erschien er schon am ersten Tag in einem Aufzug zum Dienst, der jedem englischen Gutsverwalter zu Ehren gereicht hätte. Die cognacfarbene Cordhose in die handgenähten Kutscherstiefel gesteckt, dazu ein uniformähnlicher Lodenjanker und auf dem großen Kopf ein breitkrempiger Filzhut, so marschiert der Poldi seither jeden Tag über das Gelände. Als wär's ein Kasernenhof und er der Kommandeur. Hat an allem und jedem etwas auszusetzen und geht der gesamten

Belegschaft ständig mit seiner akademischen Vorbildung auf die Nerven. Schließlich habe er an der Universität für Bodenkultur in Wien, kurz BOKU, Umwelt- und Bioressourcenmanagement studiert. Dass er dort nur zwei Semester war und so gut wie keine Vorlesungen besucht hat, verschweigt er dabei. Das Betriebsklima im Altstoffsammelzentrum ist unter dem neuen Leiter also als eher angespannt zu bezeichnen.

Darum verwundert es auch nicht, dass der Onkel Franz heute auf seine Frage, wo denn der Chef zu finden wäre, eine für ihn zunächst unverständliche Antwort erhält. „Bin froh, wenn ich ihn nicht seh. Irgendwo wird er schon sein, der feine Herr." Diese Auskunft gibt ihm eine Mitarbeiterin, mit der er sonst immer ein paar freundliche Worte gewechselt hat. Auch der Albert ist verwirrt und will wissen, was der Moser Erwin denn verbrochen hätte. „Der Erwin?", lautet die Antwort. „Ja, das möcht ich auch wissen. Den haben s' nämlich rausgeschmissen. Seit gut einer Woche haben wir einen Neuen. Schau, da kommt er eh gerade." Wie aufs Stichwort biegt jetzt der Schleindinger Leopold um die Ecke. Die Hände auf dem Rücken verschränkt, inspiziert er die Glascontainer, in die der Onkel Franz gerade einige Flaschen einwirft.

„Achten S' mir bitte auf die farbliche Trennung, gell?" Beiläufig, aber auch sehr herablassend kommt diese Aufforderung, das ärgert den Onkel.

„Jaja, ich weiß schon", antwortet er deshalb auch etwas genervt, „Weiß- und Rotweinflaschen getrennt, stimmt's?"

Der Poldi will schon zu einem aufklärenden Vortrag ansetzen, kapiert aber anscheinend im letzten Moment, dass die Frage des Mannes wohl nicht ernst gemeint war. Mit einem schnippischen „Sehr witzig!" marschiert er weiter. Der Albert und der Onkel Franz schauen ihm kopfschüttelnd nach.

„Ja, wen haben wir denn da? Sieht man die Herren auch einmal arbeiten, sehr lobenswert!"

Will mich heut jeder blöd anreden oder was, denkt sich der Onkel, während er sich umdreht, um zu sehen, mit wem er es nun zu tun kriegt. Es sind die beiden Eggers, Vater und Sohn, jeder einen großen Plastikbehälter auf dem Arm. Es war natürlich der Junior, der sich mit dem Satz bemerkbar gemacht hat, passt zu ihm.

„Da schau her", gibt der Onkel zurück, „ein Pensionist und ein Wirt, fehlt nur noch ein Friseur."

„Wieso ein Friseur?" Der junge Egger ist etwas verwirrt.

„Na ja, weil Montag ist. Da triffst du hier nur Ruheständler und die, die Ruhetag haben, verstehst?"

„Von wegen Ruhestand oder Ruhetag", meint darauf der Senior, „siehst eh, wie mich der Sohn mit Arbeit eindeckt." Dabei deutet er mangels freier Hand mit dem Kinn auf den Kleintransporter hinter ihm. Der ist bis oben hin vollgepackt mit Leergut und Kartonagen. „Fast jeden Montag haben wir so eine Fuhre. Gott sei Dank hilft die Resi auch mit, sonst würd's eh den ganzen Tag dauern."

„Wo ist die denn?", fragt jetzt der Albert nach, „ich seh sie gar nicht."

„Na wo wird s' schon sein", gibt der junge Wirt zurück, „wahrscheinlich beim Tratschen. Mit ihrer Cousine, der Pawlak Helga."

Damit ist der übliche Schlagabtausch, der im Innviertel zum Begrüßungsritual gehört, erledigt und man kann zu ernsteren Themen übergehen. Der alte Egger ist es, der damit beginnt. „Ganz was anderes: Weiß man jetzt schon, wer der Tote ist? Der Bub und ich waren ja an dem Tag grad einkaufen, als der Steiner aus Linz da war und ihr euch ein Foto von der Leich' habt anschauen müssen. Grauslich hat s' ausgschaut, hat die Resi erzählt."

„Das kannst du den Herrn Steiner gleich selber fragen", antwortet der Onkel Franz, „schau, da ist er."

Tatsächlich taucht der Chefinspektor gerade zwischen den Altglascontainern auf und hebt zum Gruß seinen Hut. „Ihr seid auch überall, was? Aber hoffentlich nur zum Entsorgen. Weil dieses Mal – ich hab's eh schon gesagt – dieses Mal haltet ihr euch raus aus meinen Ermittlungen, verstanden?" Nicht allzu schroff kommt diese Ermahnung, der Onkel glaubt sogar, dabei ein leichtes Grinsen im Gesicht des Linzers zu sehen. Noch bevor sie jedoch Gelegenheit haben, ihm zu versichern, sich selbstverständlich an diese

Anordnung zu halten, platzt die Resi in die Runde. „Gekündigt, die Helga? Nie im Leben!" Erst jetzt bemerkt sie Steiner und verstummt.

„Ja, die Frau Resi", begrüßt sie der, „jetzt sind wir vollständig, was? Wer hat gekündigt?"

Die Kellnerin setzt nun zu einer längeren Erklärung an, begleitet von beständigem Kopfschütteln. Ihre Cousine, die Pawlak Helga, habe sie gerade gesucht und auf ihre Nachfrage bei deren Kolleginnen die Auskunft erhalten, dass die Helga heute Morgen einfach nicht zum Dienst erschienen wäre. Angeblich habe sie gekündigt, wolle wegziehen vom Ort. Behauptet zumindest der neue Chef, dieser Schleindinger. Mit dem ist die Helga nach Aussage der anderen von Anfang an aneinandergeraten. Sie war wohl mit ihrer rustikalen Art die Einzige, die sich von dem Schnösel nichts hat gefallen lassen. Aber kündigen und wegziehen, das passt nicht zu ihr. Da sind sich die Kolleginnen und die Resi einig. Die Pawlak war ihr Leben lang noch nie woanders, und so schnell aufzugeben entspricht ebenfalls nicht ihrem Naturell.

Der Chefinspektor hat aufmerksam zugehört und währenddessen immer wieder leicht mit dem Kopf genickt. Das galt allerdings nicht der Kellnerin, sondern war Teil des inneren Zwiegesprächs, das er dabei mit sich selbst führte. Wenn er sich auch jede Einmischung in seinen Fall durch die Innviertler verbeten hatte, musste er sich wieder einmal eingestehen, dass er ganz ohne deren Kenntnisse der örtlichen Verflechtungen nicht auskommen würde. Da gilt es die richtige Balance zu finden, denkt er sich gerade, vor allem diesen Herrn Albert da, den darf man zu nichts ermuntern. Übermotiviert, wie der ist. Mit Schaudern kommen ihm diesbezügliche Details des letzten Falles hier in den Sinn. Laut sagt er: „Gut, ich hab mir das notiert und werde dem nachgehen. Ich bin nämlich nicht zum Leergut-Entsorgen da. Nachdem unser Toter gleich hier hinter dem Gelände gefunden wurde, steht jetzt eine Befragung aller Angestellten an. Und dieser Herr Schleindinger kommt auch dran."

4

„Der arme Mann", die Tante schüttelt bekümmert den Kopf, „wer tut denn so was? Bei uns?"

„Ja mei", gibt der Onkel Franz zurück, „wenn du in die Zeitung schaust, passiert eh dauernd was. Aber halt immer woanders. Jetzt eben leider bei uns. Ist eh nicht das erste Mal."

Noch während er den letzten Satz ausspricht, möchte er ihn am liebsten wieder zurücknehmen. Aber das geht nicht. Die Sorgenfalte auf der Stirn seiner Frau zeigt ihm, dass ihr durch seine Bemerkung bereits die damaligen Ereignisse wieder in den Sinn gekommen sind. Und seine Beteiligung daran.

„Aber gell, Franzl", meint sie deshalb nun auch, während sie das Tablett mit der Abendjause auf den Tisch stellt, „diesmal haltet ihr euch da raus, versprochen?"

Der Onkel nickt heftig, gleichzeitig schielt er begehrlich auf das Geselchte und die anderen Köstlichkeiten. „Ja eh", bekräftigt er dabei, „jetzt wo der Albert ein Hobby hat mit seiner Bastlerei, wird der sowieso keine Zeit haben zum Neugierig-Sein." Seine Taktik, den Anschein zu erwecken, dass seine Verwicklung in den damaligen Fall hauptsächlich dem Albert zuzuschreiben sei, scheint aufgegangen zu sein. Glaubt er. Und wie meist lässt ihn seine Frau auch in dem Glauben und es vorerst dabei bewenden. Sie wechselt das Thema.

Während sie sich setzt und die beiden Jausenteller nebst Besteck auf dem Tisch platziert, deutet sie auf das Tablett und meint beiläufig: „Wo war das jetzt kaputt?"

Wer schwindelt, muss ein gutes Gedächtnis haben, so viel ist klar. Schnell fällt dem Onkel Franz jetzt auch ein, dass er ja behauptet hatte, den Griff des Tabletts repariert zu haben und es deshalb im Schuppen war. Vom Olaf hat er seiner Frau noch immer nichts erzählt, was soll er sie auch beunruhigen. Außerdem würde sie dann nicht ganz zu Unrecht annehmen, dass er doch bereits ein bisserl Anteil genommen hat an den jüngsten Ereignissen.

„Da, unten links am Griff, da hat eine Schraube gefehlt. Hab ich ersetzt, jetzt hält's wieder."

„Wo ist da eine neue Schraube? Für mich sind die alle gleich."

„Jaja, muss ich auch lang suchen, bis ich eine gefunden hab, die genauso ausschaut."

Recht überzeugt wirkt sie nicht, denkt sich der Onkel, während er mit dem Jausenmesser sein Brot halbiert. Gleichzeitig klopft ein weiterer beunruhigender Gedanke an in seinem Hirn. Nämlich der, ob seiner Frau schon aufgefallen sein mochte, dass eines dieser scharfen Messer fehlt. Schnell wechselt er das Thema. „Aber jetzt erzähl du noch einmal genau", will er nach einem Schluck Weißbier wissen, „wie geht's der Mitzi?"

*

Chefinspektor Steiner hat sich in dem kleinen Büro, das man ihm auf dem örtlichen Polizeirevier zur Verfügung gestellt hat, so gut es geht, eingerichtet. So wie die Sache aussieht, wird es wohl ein längerer Aufenthalt werden hier im Innviertel. Noch pendelt er zwischen Linz und hier, aber möglicherweise wäre es sinnvoll, demnächst wieder ein Zimmer beim Egger-Wirt zu beziehen. Das – und vor allem die Verpflegung dort – hat er noch vom letzten Fall in guter Erinnerung. Damals konnte er auch Bekanntschaft mit der Sturheit der hiesigen Einwohner machen, an der sich seither wohl nichts geändert haben dürfte.

Zumindest war dies der Eindruck, den er am Vortag im Altstoffsammelzentrum gewonnen hat. Was den Toten im Wald betrifft, konnte keine der befragten Personen etwas zur Aufklärung beitragen, niemand den Mann auf dem Foto identifizieren. Auch bezüglich der Helga Pawlak war von den Angestellten nicht mehr zu erfahren, als er ohnehin schon von deren Cousine, der Kellnerin, wusste. Nämlich, dass sie Anfang der Woche nicht mehr zur Arbeit gekommen sei. Montag früh, zu Dienstbeginn, hätte der neue Leiter der Anlage, dieser Schleindinger, die Belegschaft kurz und knapp informiert, dass Frau Pawlak fristlos gekündigt habe. Die Arbeit hier sei nichts mehr für sie, außerdem würde sie den Ort verlassen. Wegziehen. Wohin, habe sie nicht gesagt, ginge ja auch niemanden etwas an. Mehr war aus dem neuen Chef des Sammelzentrums darüber auch nicht herauszukriegen. Aber zumindest konnte sich Steiner bei der Gelegenheit ein erstes Bild von dem Mann machen. Und das war kein gutes.

„Schaun Sie, ich unterstütz' die Exekutive ja gern, wo ich nur kann", hatte der Poldi mit leichter Schönbrunner Sprachfärbung begonnen, „aber so recht ist mir noch nicht klar, wobei."

Er hatte den Chefinspektor in seinem Büro empfangen. Sofern die wenigen Quadratmeter, die man hinter den Altpapierbehältern für diesen Zweck abgetrennt hatte, diese Bezeichnung verdienen mochten. Doch so wie Schleindinger junior auf dem eigens zum Dienstantritt mitgebrachten ledernen Drehstuhl thronte – der Linzer musste mangels weiterer Sitzgelegenheit stehen –, konnte man den Eindruck gewinnen, bei einem höheren Beamten zur Audienz geladen zu sein. Derartiges Gehabe hatte jedoch auf den altgedienten Kriminaler noch nie Eindruck gemacht.

„Ich glaube, Sie wissen sehr wohl, weshalb ich hier bin", gab er zurück, „denn ich kann mir schwer vorstellen, dass Sie nicht mitgekriegt haben, was hier im Ort momentan Tagesgespräch ist."

„Ach wissen S'", antwortete darauf der Poldi, damenhaft ein Gähnen unterdrückend, „es ist nicht meine Art, mich mit den Leuten allzu gemein zu machen. Da müssen Sie mich schon aufklären. Worum geht's also?"

Dir werd ich deine Überheblichkeit schon noch austreiben, dachte Steiner und konfrontierte sein Gegenüber relativ schonungslos mit den Details des Leichenfundes. „Unbekannter Toter, unmittelbar hier hinter dem Gelände brutal erstochen, anschließend notdürftig verscharrt. Hier ein Foto der Leiche. Kennen Sie den, nein? Schaun Sie doch noch einmal genau hin."

Da brach sie dann, die herablassende Art des Leopold Schleindinger, sodass er die weiteren Fragen des Linzers brav beantwortete. Woraus aber im Großen und Ganzen nicht mehr hervorging, als er ohnehin schon zu hören bekommen hatte. Dass man hier im Altstoffsammelzentrum von den Vorgängen jenseits des Zaunes nichts mitgekriegt, niemand, auch nicht der neue Chef, den Toten je gesehen habe. Relativ kleinlaut war der noch kurz zuvor so großspurige Poldi dabei, vor allem das Foto der Leiche dürfte sich ihm auf den Magen geschlagen haben.

*

„Herein."

Gruppeninspektor Hausleitner kommt dieser Aufforderung nach, er ist nicht allein. Die Forsthofer Svenja betritt vor ihm den kleinen Raum, es hat fast den Anschein, als würde er sie vor sich herschieben, sich ein bisschen hinter ihr verstecken. Was natürlich nicht geht, er ist gut einen Kopf größer als die Neue.

„Ich bin vorhin mal kurz die Protokolle der letzten Zeit durchgegangen", wendet sich Steiner an die zwei Uniformierten, „dabei ist mir aufgefallen, dass es hinterm ASZ kürzlich noch einen Vorfall gab. Obdachloser, niedergeschlagen. Wann ungefähr, lieber Hausleitner, hätten sie vorgehabt, mich darüber in Kenntnis zu setzen? So diskret hab ich Sie gar nicht in Erinnerung. Was?"

„Ach so, das", antwortet der Angesprochene zögerlich, „da hätt ich jetzt nicht geglaubt, dass da ein Zusammenhang … also, dass das für unseren …"

„Aber hören Sie auf. Vergessen haben Sie's, ganz einfach. Mich wundert es eh, dass darüber so ein ausführliches Protokoll existiert."

Jetzt meldet sich die Forsthofer Svenja. Zeigt schüchtern auf, wie in der Schule.

„War mir schon klar", nickt ihr darauf der Kriminalbeamte aufmunternd zu, „dass der Bericht von Ihnen stammt. Genau nach Lehrplan formuliert, sehr gut. Aber jetzt erzählen Sie mir das Ganze noch mal mit eigenen Worten."

Die junge Polizistin kommt dieser Aufforderung nach und berichtet ausführlich von den Vorgängen des besagten Abends. Dass der Hausleiter der Sache nicht allzu viel Bedeutung beigemessen hatte, wird dabei schnell klar. Wenn sie das auch nicht extra betont, allein ihre Antwort auf Steiners Frage, warum der Seitenschneider zwar als Asservat gesichert, aber nicht näher untersucht worden wäre, zeichnet dieses Bild. Dem Gruppeninspektor ist das sichtlich unangenehm.

„Ich war dann ja auch am nächsten Morgen noch mal im Krankenhaus, um den Aufgefundenen zu befragen", setzt die Beamtin ihren Bericht fort, „allerdings erfuhr ich dort, dass der Betreffende noch in der Nacht auf eigenen Wunsch das Spital wieder verlassen hat. Daraufhin wurde mir gesagt, dass die Sache damit abgeschlossen wäre. Deshalb auch kein weiterer Bericht meinerseits." Während dieses Rapports steht die junge Polizistin beinahe reglos stramm, nur bei den letzten Sätzen dreht sie den Kopf kurz in Richtung ihres uniformierten Kollegen. Der es dabei wiederum vermeidet, Steiner anzusehen. Gesenkten Blickes erwartet er das Donnerwetter, das nun zweifellos auf ihn niedergehen wird. Doch das bleibt aus. Der Linzer belässt es bei einem Kopfschütteln und gibt lediglich kurze und präzise Anweisungen.

„Das Asservat kommt mir sofort in die Spurensicherung. Fingerabdrücke, Blutuntersuchung, das ganze Programm. Dann eine möglichst genaue Beschreibung an alle Kollegen. Treibt mir den Mann auf, wir müssen davon ausgehen, dass es einen Zusammenhang mit unserem Fall gibt. Und in Zukunft entscheide ausschließlich ich, wann eine Sache abgeschlossen ist, verstanden?"

*

„Ich bitt dich, liebe Irma", spricht der Herr Diplomkaufmann zu seiner Gattin, „sei so lieb und kümmer' du dich heut Abend um den Schlussdienst im Gschäft. Ich muss zur Ausschusssitzung."
„Du immer mit deinen Sitzungen. Seit du im Gemeinderat sitzt, bist kaum noch z'Haus."
„Aber geh", gibt Gerold Haubinger zurück, während er seine Clubkrawatte bindet, „ich hab's dir eh schon erklärt. Eine Familie wie die unsere muss Opfer bringen, hat Verpflichtungen. Fürs Gemeinwohl. Ich wär auch lieber daheim. Aber einer muss es ja machen." Dabei seufzt er leise, um Last und Bürde seines Amtes zu betonen. „Übrigens, es kann ein bisserl später werden. Wir haben allerhand Tagesordnungspunkte, und den Schleindinger Ferdi treff ich danach auch noch."

Im kleinen Saal des Rathauses hat sich der zehnköpfige Ausschuss für Bau- und Umweltfragen rund um den großen Beratungstisch versammelt. Stadtrat Haubinger stellt die Vollzähligkeit und Beschlussfähigkeit fest und diktiert eine dementsprechende Formulierung fürs Protokoll. Nicht, dass der zu seiner Rechten sitzende Beamte der zuständigen Gemeindeabteilung dieses Diktats bedurft hätte – er notiert dergleichen seit Jahren –, aber der Herr Vorsitzende nimmt sein hohes Amt halt sehr ernst.
„Erkläre die Sitzung für eröffnet, TOP eins, Überarbeitung Bebauungsplan Industriegebiet Süd, Antrag unserer Fraktion laut beiliegendem Plan, ich bitte um Wortmeldungen."
So oder so ähnlich geht es in der Folge durch mehr als ein Dutzend weitere Tagesordnungspunkte. Gröbere Diskussionen kommen selten auf, das Abstimmverhalten der Ausschussmitglieder wurde in deren jeweiliger Fraktionssitzung bereits akkordiert. Nur dieser Meier-Lobrecht von der BUM, der Bürgerliste Bürger-Umwelt-Miteinander, hat fast überall etwas anzumerken. Das ärgert Gerold Haubinger, er mag den pensionierten Gymnasialprofessor nicht. Wenn man sich auch nach außen hin den Anschein gegenseitigen Respekts gibt, in Wirklichkeit reicht das Bildungsbürgertum, so

gebildet es auch sein mag, nach Ansicht des Herrn Diplomkaufmannes bei Weitem nicht an den Stand einer alteingesessenen Bürgersfamilie wie der seinen heran. Aber sei's drum, man bleibt freundlich, schließlich hat man Manieren.

„Geschätzter Herr Meier-Lobrecht", reagiert der Vorsitzende deshalb auch höflich auf den sechsundzwanzigsten Einwand des Professors, „ich nehme Ihre Bedenken durchaus ernst, wenngleich hier auch mit humanistischer Bildung allein die Zusammenhänge nicht vollends zu erfassen sind. Ohne entsprechendes ökonomisches Wissen erschließt sich die Notwendigkeit dieser Umwidmung nicht gleich jedem. Auf Wunsch kann ich's aber gern noch einmal im Detail darlegen." Und das tut er dann auch, ausführlich und leidlich freundlich, sofern man vom gereizten Unterton in seiner Stimme absieht. Die unterschiedlichen Auffassungen der beiden Herren sind Ausdruck ihrer jeweiligen tradierten Werte. Bei den Haubingers standen von jeher Wirtschaftlichkeit und Lukrativität im Mittelpunkt allen Denkens, der pensionierte Pädagoge hingegen sieht sich als Mensch von Geist und Bildung einem humanistisch-ökologischen Weltbild verpflichtet. Diese Diskrepanz fechten die beiden Neo-Gemeinderäte gern und wortreich aus. Und gehen damit sich und allen anderen Mitgliedern ihrer Gremien auf die Nerven.

Letztlich wird dann aber doch abgestimmt. Recht behält die Mehrheit, und die ist meist nicht aufseiten des Professors. Damit wäre die Sitzung zu Ende – wird eh Zeit, man will ja noch ins Wirtshaus –, gäbe es da nicht den finalen Tagesordnungspunkt „Allfälliges". Und da meldet er sich verlässlich, der Sascha. So wie jetzt auch.

„Kollegen, Kolleginnen", beginnt er seinen Vortrag gewohnheitsmäßig gendergerecht, obwohl ausschließlich Männer anwesend sind, „Ihnen ist sicher zu Ohren gekommen, dass ich dieser Tage unverhofft in eine äußerst missliche Lage geraten bin. Wie mittlerweile allgemein bekannt, musste ich in dem Waldstück, das ich und meine BUM in der Vergangenheit schon öfter vor Rodung und Bodenversiegelung bewahren konnten, einen gar grausigen Fund machen.

Und als wäre das für einen kultivierten Menschen nicht ohnehin schon Ungemach genug, verspürte ich bei dieser Gelegenheit am eigenen Leib, wie unsere Exekutive mit unbescholtenen Bürgern und Bürgerinnen umzugehen pflegt. Mir wurde übel mitgespielt, sowohl Körper als auch Geist haben gelitten. Die Tätlichkeiten und Verdächtigungen gegen meine Person durch Beamte und Beamtinnen der hiesigen Polizei sind auf das Heftigste zu verurteilen. Lege hiermit offiziell Beschwerde gegen diese Vorgehensweise ein und verlange, das zu protokollieren."

Noch bevor der Vorsitzende darauf das Wort ergreifen kann, tut das einer seiner Fraktionskollegen. Der Huber Anton ist Landwirt und es gewohnt, sich weitaus bodenständiger auszudrücken wie sein Vorredner. „Hab's schon ghört, dass dich sauber umghaut hat, das junge Weibsbild. Obwohl s' fast zwei Köpf kleiner ist wie du. Das glaub ich schon, dass da auch der Geist gelitten hat, Herr Professor. Aber was springst auch im Wald herum und grabst Tote aus. Oder hast ihn eingegraben auch?"

„Ich verbiete mir das Du-Wort und derartige Verdächtigungen", entgegnet entrüstet der Meier-Lobrecht. „Was fällt Ihnen ein!"

„Was dem Kollegen Huber einfällt", beendet Gerold Haubinger das Scharmützel, „kann ich nicht sagen. Nur mir fällt gerade ein, dass wir der Bau- und Umweltausschuss sind, und der ist für Ihr Anliegen beim besten Willen nicht zuständig. Auch wenn Sie da im Wald nicht genehmigte Grabungen angestellt haben. Wenn also keine weiteren Wortmeldungen anstehen, schließe ich hiermit die Sitzung."

*

„Erst einmal", beginnt Ferdinand Schleindinger nach einem Zug an seiner Zigarre, „möcht ich dir sehr danken, lieber Freund. Dass das so schnell geklappt hat mit der Anstellung für den Buben. Auch wenn er nach wie vor meint, das Gschäft wär unter seiner Würde."

Man sitzt zu zweit im Hinterzimmer eines nach eigener Definition besseren Restaurants der Stadt. Trotz allgemeinem Rauchverbot in der Gastronomie hat man hier für besondere Kundschaft eine letzte Insel der Seligen geschaffen. Mit einem simplen Trick, draußen an der Tür steht „Privat". An der ebenso privaten Hausbar bedient man sich offiziell unentgeltlich, eine freiwillige Spende zu hinterlassen ist üblich.

„Aber kaum, dass ich geglaubt hab, dass es mit dem Poldi einmal gut läuft, macht er mir schon wieder Sorgen."

Gerold Haubinger war ursprünglich der Meinung gewesen, dass das heutige Treffen allein den Zweck hätte, sich bei ihm für seine Hilfe erkenntlich zu zeigen. Das vorhin genossene viergängige Menü nebst Weinbegleitung sowie die kubanische Cohiba, die er jetzt zwischen den Fingern hält, wurden dem bisher ja auch gerecht, aber scheinbar möchte sein Verbindungsgenosse nun auch noch weniger Erfreuliches mit ihm teilen.

„Dieser Linzer Polizist", fährt der Ex-Minister fort, „hat bei seinem ersten Besuch im Sammelzentrum schon so ungute Fragen gestellt. Als könnt mein Bub etwas zu tun haben mit dem Toten im Wald. Und jetzt stellt er offenbar einen Zusammenhang her zwischen dem und einem Herumtreiber, dem man kürzlich hinterm ASZ eins über den Schädel gezogen hat. Mit dieser Neuigkeit ist er heute angerückt und wollte wissen, ob der Poldi davon Kenntnis hat. Der hört das aber zum ersten Mal. Sagt er zumindest. Weil ganz sicher bin ich mir da selber nicht. Du musst wissen, ich hab's dem Buben früher schon immer angesehen, wenn er nicht ganz ehrlich war."

„Aber geh", will ihn Gerold Haubinger beruhigen, „ich glaub, du siehst Gespenster. Was soll er denn auch zu tun haben mit solchem Gesindel. Komm, trink noch einen Cognac!"

*

„Langsam komm ich mir schon vor wie ein Stammtisch-Mitglied."

Chefinspektor Steiner prostet der Runde zu und nimmt einen kräftigen Schluck von seinem Weißbier. Nachdem man ihm das

Ergebnis der Spurensicherung in Bezug auf den sichergestellten Seitenschneider übermittelt hatte, ist der Linzer beim Egger-Wirt aufgetaucht und hat um ein Zimmer gebeten. In der Stadt erworbene Übernachtungsutensilien wie Zahnputzzeug und Schlafanzug hatte er bereits dabei.

„So leicht wird man da nicht Mitglied", stellt der Onkel Franz nun fest, „das dauert Jahre. Aber mit so einer Runde Bier darf man sich schon ein bisserl dazusetzen."

Als Steiner vorhin wieder vom Zimmer heruntergekommen war, ist er auf die Versammlung am Ofentisch gestoßen. Nicht ganz unvermutet. Vom letzten Fall her wusste er noch, dass Dienstagabend Jour fixe ist beim Egger. Berechnung, genauso wie das spendierte Bier. Beim momentanen Stand der Ermittlungen, das sagt ihm seine Erfahrung, ist auf die Mithilfe der lokalen Bevölkerung nicht zu verzichten. Und mit den speziellen Exemplaren hier am Tisch hat er diesbezüglich beileibe nicht zum ersten Mal zu tun. Nach anfänglichem Geplänkel, dem Abwehren neugieriger Fragen unter Berufung auf Amtsgeheimnis und Ähnliches, kommt Steiner jetzt zur Sache.

„Wir suchen einen Mann, bisher erfolglos. Ein Obdachloser scheinbar, aufgefunden hinterm ASZ. Bewusstlos, Kopfwunde. Wurde ins Krankenhaus gebracht, jetzt ist er weg. Den brauchen wir. So, wie es momentan ausschaut, könnte der was beitragen zur Aufklärung."

Der Onkel Franz zuckt leicht zusammen. Einerseits, weil er schon bei den ersten Worten des Linzers ahnte, um wen es geht, andererseits, weil ihm der Albert gerade unterm Tisch auf die Zehen gestiegen ist. Eine Geste, die mehrerlei Bedeutungen haben kann. Die zu entschlüsseln, stellt der Onkel vorerst zurück und richtet seine Aufmerksamkeit wieder auf den Chefinspektor. Der zieht nämlich gerade einige Blätter Papier aus seiner Aktentasche.

„Der Hausleitner und die Beamtin, die den Mann aufgefunden haben, konnten keinerlei Papiere bei ihm entdecken, wir haben also keinen Namen. Dafür verfügt die junge Kollegin aber über erstaunliches Zeichentalent und ein gutes Gedächtnis." Mit diesen Worten legt er vor jeden der Stammgäste eines der Blätter auf den Tisch. Auch Wirt und Kellnerin bekommen eine der Zeichnungen. Bis auf zwei der Anwesenden schütteln alle bedauernd den Kopf. Nie gesehen, den Mann, tut uns leid. Kurz herrscht Schweigen, es ist der Onkel Franz, der es bricht.

„Olaf", sagt er jetzt etwas kleinlaut, „Olaf heißt der. Nachname weiß ich nicht."

Erneut ein Tritt vom Albert unterm Tisch. Wahrscheinlich als Ausdruck seiner Meinung, dass man diese Information noch etwas hätte zurückhalten können. Doch nickt auch er jetzt bestätigend mit dem Kopf.

„Hat sich also nichts geändert bei euch da, was?" Keine Frage, eine Feststellung des Linzers. „Ja nicht von selber rausrücken mit den Informationen. Immer erst, wenn ich direkt nachfrage, und dann muss ich's euch auch stückerlweise aus der Nase ziehen. Ich hab mir gedacht, ich hätt mich diesbezüglich neulich deutlich ausgedrückt, oder nicht?"

„Ja, schon", rechtfertigt sich der Onkel, „aber ich hab mir gedacht, das gilt nur für die Sache mit dem Toten. Dass dieser Olaf dabei eine Rolle spielen könnte, da denkt ja keiner dran. Gell, Albert?"

Der Angesprochene nickt erneut. Als er draufkommt, dass dies missgedeutet werden könnte, schüttelt er ebenso heftig den Kopf. Natürlich haben der Onkel Franz und er hier durchaus schon einen Zusammenhang vermutet. Muss man aber nicht gleich zugeben.

„So, meine Herren", bestimmt Steiner nun einigermaßen ungehalten, „das besprechen wir jetzt aber ausführlich. Und zwar unter sechs Augen. Frau Resi, drei Seiterl bitte nach drüben ins Extrastüberl."

*

„Woran es liegt, dass der ganze Stammtisch – wahrscheinlich auch der halbe Ort – schon vor mir Kenntnis von dem Vorfall gehabt hat, das kann ich mir vorstellen. Ich weiß ja, wer hier bei euch für die Nahversorgung mit Informationen zuständig ist. Aber warum ihr zwei schon wieder mehr wisst als die anderen, das möcht ich jetzt genau erklärt haben. Und zwar lückenlos, verstanden?"

Nach diesen Worten des Chefinspektors herrscht ein paar Sekunden Stille im Stüberl. Etwas betreten schauen sie sich an, die zwei Freunde, dann übernimmt es der Onkel Franz, dem Linzer von besagter Nacht zu berichten. Der Name Hausleitner fällt dabei zwar nicht explizit, wer dem Stammtisch die Geschichte hinterbracht hat, ist aber auch unausgesprochen klar. Dass er zu dem Zeitpunkt bereits geahnt habe, dass es sich bei dem Aufgefundenen um jenen Obdachlosen handeln mochte, der ihm die Woche davor am Marktplatz aufgefallen war, erzählt der Onkel. Und dass sie ebendiesen auf ihrem Heimweg vom Wirtshaus im Bauwagen entdeckt haben. Aufgrund seines Zustandes wäre ihnen gar nichts anderes übriggeblieben, als dem Mann zu helfen.

„Und da haben sie diesen Olaf also mit zu sich nach Hause genommen", Steiner schüttelt den Kopf, „einfach so? Schon ein bisschen riskant, finde ich. Aber auch anständig. Und wie ging's weiter?"

„Na ja, gekümmert hab ich mich halt. Seinen Verband gewechselt, einen Schlafplatz hergerichtet. Draußen in meinem Schuppen. Am nächsten Tag hab ich ihn dann auch noch mit Essen versorgt, das hat ihn wohl wieder auf die Beine gebracht. Weil am Morgen drauf war er weg."

An dieser Stelle verstummt der Onkel Franz. Sowohl der Kriminalbeamte als auch der Albert blicken ihn an, wohl in Erwartung einer Fortsetzung seines Berichts. Doch das trifft nur auf den Linzer zu. Der Blick vom Albert signalisiert eher die eindringliche Bitte, weiteres Wissen vorerst noch zurückzuhalten. Die Geschichte etwa, die der Berber erzählt hat. Darüber, was er in jener Nacht gesehen haben will. Oder die Tatsache, dass mit dem Olaf auch eines der Jausenmesser des Onkels verschwunden ist. Na gut, denkt sich der Onkel, wenn er meint. Wird schon seine Gründe haben, wenigstens hat er mich nicht wieder getreten. Dann lassen wir's halt erst mal dabei. Den Rest kann ich ja später immer noch erzählen.

„Ist das alles? Nichts weiter, was ihr mir sagen wollt?" Bei diesen Worten schaut Steiner den beiden abwechselnd forschend ins Gesicht. „Und wo sich dieser Olaf momentan aufhalten könnte, wissen die Herren nicht, irgendeine Idee?"

Nachdem sowohl der Onkel Franz als auch der Albert kopfschüttelnd und schulterzuckend signalisieren, dass von ihnen keine weitere Hilfe zu erwarten ist, entlässt sie der Linzer aus dem Verhör. „Gut. Das wär's dann erst einmal. Aber ich erwarte mir, dass ich sofort informiert werde, falls ihr irgendetwas mitbekommt. Oder euch doch noch etwas einfällt. So, und jetzt schickt mir bitte die Frau Resi herein, an die hab ich auch noch ein paar Fragen."

*

„Wieso", will der Onkel Franz auf dem Heimweg vom Albert wissen, „sollte ich dem Steiner jetzt nicht alles erzählen? Ich mein, ich kann's mir eh denken. Trotzdem würd's mich interessieren, was in deinem Kopf vorgeht."

„So genau weiß ich das selber nicht", lautet die Antwort, „wahrscheinlich, weil ich diesem Olaf – genauso wie du – so was nicht zutraue. Ich mein, dass er was mit dem Toten zu tun hat. Und was glaubst du, was da los gewesen wär, wenn du dem Steiner das mit dem verschwundenen Messer gesagt hättest? Eine Fahndung hätt er sofort eingeleitet nach deinem Hausgast. Und bei dir daheim eins deiner Jausenmesser sichergestellt, zum Abgleich. Ob Klingenlänge und -breite zur Stichwunde vom Toten passen, das macht man so, verstehst? Und dann …"

Der Albert ist kaum zu bremsen in seinem Eifer, sein kriminalistisches Wissen einzubringen, der Onkel unterbricht ihn trotzdem. „Jaja, jetzt hör schon auf, ich kann's mir vorstellen. Da hätt sie keine Freude, meine Frau." Bei dieser Vorstellung ist dem Onkel gar nicht wohl. Wie bin ich da schon wieder hineingeraten, denkt er sich. Laut sagt er: „Und was sollen wir jetzt tun, deiner Meinung nach?"

„Na, was schon", antwortet der Albert, „wir suchen ihn, den Olaf. Und erst, wenn wir wissen, was da genau los ist, gehen wir zum Steiner. Einverstanden?"

*

Die Befragung der Kellnerin war schnell erledigt. Der Chefinspektor hatte nur noch ein paar Fragen deren Cousine betreffend. Ob sie von der Pawlak mittlerweile schon etwas gehört habe etwa. Steiner wollte sich ein Bild machen. Ob es angebracht sei, der Sache nachzugehen. Die Resi wiederholte, dass die Helga ihrer Ansicht nach auf keinen Fall von sich aus gekündigt haben konnte. Und weggehen von hier? Niemals! Auch habe sie schon Nachschau gehalten in der Siedlung am Stadtrand, da wo ihre Cousine allein in einer kleinen Zwei-Zimmer-Wohnung lebt. Weder habe sie sie dort angetroffen, noch hätten die Nachbarn etwas von ihr gesehen oder gehört. Was nichts zu sagen hätte, denn man kümmert sich dort draußen in den Wohnblöcken aus den Siebzigerjahren nicht sonderlich umeinander. Eine Vermisstenanzeige, meinte darauf Steiner, könne er veranlassen, doch auch die Kellnerin war der Ansicht, dass es dafür vielleicht noch etwas zu früh sein könnte. Schließlich wäre die Helga erwachsen und auch in der Vergangenheit schon für die eine oder andere Überraschung gut gewesen. Abschließend hatte der Linzer versprochen, inoffiziell einige Kollegen anzuweisen, die Augen offen zu halten und seinerseits die Resi gebeten, ihn zu informieren, falls sich Neues ergäbe.

Nach einer kleinen Jause – schön langsam färbt dieses Innviertel auf mich ab, denkt sich Steiner – sitzt er nun in seinem Zimmer über der Gaststube und versucht, seine Gedanken zu ordnen. Was diesen Herrn Franz und seinen Spezi betrifft, kann er sich vorstellen, dass die beiden noch nicht alle Karten auf den Tisch gelegt haben. Irgendein relevantes Detail in Bezug auf diesen Obdachlosen sollte er ihnen in den nächsten Tagen schon noch aus der Nase ziehen können. Und um das nicht zu gefährden, hat er seinerseits eine wichtige Information für sich behalten. Das höchst interessante Ergebnis des neuesten Berichts der Spurensicherung. Die hatten ja auf seine Anweisung hin den sichergestellten Seitenschneider untersucht und konnten mit überraschenden Fakten aufwarten. Zum einen handelte es sich bei den dunklen Flecken tatsächlich um Blut. Was nahelegt, dass mit dem Werkzeug dieser Berber niedergeschlagen wurde. Sobald man den Mann aufgetrieben hätte, würde dies ein Abgleich bestätigen, da war sich Steiner sicher. Doch wirklich brisant waren die Spuren am anderen Ende des Geräts. Fingerabdrücke. Und hier hatte man einen Treffer. Sie waren identisch mit erst kürzlich erfassten. Und zwar mit jenen des Toten aus dem Wald. Ein wichtiger Ermittlungsschritt, den er aus taktischen Erwägungen zum jetzigen Zeitpunkt noch nicht gewillt war, mit der hiesigen Bevölkerung zu teilen. Bleibt nur noch die Frage, ob das diesem Hausleitner auch gelingt.

5

Der Onkel Franz schaut nun schon zum dritten Mal innerhalb von zehn Minuten auf seine Armbanduhr. Sieht ihm gar nicht ähnlich, dem Albert, sonst ist es ja eigentlich er, der übertriebenen Wert auf Pünktlichkeit legt. Aber heute, da lässt er mich warten, denkt sich der Onkel. Obwohl das Ganze ja seine Idee war. Dass man sich hier treffen sollte, am Beginn der sogenannten Industriezeile. Schon Anfang der Achtzigerjahre haben sich am Rande der Stadt verschiedene mittelständische Produktionsbetriebe angesiedelt, im Lauf der Zeit wurden es immer mehr. Auch der städtische Bauhof hat hier seine Heimat gefunden, ebenso das Altstoffsammelzentrum. Noch immer siedeln sich neue Firmen an, andere wiederum haben ihren Betrieb bereits wieder eingestellt. Meist nicht ganz freiwillig. So gibt es hier draußen aufgrund oft lange laufender Insolvenzverfahren und ungeklärter Besitzverhältnisse auch die eine oder andere Industrieruine.

Das Vorhaben, den Olaf zu suchen, um etwas Licht in die Sache zu bringen, bevor man den Linzer Chefinspektor ins Vertrauen zieht, ist es, das zur heutigen Verabredung geführt hat. Der Albert hat kombiniert, dass einerseits aufgrund der Nähe zum Tatort, andererseits wegen der diversen Möglichkeiten zum Unterschlupf die Gegend hier ein guter Ausgangspunkt wäre, um den Berber aufzuspüren. Und jetzt kommt er nicht daher, ärgert sich der Onkel Franz beim erneuten Blick auf seine Uhr. Anrufen kann er ihn auch nicht, seinen Freund, denn der Onkel trägt selbstverständlich kein Mobiltelefon bei sich. Weder das Drängen vom Albert noch die guten Ratschläge mancher Familienmitglieder konnten ihn bisher dazu bewegen, sich eines jener Geräte anzuschaffen. Erstens mag er dieses neumodische Zeugs nicht, zweitens würde er es als massive Einschränkung seiner Freiheit ansehen, dauernd und für jeden immer erreichbar zu sein. Soweit kommt's noch, nein danke. Bleibt ihm also nichts anderes übrig, als sich allein auf die Suche nach dem Obdachlosen zu machen.

Langsam fährt der Onkel Franz nun also mit seinem Waffenradl die Industriezeile entlang, vorbei an den Gebäuden der verschiedensten Firmen. Sein Interesse gilt den stillgelegten Anlagen. Die sind schnell identifiziert anhand der mit dicken Ketten versperrten Tore oder der mit Gras und anderem Gestrüpp überwucherten Einfahrten. Da würden sich einige für den Olaf eignen, um Obdach zu finden. Doch wo anfangen? Der Albert hätte jetzt sicher eine Präferenz, aber der ist nicht da. Und nicht nur als treibende Kraft für derartige Unternehmungen geht ihm sein Spezi jetzt ab. Insgeheim muss sich der Onkel auch eingestehen, dass es durchaus ganz praktisch sein kann, jemanden dabei zu haben, dem man im Bedarfsfall die Verantwortung überlassen kann. Während er noch überlegt, ob er das Ganze nicht gleich wieder abbrechen soll, fällt sein Blick auf das Firmenschild des verlassenen Betriebs, an dessen Tor er gerade vorbeikommt. Die FRITZ AG, ein Unternehmen, das Spritzgussteile hergestellt hat, wenn sich der Onkel richtig entsinnt. Das Wissen um den vollständigen Namen der Firma entspringt ebenfalls seiner Erinnerung, denn der Schriftzug ist nicht mehr ganz komplett. Einer der aufgesetzten Buchstaben fehlt, und zwar das „F", es dürfte wohl irgendwann einmal heruntergefallen sein. So steht da also jetzt nur noch „RITZ", und das aktiviert eine weitere Erinnerung. Im Hotel Ritz würde er sonst absteigen, hatte der Olaf gemeint, vor Tagen bei ihm im Schuppen. Als scherzhafte Bemerkung hatte er das aufgefasst, nun bekommt der Satz aber eine andere Bedeutung.

Das Tor der ehemaligen FRITZ AG ist versperrt und zusätzlich mit Kette und Vorhängeschloss gesichert. Zum Drüberklettern ist es für den Onkel Franz zu hoch, für den Olaf wohl auch. Also lehnt er sein Radl dagegen und beginnt das eingezäunte Gelände abzuschreiten. Bereits nach wenigen Metern wird er fündig. Dort, wo der Maschendraht von ein paar struppigen Büschen verdeckt wird, hat jemand ein größeres Loch herausgeschnitten. Von der Straße aus ist das nicht zu sehen, wie sich der Onkel durch einen Blick über die Schulter vergewissert, bevor er auf die Knie geht und hineinschlüpft. Rasch überquert er danach den Hof und gelangt so zum Haupteingang des großen Gebäudes. Der ist ebenfalls verschlossen, das war zu erwarten. Auf der Suche nach einer Möglichkeit, ins Innere zu gelangen, umrundet er den Komplex. Doch keine der Türen, an denen er vorbeikommt, lässt sich öffnen. An der Rückseite stößt er schließlich auf eine abschüssige Rampe, die augenscheinlich in das Untergeschoss führt. Der Onkel Franz sieht sich noch einmal nach allen Seiten um, bevor er hinuntergeht. Die Rampe endet an einem Rolltor, das allerdings nicht ganz heruntergefahren ist. Ein etwa achtzig Zentimeter hoher Spalt steht offen, nicht zuletzt deshalb, weil irgendjemand einen metallenen Gitterrost zwischen Boden und Tor geklemmt hat. Im Liegen würd ich da durchpassen, denkt sich der Onkel, der schmutzige Boden und der Gedanke an die unwürdigen Verrenkungen, die er dabei wohl zu vollführen hätte, halten ihn aber vorerst davon ab.

Vorerst.

Denn dann siegt die Neugier.

Einigermaßen außer Atem kommt er drinnen wieder auf die Füße. Der Schmutz auf dem Boden ist gottlob ein trockener, sodass er sich halbwegs gut wieder abklopfen lässt von Janker und Hose. Ansonsten hätte es zu Hause sicher Erklärungsbedarf gegeben. Er beginnt sich zu orientieren. Der Raum liegt, wie es scheint, nicht zur Gänze unter der Erde, denn direkt unter der niedrigen Decke gibt es schmale Fenster. Langsam gewöhnen sich seine Augen an das Dämmerlicht. So erkennt der Onkel Franz Bodenmarkierungen, die verraten, dass es sich bei dem Kellerraum wohl um eine Tiefgarage handeln muss. Dann sollte es sicher auch einen Aufgang zu den oberen Etagen geben. Der ist schnell gefunden, an der gegenüberliegenden Wand steht eine metallene Tür offen. Er betritt das

Stiegenhaus und steigt tastend nach oben. Denn hier ist es mangels Fenster stockdunkel. Das ändert sich erst wieder, als er nun die Tür zum Erdgeschoß öffnet. Wenn die großen Glasscheiben des Foyers der stillgelegten Firma auch extrem schmutzig sind, so lassen sie doch genug Licht dieses Spätnachmittags herein. Eine Art Portiersloge nimmt den vorderen Bereich des Raumes ein. Weiters gibt es einen schmalen Gang mit drei Türen – möglicherweise Büros der Verwaltung – und ein größeres Tor. Dahinter dürften sich wohl die Produktionshallen befinden, ein Blick durch eines der eingelassenen Sichtfenster bestätigt diese Vermutung. Neben dem Tor führt eine betonierte Treppe nach oben. Für den Onkel Franz stellt sich nun die Frage, wo er denn beginnen soll mit seiner Suche nach dem Berber. So der sich tatsächlich hier niedergelassen haben sollte, würde er irgendwo in dem großen Gebäude einen halbwegs sicheren Schlafplatz ausgewählt haben. Unschlüssig sieht sich der Onkel um. Er beschließt, seine Suche in der oberen Etage zu beginnen und betritt die Treppe. Die macht auf halbem Weg eine Neunzig-Grad-Wendung. Dort angekommen, fallen ihm jetzt die vielen Dosen und Blechkanister auf, die auf den weiter nach oben führenden Stufen herumstehen. Einmal links, einmal rechts, fragil aufeinandergestapelt, ähnlich wie beim Dosenwerfen auf dem Jahrmarkt. Neugierig nähert er sich, steigt langsam weiter nach oben. Immer darauf bedacht, keinen der Stapel umzuwerfen. Mitten auf der Stiege hätte er dann beinahe die dünne Schnur übersehen, die jemand in etwa zwanzig Zentimetern Höhe quer über die Stufe gespannt hat. Jetzt erschließt sich ihm auch der Sinn des Ganzen. Eine Art Alarmanlage hat man hier wohl aufgebaut, und fast hätte er sie auch ausgelöst. Schon ein leichtes Stolpern über die Schnur würde mit ziemlicher Sicherheit dafür gesorgt haben, dass allerhand Blech im Dominoeffekt die Treppe hinuntergepoltert wäre. Einen Höllenlärm in der bisher herrschenden Stille hätte das gegeben. Gar nicht so dumm, diese Konstruktion. Vorsichtig steigt er über das Hindernis und bewegt sich weiter nach oben.

Der erste Stock macht einen relativ desolaten Eindruck. Wofür die Etage einmal gedient haben mag, ist nicht gleich ersichtlich, denn hier oben findet sich außer ein paar metallenen Regalen an den Wänden keinerlei Inventar. Vielleicht ein Lager, Reste von Verpackungsmaterial wie Kartons und Folien, die überall herumliegen, lassen das vermuten. Der Onkel Franz sieht sich um. An der hinteren Wand erregt etwas seine Aufmerksamkeit, er bewegt sich langsam darauf zu. Schon aus ein paar Metern Entfernung wird klar, dass er auf der richtigen Spur ist. In der Ecke des Raumes hat jemand mehrere Lagen Karton aufeinandergestapelt, eine Art improvisierte Matratze. Darauf ein etwa zwei Meter langes, unförmiges Bündel. Eine Decke, vielleicht auch ein Schlafsack, auf jeden Fall liegt da etwas. Oder auch jemand.

Wie es scheint, denkt sich der Onkel, hab ich ihn gefunden, den Olaf. Doch sicher ist er sich nicht, ganz vorsichtig nähert er sich dem Lager. Jetzt ist er in Griffweite, streckt seine Hand aus. Das Bündel bewegt sich nicht, auch nicht, als er den oberen Rand der Decke zwischen die Finger nimmt und langsam anhebt. Ein kleines Stück zieht er sie nach unten, dann noch etwas weiter. Kein Olaf, auch kein anderer Mensch ist es, der nun zum Vorschein kommt. Ein Rucksack, mehrere Taschen, sämtliche Habseligkeiten des Berbers liegen da unter der Decke, der Onkel Franz erkennt die Sachen sofort. Im selben Moment, da sich diese Erkenntnis bei ihm einstellt, spürt er eine Berührung an seiner linken Schulter. Irgendjemand muss sich von hinten an ihn herangeschlichen haben, greift nun nach ihm. Dem Onkel bleibt fast das Herz stehen, er wagt nicht, sich umzudrehen.

„Franz, endlich hab ich dich gefunden."

„Sag einmal, spinnst du, Albert? Ich krieg fast einen Herzinfarkt wegen dir! Kannst dich nicht anders bemerkbar machen?"

„Jaja, reg dich nicht so auf. Ich bin halt ein bisserl zu spät gekommen zum Treffpunkt, seitdem such ich dich schon. Gut, dass ich dein Radl kenn. Und das Loch im Zaun war auch nicht schwer zu finden."

Im Anschluss erklärt der Albert dem Onkel Franz den Grund seiner Verspätung. Einen Hubschrauber hätte er zusammengebaut in seinem Bastelkeller und auch gleich einen kleinen Probeflug gemacht. Daheim im Garten. Wär sich alles zeitlich leicht ausgegangen, hätte sich das Modell nicht in der Wäscheleine der Nachbarin verfangen. „Wo man die aber auch so schlecht sieht", beschwert er sich, „so fast durchsichtige Nylonschnüre hat die neuerdings, früher waren die rot. Da wär mir das sicher nicht passiert. Drum bin ich zu spät. Weißt, die Rotorblätter haben sich richtig reingefressen in die Leine. Wollt ich ihn also rausschneiden, meinen Black Hawk. Da hat sie aber was dagegen gehabt, die Frau Nachbarin. War ein ziemliches Theater."

Bei allem Ärger über den Schreck, den ihm sein Spezi eingejagt hat, muss er jetzt doch lachen, der Onkel. „Einen Hubschrauber jetzt also, aha. Und gleich wieder eine Bruchlandung? Ist anscheinend nicht so ganz das deine, die Fliegerei, was? Sollst vielleicht doch Schifferl fahren?"

„Geh, red nicht so blöd daher", antwortet der Albert etwas gekränkt, „sag mir lieber, was du da entdeckt hast."

„Siehst ja eh. Dem Olaf seine Sachen, nur halt ohne Olaf."

Der Albert aktiviert seine Taschenlampe und richtet sie auf das Lager am Boden. Wie immer ist er bestens ausgerüstet. „Wenn ich die nicht dabeigehabt hätte, wär ich auf der Stiege schon über diese blöde Schnur gestolpert. Möcht wissen, wer die da gespannt hat." Mit diesen Worten dreht er sich um, dabei streift der Strahl seiner Lampe durch den Raum. Es ist mittlerweile schon sehr dämmrig geworden im Inneren des Gebäudes.

„Du, Albert", flüstert jetzt der Onkel Franz, er hat die dunkle Silhouette im vorüberziehenden Lichtschein zuerst gesehen, „da ist einer."

Tatsächlich ist am anderen Ende des Raumes eine große Gestalt zu erkennen. Und die kommt jetzt auch noch langsam auf sie zu. Der Albert traut sich anscheinend nicht, den Fremden direkt anzuleuchten, der Schein seiner Taschenlampe berührt gerade mal die

Füße des anderen. Je mehr sich der ihnen nun aber nähert – keiner der beiden Freunde wagt ein Wort zu sagen –, desto höher wandert der Lichtkegel. Als der schließlich die Hand des Unbekannten erfasst, blitzt etwas auf. Kein Zweifel, ein Messer!

Schreien, weglaufen, nach irgendetwas greifen, mit dem man sich verteidigen könnte, all das schießt dem Onkel in diesem Moment durch den Kopf, dem Albert geht es wohl genauso. Dennoch stehen die beiden wie angewurzelt da und sind für wenige Sekunden unfähig zu reagieren. Der Albert ist der Erste, der aus der Schockstarre erwacht. Er hebt die Hand, in der er seine große Taschenlampe hält, hoch über den Kopf, bereit, sich damit zu wehren. Wird er zumindest später behaupten. Wie auch immer, auf jeden Fall ist nun auch das Gesicht des Mannes mit dem Messer zu erkennen. Wollmütze, wild wuchernder Vollbart, glasiger Blick, kein Zweifel, es ist der Olaf. Diese Erkenntnis trägt nur kurz zu einer gewissen Erleichterung bei, denn der Berber bewegt sich weiter bedrohlich auf die beiden zu. Augenscheinlich erkennt er sie nicht. Die Hand mit dem Messer nach vorne gereckt, beginnt er zu brüllen. „Haut ab, ich hab nix! Bei mir gibt's nix zu holen! Weg von mei'm Zeuch!"

Der Onkel Franz legt jetzt seine Hand auf den Unterarm vom Albert, bedeutet ihm, die Taschenlampe zu senken. „Olaf, beruhig dich", ruft er dabei, „wir sind's. Der Franz und der Albert. Kennst uns doch!" Eine Weile ist es still, keiner der drei bewegt sich.

„War'n Versehen", beteuert der Olaf, nachdem sich die Lage geklärt hat, „dat musste mir glauben. Ich stehl' nich." Auf seinem improvisierten Lager sitzend, nimmt er einen langen Schluck aus einer großen Plastikflasche. „Gar nich so übel, der Rote aus'm Supermarkt. Willste?"

Der Onkel Franz, der neben ihm kauert, lehnt dankend ab. „Kann schon sein, dass du das Jausenmesser nicht absichtlich eingesteckt hast. Wär auch nicht so schlimm, aber es ist halt kurz danach einer erstochen worden. Und den haben sie gerade dort gefunden, wo man dich niedergeschlagen hat. Hinterm Sammelzentrum, im Wald. Weißt du gar nichts davon?"

Der Olaf wird blass. „'N Toter? Erstochen? Und jetzt glaubt ihr, ich wär dat jewesen?"

An dieser Stelle schaltet sich der Albert ein, sein kriminalistisches Gespür meldet sich. „Was wir glauben", beginnt er zu dozieren, „ist unerheblich. Für die Polizei bist du aber wahrscheinlich halbwegs verdächtig. Dabei hat ihnen der Franz das mit dem Messer gar nicht erzählt."

„Ich geh nich in'n Knast", ruft der Berber nun aufgeregt, „ich hab nix jemacht!"

„Ist schon gut", beruhigt ihn der Onkel, „uns fällt da schon was ein. Oder, Albert?" Sein fragender Blick, mit dem er dabei seinen Spezi anschaut, hat auch etwas Forderndes. „Lass dir was einfallen", hat er zu bedeuten, „gibst ja sonst auch immer so an mit deinem Krimi-Wissen." Der Albert versteht die unausgesprochene Aufforderung. Ist gleich ganz in seinem Element und übernimmt das Kommando. „Gut. Zuerst einmal gibst du mir das Messer." Bei diesen Worten greift er in seine Jackentasche. Zieht einen kleinen Plastiksack hervor. So einen, wie sie die Tante immer zum Einfrieren verwendet, denkt sich der Onkel Franz. Kurz kommt ihm dabei die Hasen-keule in den Sinn. Er schüttelt diese kulinarische Anwandlung ab, wundert sich stattdessen über die vorausschauende Vorbereitung seines Spezis. Taschenlampe, Plastiksackerl, wahrscheinlich hat er Handschellen auch noch eingesteckt, der Albert. Wie ein Profi hat sich der das Sackerl umgedreht über die Hand gestülpt und nimmt so das Jausenmesser, das ihm der Olaf gerade folgsam hinhält. Nachdem er den Kunststoffbeutel darübergezogen und verschlossen hat, ergreift er erneut das Wort.

„Ich weiß noch nicht wie, aber es müsst sich schon irgendwie be-weisen lassen, dass das Messer da nicht die Tatwaffe ist. Vielleicht können wir ja dem Hausleitner noch ein paar Informationen aus der Nase ziehen."

„Genauso machen wir das", stimmt ihm der Onkel zu, „und bis dahin bleibst du hier und lässt dich nicht blicken, verstanden? Ich bring dir auch einen Leberkäs vorbei."

*

„Jetzt schau dir diese Sauerei an", schimpft Stadtrat Haubinger
wenig standesgemäß, während er mit spitzen Fingern das gefaltete
Blatt Papier aus dem Kuvert zieht, „lag gestern früh bei mir im Ge-
schäft auf dem Boden. Gleich beim Eingang. Hat mir wahrscheinlich einer unten durchgeschoben. Gut, dass die Irma noch nicht im
Laden war, das hätt noch gefehlt!"
Man sitzt wie neulich im Hinterzimmer des Restaurants. Ferdinand Schleindinger blickt sorgenvoll auf das Schreiben. „Ich versteh
das nicht. Warum schickt man so was gerade dir? Weil du meinem
Buben den Job besorgt hast? Weil man weiß, dass wir uns kennen?
Beunruhigend, das Ganze."
Erneut lesen beide den Text des anonymen Schreibens, das da vor
ihnen auf dem Tisch liegt. In krakeliger – wahrscheinlich absicht-
lich verstellter – Blockschrift stehen da wenige Sätze, deren genauer
Sinn sich ihnen nicht sofort erschließt.

ICH WEISS, WAS BEIM ASZ PASSIERT IST.
HABE ALLES BEOBACHTET.
WENN IHR NICHT WOLLT, DASS POLIZEI DAVON
ERFÄHRT, MÜSST IHR ZAHLEN € 100.000,–.
WANN UND WO, FOLGT.

„Ich bin nicht minder beunruhigt, mein Lieber", Gerold Haubinger
leert sein Cognacglas, „aber eines scheint klar. Nämlich, dass hier
jemand glaubt, dass wir in irgendeiner Form etwas zu tun haben
mit den jüngsten Ereignissen rund um das Sammelzentrum. Beziehungsweise dein Poldi. Und dieser Wisch da ist wahrscheinlich
eher für dich bestimmt. Bei mir ist er wohl nur deshalb gelandet,
weil man nicht wusste, wie man ihn dir sonst hätt zukommen lassen sollen."
„Wird so sein", stimmt Schleindinger zu, „nur, was machen wir
jetzt?"

„Zuallererst muss dir dein Bub reinen Wein einschenken. Ob er was weiß über die Sache. Ob es da irgendetwas gibt, womit man ihn erpressen könnt. Dann wird uns schon was einfallen. Hauptsach, die Leut erfahren nichts. In meiner Position kann ich kein Gerede brauchen. Hast ja selber erlebt, lieber Ferdinand, wie schnell man über ein paar kleine Gefallen stolpern kann, nicht?"

*

Siegfried Alexander „Sascha" Meier-Lobrecht ist von Minute zu Minute immer überzeugter von der Idee, die ihm gerade eben während seines Spazierganges gekommen ist. Die Hände auf dem Rücken verschränkt, wandert er außerhalb der Stadtmauern am Fluss entlang und legt sich die weitere Vorgehensweise zurecht. Es ist sehr ruhig hier unten. Die Geräusche des Wassers, das ans Ufer schlägt, helfen ihm beim Nachdenken. So gern er sonst durch den Wald streift, in letzter Zeit meidet er ihn. Aus verständlichen Gründen. Der Einfall, der ihn beschäftigt, betrifft eine spezielle Funktion, die er als neu gewählter Gemeinderat auszuüben hat. Unter den verschiedenen Fachausschüssen kommt einem eine besondere Bedeutung zu, dem sogenannten Prüfungsausschuss. Dessen Aufgabe ist es, sich wechselnde Teilbereiche der städtischen Politik und Verwaltung herauszupicken, um deren Gebaren genauer unter die Lupe zu nehmen. Traditionell steht der Vorsitz dieses Gremiums einem Vertreter der kleinsten Fraktion zu. Und das ist ja wohl unbestritten die Bürgerliste Bürger-Umwelt-Miteinander, kurz BUM. Wenn man auch streng genommen mit nur einem Mandat noch keine Fraktion bildet. Derartige Spitzfindigkeiten konnten einen Meier-Lobrecht jedoch nicht davon abhalten, sich die Obmannschaft dieses Ausschusses zu erkämpfen. „In Gottes Namen", soll der Bürgermeister gesagt haben, „dann gebt's ihm halt das Gschäft, der gibt ja sonst nie eine Ruh."
So fällt es nun dem Herrn Professor zu, in periodischen Abständen einen jeweiligen Untersuchungsgegenstand vorzuschlagen. Und

gerade dieser Tage ist es wieder einmal so weit. Aufgrund der aktuellen Ereignisse, seiner Beobachtungen sowie seiner Vorbehalte gegen den zuständigen Stadtrat Haubinger kam dem Herrn Professor nun also jene Idee. Nämlich die, das Altstoffsammelzentrum einer akribischen Prüfung zu unterziehen. Zwar handelt es sich dabei nicht um einen rein städtischen Betrieb, aber die Tatsache, dass die Gemeinde in den Bezirksabfallverband eingebunden ist, sollte eine Prüfung rechtfertigen. Darüber hinaus ist der Bürgermeister Vorsitzender des Beirates. Somit empfindet es der Herr Professor geradezu als seine Pflicht, den Betrieb akribisch zu durchleuchten. Vor allem die Zusammenhänge rund um die Neubesetzung des leitenden Postens würde er genauestens hinterfragen.

*

Es ist wieder einmal Dienstag. Stammtisch-Tag. Die üblichen Verdächtigen haben sich um den großen Tisch beim Kachelofen versammelt, alles wie immer. Bis auf die Tatsache, dass die Resi nicht wie gewohnt das Bestellte serviert. Das bleibt heute zur Gänze am jungen Wirt hängen. Was den Stammtischlern Gelegenheit zu der einen oder anderen Stichelei gibt, denn der Junior scheint etwas überfordert angesichts des ungewohnten Arbeitspensums. Egger senior, dienstags bekanntlich mehr Gast als Wirt, macht trotzdem – oder gerade deswegen – keine Anstalten, seinen Sohn im Service zu unterstützen. Lediglich mit guten Ratschlägen versorgt er ihn ab und zu.

„Ich weiß ja nicht, ob das am Arlberg so üblich war, aber bei uns im Innviertel rennen die Kellner nicht mit jedem Glasl extra hin und her. Schaut vielleicht gut aus, aber auf so einem Tablett, da hätten sechs, sieben Bier auch Platz. Ich mein ja nur."

Gespielt ernst trägt er diese fachliche Beratung vor, ein leichtes Grinsen kommt ihm dabei aber dann doch aus. Der Rest der Versammlung ist da weniger diskret. Laut lachen einige von ihnen den Buben jetzt aus, manche geben Wortspenden ab. „Für'n Umsatz wär's schon anders besser" etwa oder „Ja mei, er geht halt gern spazieren."

„Jaja, macht ihr euch nur lustig", gibt der Gastronom leicht beleidigt zurück, „wird schon keiner gleich verdursten von euch."

„Das nicht", meint darauf der Onkel Franz, „aber ein bisserl ausgetrocknet ist er schon, mein Mund."

„Kriegst es eh gleich, dein Hefeweizen. So was gehört fachmännisch eingeschenkt, das dauert halt."

Damit begibt sich der junge Egger hinter die Schank, um seine Worte in die Tat umzusetzen. Der Bügelverschluss der Weißbierflasche, die er jetzt versucht zu öffnen, zeigt sich allerdings etwas widerspenstig. Und die Tatsache, dass ihm alle dabei auf die Finger schauen, macht die Sache auch nicht einfacher. Hektisch hantiert er an der Flasche herum, dabei wird die wohl etwas zu sehr geschüttelt. Denn als er es endlich schafft, schnalzt der Verschluss nach hinten und die Hefe des Weißbieres wird ihrem Ruf als Treibmittel gerecht. Überall hin schäumt der Gerstensaft, nur nicht ins dafür vorgesehene Glas.

„Auweh", meint der Seniorchef, während er sich erhebt, „so wird das nix. Hast halt doch mehr Übung mit'm Champagner, gell, Bub? Komm, lass mich das machen, sonst verdurscht uns der Franzl wirklich noch."

Warum denn die Resi an diesem Abend nicht da wäre, wollen die Stammtischler im Anschluss noch genauer wissen und bekommen Auskunft vom Wirt. Vom alten Egger wohlgemerkt, sein Sohn hat sich nach seiner unfreiwilligen Weißbierdusche nämlich zurückgezogen, um das Hemd zu wechseln. Einen Tag frei genommen hätte sich die Kellnerin, erfahren sie, um sich mit einer Verwandten zu treffen. Der ungeklärte Verbleib ihrer Cousine, der Pawlak Helga, hat ihr keine Ruhe gelassen und so habe sie beschlossen, Nachforschungen anzustellen.

Am Tisch wird in der Folge noch die eine oder andere Vermutung zum Thema diskutiert, danach verabschieden sich die meisten Gäste, es geht auf die Sperrstunde zu. Nur der Onkel Franz und der Albert bleiben zurück, um sich noch einen Schlummertrunk zu genehmigen. Doch das ist nicht der einzige Grund. Es ist die Zeit, zu der üblicherweise Gruppeninspektor Hausleitner auf seinem Kontrollgang beim Egger vorbeischaut. Die beiden hoffen, dass dem auch heute so ist und werden nicht enttäuscht. Die Tür der Gaststube öffnet sich, der Polizist erscheint wie erwartet. Er tritt an den Stammtisch und wird nach dem üblichen Ritual aufgefordert, sich dazuzusetzen. Dieses Angebot nimmt der Hausleitner gern an, ebenso wie das erste seiner gewohnten Sperrstunden-Seiterl. Nach einem kräftigen Schluck beginnt er unaufgefordert zu erzählen. Über die Schwierigkeiten der aktuellen Ermittlungen an sich, aber vor allem über diejenigen, die ihm seine neue Kollegin, die Forsthofer Svenja, einbrockt.

„Ich hab euch ja schon erzählt, dass die es ganz genau nimmt. Frisch von der Polizeischule halt. Und dass ich mit der nicht ganz so umspringen kann, wie ich möcht. Wegen ihrem Onkel, dem Herrn Kommandanten. Und jetzt hat sie mich auch noch vor dem Steiner blöd hingestellt."

Der Polizist hat augenscheinlich das Bedürfnis, sich ein bisserl zu beschweren. Über die, wie er meint, ungerechte Behandlung, die ihm durch den Linzer Inspektor widerfahren ist.

„Als ob ich etwas dafür könnt, dass da jetzt doch mehr dran ist. Wie soll man das denn vorher schon wissen, oder?"

Die letzten Sätze ergeben für den Onkel Franz und den Albert zunächst keinen Sinn. Aber eines scheint klar, hier bietet sich nun die erhoffte Gelegenheit, mehr zu erfahren.

„Das glaub ich dir", startet der Onkel einen Versuch, „dass du es da nicht leicht hast, mit so einem jungen Mädl. Weiß wahrscheinlich alles besser wie wir Alten, stimmt's?"

„Genau", fühlt sich der Hausleitner verstanden, „dabei war das reiner Zufall. Dass der Seitenschneider, den die Forsthoferin unbedingt sicherstellen wollt, jetzt was mit dem Toten zu tun hat."

„Ach so", hakt der Albert nach, „wie genau jetzt?" Er versucht die Frage so beiläufig wie möglich klingen zu lassen, tatsächlich ist er ob dieser brisanten Information halbwegs aufgeregt. Was sich unter anderem dadurch zeigt, dass er dem Onkel Franz unter dem Tisch schon wieder auf die Zehen steigt. Das muss ich ihm unbedingt abgewöhnen, denkt sich der gerade, ist aber selber nicht minder gespannt auf eine weitere Erklärung des Polizisten. Die lässt nicht lange auf sich warten.

„Na ja, wegen den Flecken auf dem Trumm. Hat ausgeschaut wie Rost, ist jetzt aber doch Blut. Sagt das Labor. Jetzt glaubt der Steiner, dass er damit den Sandler niedergeschlagen hat."

„Wer jetzt?" Ganz kann der Albert noch nicht folgen.

„Na, der Tote."

„Der Tote? Wie geht das?"

„Ja vorher halt. Wie der noch nicht tot war. Ist ja logisch, oder?"

„Und wie kommt der Steiner da drauf?"

„Wegen der Fingerabdrücke. Auf dem Seitenschneider. Von dem Toten. Kann ich ja nicht riechen vorher, oder? Aber blöd dastehen tu ich jetzt trotzdem!"

*

„Franz, weißt du, was das heißt?"

Der Albert ist sichtlich aufgeregt. Die beiden sind, nachdem sich der Hausleitner verabschiedet hat, ebenfalls aufgebrochen und befinden sich auf dem Heimweg.

„Natürlich", antwortet der Onkel, „dass der Olaf jetzt noch verdächtiger ist. Dass er mit dem Toten auf jeden Fall irgendetwas zu tun gehabt hat. Fragt sich nur noch was."

„Mein Gott, bin ich blöd!" Der Albert schlägt sich mit der flachen Hand auf die Stirn.

„Wieso bist du blöd?"

„Weil ich vor lauter Neuigkeiten vergessen haben, was ich eigentlich rauskriegen wollt vom Hausleitner. Nämlich wie lang und wie breit die Klinge war, mit der man den Mann erstochen hat. Damit wir wissen, ob es infrage kommt, das Jausenmesser, das der Olaf bei dir mitgehen hat lassen."

*

Der Resi hat also das Ganze keine Ruhe gelassen. Wenn sie auch keine besonders enge Beziehung zu ihrer Cousine zweiten Grades gepflegt hat, sieht sie es dennoch als ihre Pflicht an, der Sache nachzugehen. Ihr ursprünglicher Plan, Kontakt aufzunehmen mit einer Tante, ebenfalls zweiten Grades, brachte keinen Erfolg. In der Hauptstadt des Nachbarbezirkes lebt die schon sehr alte Frau in einem Pflegeheim, fand die Resi heraus. Aber auch, dass diese zu besuchen keinen Sinn haben würde. Schwere Demenz, wurde ihr beim Anruf im Heim mitgeteilt, hier waren keine Informationen über den Verbleib der Helga zu erwarten. Aber so leicht wollte die Kellnerin nicht aufgeben. Jetzt hab ich mir schon mal frei genommen, dachte sie sich, da möcht ich wenigstens alles probiert haben. Darum stand sie am Dienstagvormittag also erneut vor der Wohnungstür der Cousine, draußen in der Neustadt. Und fragte sich dabei selber, was sie erwartet hatte. Wie schon bei ihrem letzten Besuch hier klopfte und läutete sie erfolglos, auch die Nachschau unter der Fußmatte brachte das gleiche Ergebnis wie vor etlichen Tagen. Kein Reserveschlüssel. Schulterzuckend wandte sie sich schon halb zum Gehen, griff dabei noch reflexartig an den Türknauf. Wie sie es daheim auch immer macht beim Verlassen des Hauses. Ein kurzes Drücken der Klinke, um sich zu vergewissern, ob man eh zugesperrt hat. Was man natürlich hat, grad ein paar Sekunden vorher. Hier aber handelte es sich ohnehin um eine Tür, deren Schloss verriegelt, wenn man sie von außen zuzieht. Doch jetzt gab sie auf Druck nach. Womöglich hatte die Helga – oder wer auch immer – beim letzten Verlassen der Wohnung die Tür nicht ordentlich geschlossen.

Wie dem auch sei, neulich war die Tür auf jeden Fall zu gewesen. Jetzt ist eine gestandene Innviertler Kellnerin wie die Resi an sich von Haus aus keine ängstliche Natur. Trotzdem verspürt sie ein leicht flaues Gefühl in der Magengegend, als sie – sich nach allen Seiten umsehend – die Wohnung betritt.

Das Bild, das sich ihr bietet, passt auf den ersten Blick zur Behauptung dieses neuen ASZ-Leiters, die Helga hätte nach ihrer angeblichen Kündigung den Ort verlassen wollen. Herausgezogene Schubladen, offene Schränke und Kommoden, die Fächer allesamt leer. Als hätte die Cousine tatsächlich ihre Koffer gepackt und die Wohnung aufgegeben. Kleidung, Geschirr, sämtliche Utensilien im Badezimmer, alles weg. Alle Räume besenrein und blitzblank geputzt. Was der Pawlak Helga aber so gar nicht ähnlich sieht. Nicht, dass sie ein extrem unordentlicher Mensch wäre, aber halt auch nicht übertrieben organisiert. So wie sich die verlassene Wohnung aber präsentiert, könnte man meinen, ein professioneller Reinigungstrupp wäre am Werk gewesen. Gut, denkt sich die Resi, kann auch sein, dass der Vermieter jemanden beauftragt hat, wer weiß …

Auf ihrem Weg zurück radelt die Kellnerin noch am Altstoffsammelzentrum vorbei. Ein letztes Mal will sie mit den Kolleginnen der Helga sprechen. Vielleicht hat die Cousine doch irgendeine Bemerkung fallen lassen, irgendetwas gesagt, das einen Hinweis geben könnte auf ihren Verbleib. Auf dem Gelände angekommen, kettet sie ihr Fahrrad an einen Zaunpfosten. Womöglich kommt sonst noch jemand auf die Idee, den nicht mehr ganz neuen Drahtesel zu entsorgen. Diese Befürchtung teilt sie auch der jungen Frau mit, die sie in dem Moment begrüßt. Maria heißt sie, erinnert sich die Resi, man kennt sich flüchtig.

„Alles schon passiert", antwortet die, „gestern zum Beispiel. Da hätten wir fast eine angeblich ganz wichtige Aktentasche in die Presse geschmissen."

„Was für eine Aktentasche?"

„Die von dem Gemeinde-Heini, der uns grad prüft. Ob wir eh alles richtig machen. Ein Herr Meier-Lobrecht, ein ganz ein wichtiger. Bin mir nicht einmal sicher, ob der überhaupt zuständig ist für uns. Na egal, auf jeden Fall hat der halt sein Tascherl abgestellt auf der Stellage neben der Presse. Mei, hab ich mir gedacht, wird er's nimmer brauchen. Und wollt das Trumm ordnungsgemäß entsorgen, gell. Da ist er dann ganz wild geworden, der Herr Gemeinderat. Was mir einfällt, hat er geschrien, da wären wichtige Unterlagen drin. Und außerdem wär die Tasche ein wertvolles Erbstück. Italienisches Rindsleder, hat er gemeint, handgenäht und so weiter. Wennst mich fragst, war's irgend so ein chinesisches Plastik-Glump."

„Da schau her", meint die Resi darauf, „der Meier Sigi macht eine Prüfung bei euch. So hat der nämlich als Bub geheißen, der Herr Professor. Und war damals schon ekelhaft. Mag aber an seinem Vater gelegen haben. Ein alter Sturkopf war das. War auch Lehrer und ist immer dahergekommen wie der Richard Wagner. Drum hat er den Buben wahrscheinlich Siegfried getauft."

Die Resi ist anscheinend bestens informiert. Liegt am Beruf. Das erklärt sie auch der Maria auf dementsprechende Nachfrage. „In den Bürgerstuben, dort wo ich als junges Mädl serviert hab, da waren die alle Stammgäste, diese Herren. Alle etwas Besseres. Haben sie sich zumindest eingebildet. Und wenn s' auch alle eine hohe Stellung gehabt haben, mit den Manieren war's nicht so weit her. Aber wegen dem bin ich ja nicht da heut. Ich wollt noch mal nachfragen, ob die Helga nicht irgendwas gesagt hat zu …"

Weiter kommt die Resi nicht, denn plötzlich steht der Schleindinger Leopold hinter den zwei Frauen. „Liebe Frau Kreuzhuber", beginnt der mit unangenehmer Stimme, „sagen Sie, wofür, glauben Sie, bezahlen wir Sie? Auf jeden Fall nicht für private Plaudereien und dergleichen. Ich glaubte, das bei meiner Antrittsrede deutlich gemacht zu haben. Falls sie sich daran im Detail nicht mehr erinnern können, empfehle ich die Lektüre des neuen Aushangs im Personalraum. Am besten sofort."

Dabei deutet er mit ausgestrecktem Arm Richtung Hauptgebäude. Die Kreuzhuber Maria spart sich einen Kommentar zu dieser Dienstanweisung, sagt nur „Servus, Resi" und trottet kopfschüttelnd davon.

„Und Sie, gute Frau", wendet sich der Poldi darauf an die Kellnerin, „kann man Ihnen noch irgendwie helfen?"

Dieser Satz stellt, so wie ihn der Poldi ausspricht, alles andere als eine höfliche Frage dar. Zusätzlich mustert er sein Gegenüber dabei herablassend. Um sich anschließend wortlos umzudrehen. Zu der saftigen Entgegnung für diese Frechheit, die der Resi bereits ganz vorne auf der Zunge liegt, kommt es aber nicht mehr, sie kann dem ASZ-Leiter nur noch wortlos hinterherschauen, wie er in Richtung der Glascontainer stolziert. So nicht, Herr Wichtig, denkt sie sich dann aber nach ein paar Sekunden der Verblüffung und geht ihm nach. Dem Rotzlöffel werd ich was erzählen, wer glaubt denn der, wer er ist!

Gerade noch sieht sie den Filzhut vom Schleindinger Leopold hinter einem der Container verschwinden und beschleunigt ihren Schritt. Zwischen den Behältern angekommen, schaut sie sich suchend um. Nichts zu sehen von dem Kerl. Sie will schon wieder unverrichteter Dinge gehen, als sie plötzlich Musik hört. Die Resi ist keine große Freundin der Klassik, aber die dramatischen Anfangstöne des Walkürenritts erkennt auch sie. Schon wieder Wagner! So abrupt die Melodie eingesetzt hat, bricht sie auch wieder ab. Stattdessen ist nun von jenseits der Sammelbehälter die Stimme vom Poldi zu hören. Mit seinem Namen meldete er sich, als er den Anruf entgegennimmt. Die Walküre ist also der Klingelton seines Mobiltelefons, wird da der Kellnerin klar. Weniger klar hingegen erscheint ihr zunächst der Sinn des Gesprächs, das sie belauscht. „Nein, ich weiß nicht, wer dahintersteckt. – – Ja, das hab ich verstanden. – – Hunderttausend, genau. – – Morgenabend, neun Uhr, hinten am Tor. – – Ich weiß, dass ich keine Wahl habe."

6

Auf diesen Albert ist in letzter Zeit überhaupt kein Verlass mehr, denkt sich der Onkel Franz, als er vor der stillgelegten FRITZ AG vom Radl steigt. Eigentlich haben die beiden Freunde verabredet, sich heute hier zu treffen, um noch einmal mit dem Olaf zu reden. Der Albert hat den Vorschlag gemacht, meinte, man solle versuchen, noch etwas Licht in den Fall zu bringen, bevor sie Steiner das sichergestellte Messer übergeben und den Aufenthaltsort des Berbers mitteilen. Wie immer trieb den Hobby-Kriminalisten dabei die Neugier an, der Onkel war eher skeptisch. Wenn er auch nach wie vor nicht daran glaubt, dass der Olaf fähig sein könnte, jemanden zu erstechen, so schaut es dennoch so aus, als wäre er in irgendeiner Form in die Sache verwickelt. Das herauszufinden sollte man aber der Polizei überlassen, die wird schließlich dafür bezahlt. Der Onkel Franz ist schon beim letzten Mal, als ihn der Albert zu Derartigem überredet hat, der Meinung gewesen, dass diese Detektiv-Spielerei nichts ist für gesetzte ältere Herren. Und trotzdem steht er nun wieder kurz davor, sich auf ein ähnliches Abenteuer einzulassen. Wobei er – wie schon damals – darauf besteht, lediglich aus Sorge um seinen Spezi bei dem Ganzen mitzumachen. Irgendwer muss ja auf den Albert aufpassen. Umso mehr ärgert es den Onkel, dass ihn der jetzt anscheinend versetzt. Zehn Minuten wart ich noch, denkt er sich, dann geh ich wieder. Nach Ablauf dieser Frist ist er schon drauf und dran, sich auf sein Radl zu schwingen und, statt sich noch länger dieser dubiosen Angelegenheit zu widmen, den Gastgarten vom Egger-Wirt aufzusuchen. Ein schönes kühles Bier und eine Essigwurscht hat er in dem Zusammenhang im Sinn. Da fällt ihm der Inhalt seiner Tasche ein. Frischen Leberkäse vom

Markt für den Olaf, noch warm, und auch etwas zu trinken hat er eingepackt. Sie hatten den Berber ja aufgefordert, sein Versteck vorerst nicht zu verlassen und ihm dafür versprochen, Proviant vorbeizubringen.

Nach kurzem Überlegen nimmt er nun also die Tasche vom Gepäckträger und macht sich auf den Weg. Durch das Loch im Zaun aufs Gelände der Firma und über die Tiefgarage nach oben. Dann, vorsichtig vorbei an der improvisierten Alarmanlage, weiter in den ersten Stock. Wie beim letzten Mal. Und wieder erkennt er im Zwielicht, das im Inneren des Gebäudes herrscht, ein regloses Bündel auf dem Lager aus Kartonagen in der hinteren Ecke des Raumes. Er kommt näher. Sollten es wieder nur die zugedeckten Habseligkeiten vom Olaf sein, die da vor ihm liegen, oder er selbst? Die struppigen Haare, die unter der Decke hervorschauen, lassen auf Letzteres schließen. Der Onkel geht in die Hocke – was ihm mit zunehmendem Alter immer schwerer fällt – und rüttelt leicht an der Stelle des Bündels, wo er in etwa die Schulter des Schlafenden vermutet. Keine Reaktion. Der rührt sich nicht. Der wird doch in Gottes Namen nicht …

Weiter kommt er nicht mit diesem beunruhigenden Gedanken, denn in dem Augenblick geht ein Ruck durch den liegenden Körper, gefolgt von einer Art langgezogenem Grunzen. Jetzt ist er wach, der Olaf, und blinzelt den Onkel Franz verständnislos an. Dann, nach einer Weile der Orientierung, erkennt er den Besuch.

„Mensch, der Franz, endlich. Dacht schon, du lässt mich hier verhungern. Sach, Alter, haste wat zu beißen dabei? Büschen Trinkbares wär och nich schlecht."

„Sowieso", antwortet der Onkel, während er seine Tasche öffnet, „kommt sofort." Den in Zeitungspapier eingewickelten Leberkäse packt er aus und gibt ihn auf den mitgebrachten Plastikteller. Stellt ihn, genauso wie die große Thermosflasche, vor den Berber hin, der mittlerweile eine sitzende Position eingenommen hat. Schraubt den Deckel, der gleichzeitig als Becher dient, ab und schenkt dem Olaf ein.

„Und, soll ich mir den janzen Braten uff eenmal reinschieben? Ich mein, dat Messer haste mir ja abjenommen, nich?"

„War ja auch meins", gibt der Onkel Franz zurück, „und das da kriegst du auch nicht." Dabei holt er sein Schweizer-Messer aus der Hosentasche, klappt es auf und beginnt den Leberkäse in mundgerechte Stücke zu schneiden. Der Olaf greift hungrig zu und verschlingt eins nach dem anderen. In wenigen Minuten hat er den Teller leer geputzt und greift nach dem Becher. Stürzt den Inhalt in einem Zug hinunter, um ihn gleich darauf wieder prustend auszuspucken.

„Wat is dat denn für ne Plörre, Mann! Pfui Deibel! Haste nix Ordentliches?"

„Das ist ein Pfefferminztee, was anderes gibt's nicht. Es wär nämlich nicht schlecht, wenn du dich ein bisserl besser erinnern könntest an die Nacht, wo du eine auf den Kopf bekommen hast. Weil, die Sache wird schön langsam eng für dich."

„Wieso eng?", will der Olaf wissen und der Onkel erklärt es ihm. Erzählt, dass man aufgrund der Fingerabdrücke mittlerweile wisse, wer ihn niedergeschlagen hat. Der Tote aus dem Wald. Genau, der Erstochene! Was ihn, den Olaf, nun nicht weniger verdächtig mache, ganz im Gegenteil.

„Dat is Kacke", schlussfolgert der Berber, „und die is am Dampfen! Aber du musst mir dat glauben, ich war dat nich. Ehrlich, Alter!"

„Ich glaub dir das schon", versichert ihm der Onkel Franz, „sonst wär ich ja nicht hier, oder? Aber ich glaub auch, es wär jetzt langsam Zeit, dass du mit der Polizei redest. Der Steiner, der die Sache untersucht, das ist ein vernünftiger Mann. Wenn du magst, geh ich mit dir zu ihm und erklär alles."

„Nee, nee, kannste verjessen, zu den Bullen geh ich nich!"

Der Olaf schüttelt aufgeregt den großen Kopf. Gleichzeitig greift er in seine Jackentasche. Instinktiv rückt der Onkel Franz etwas ab, so ganz geheuer ist ihm der Mann jetzt gerade doch nicht. Der nun seine Hand wieder hervorzieht. Er hält einen metallisch glänzenden Gegenstand hoch. Als der Onkel erkennt, worum es sich dabei handelt, entspannt er sich wieder etwas. Ein Flachmann ist es, den der andere nun aufschraubt und den vermutlich hochprozentigen Inhalt in den Becher der Thermoskanne leert.

„So, jetzt kannste nachschenken, nu kriech ich dat Zeug vielleicht runter."

„Zeig einmal her, das Ding", meint der Onkel jetzt, „das schaut ja richtig teuer aus."

Die flache, leicht gebogene Brustflasche ist reich verziert und schwerer als gedacht. Sie scheint aus echtem Silber zu sein und eine der verschnörkelten Gravuren stellt wohl ein Monogramm dar. Die Buchstaben O.H. sind zu erkennen, eingerahmt von Eichenlaub und Akanthusranken. Letztere schlingen sich derart um die Buchstaben, dass man den ersten, das O, durchaus auch als G lesen könnte.

„Sag, wie heißt du eigentlich mit Nachnamen?", fragt jetzt der Onkel Franz. „Gehört die dir?"

„Hinrichs", stellt sich darauf der Berber mit angedeuteter Verbeugung vor, „Olaf Hinrichs, zu Ihren Diensten. Und nee, dat Ding jehört nich mir. Is Zufall, dat mit dem O.H. Hab ich jestern jefunden."

„Gefunden, gestern? Wo, hier?"

„Nee, im Wald."

„In welchem Wald? Und, Moment, soll das heißen, du warst gestern draußen?"

„Jaja, ich weeß schon. Sollte mich hier nich wegrühren. Ich wollt mir dat mal selber ansehen, wo die den ausjebuddelt haben."

„Spinnst du?", ruft der Onkel aus, als ihm klar wird, dass der Olaf vom Fundort der Leiche redet. „Die suchen dich und du rennst zum Tatort. Noch blöder geht's nicht! Hat dich wer gesehen?"

„Nee, Alter, da war keener."

„Erstens, sag nicht immer Alter zu mir. Und zweitens will ich jetzt wissen, wo genau du das Flascherl dort gefunden hast."

„Janz in der Nähe von dort, wo ich eene über die Rübe jekricht hab. Am Zaun. Konnt mich erinnern, dat ich dort irgendwo 'ne Buddel Rotwein abgestellt hab und dacht mir, die könnt noch da sein. Hab ich also rumjesucht in dem Gestrüpp. War aber kein Roter zu finden. Dafür das da." Dabei deutet er auf den silbernen Flachmann, den der Onkel Franz noch immer in der Hand hat.

*

Es hat dann noch einiges an Überredungskunst gekostet, den Olaf zu überzeugen, dass es jetzt das Beste für ihn wäre, mit Steiner zu sprechen. Zum sofortigen Mitkommen war er zwar nicht zu bewegen, der Onkel Franz konnte ihn aber zumindest so weit bringen, dass er ihm den Flachmann überließ und seinem Plan über die weitere Vorgehensweise zustimmte. Der sah vor, dass der Onkel der Polizei zunächst das Fundstück übergeben würde, ebenso das Jausenmesser. Sodann würde er versuchen, den Chefinspektor von der Unschuld des Berbers zu überzeugen. Und erst dann dessen Aufenthaltsort preisgeben. Mit der dringenden Bitte, diesmal wirklich im Gebäude zu bleiben, bis er sich wieder melden würde, verließ der Onkel Franz seinen Schützling dann und machte sich auch gleich auf den Weg zum Polizeirevier. Wo er erfuhr, dass Steiner irgendwo unterwegs sei und wohl auch heute nicht mehr kommen würde. So radelte er schließlich weiter zum Egger-Wirt, wo der Linzer bekanntermaßen ein Zimmer bezogen hatte. Somit sollte er früher oder später dort anzutreffen sein.

Kurz vor seinem Ziel bleibt der Onkel Franz jetzt stehen, jemand zieht gerade seine Aufmerksamkeit auf sich. Auf der anderen Straßenseite steht er, ruft seinen Namen und winkt freundlich herüber. Tatsächlich, es ist der Albert, in der Hand eine Art Koffer. Gut gelaunt kommt er auf den Onkel zu und begrüßt ihn.

„Franzl, so ein Zufall, wohin fährst' denn?"

„Ich? Zum Wirt. Komm grad von einer Verabredung. Bin aber leider versetzt worden. Von so einem unzuverlässigen Burschen, ich glaub, den kennst du."

Der Albert schlägt sich mit der flachen Hand auf die Stirn. „Ja zefix, stimmt! Das ist mir jetzt aber zu blöd, hab ich glatt vergessen. Musst schon entschuldigen, aber heut war Clubtreffen."

„Jaja, ist schon recht. Wird dir halt wichtiger sein, so ein Treffen, als das, was wir ausgemacht haben. Obwohl's deine Idee war, gell? Nur, falls du das auch vergessen hast."

Der Albert entschuldigt sich weitere fünf Mal, verspricht, das Versäumte gleich morgen nachzuholen, großes Ehrenwort.

„Zu spät", gibt der Onkel Franz leicht beleidigt zurück, „alles schon erledigt. Ist übrigens auch ganz gut ohne dich gegangen."

Jetzt ist er richtig zerknirscht, der Freund. Aber auch mindestens so neugierig. Auf dem Weg zum Wirt, den die beiden nun einschlagen, erstattet der Onkel Bericht über die Vorkommnisse der letzten Stunden. Allerdings hat er es dabei nicht sehr gnädig. Ziert sich etwas, lässt sich mehrfach bitten. Als sie schlussendlich beim Gastgarten ankommen, ist der Albert aber wieder auf dem neuesten Stand. Genauso wie die für einen kurzen Augenblick leicht getrübte Freundschaft.

Bei Bier und Essigwurscht hat sich der Gemütszustand des Onkels dem Ideal der Innviertler Gelassenheit bereits wieder soweit angenähert, dass er sogar ohne große Widerrede eine Schilderung der neuesten Modellbau-Aktivitäten seines Freundes über sich ergehen lässt.

„Das mit dem Hubschrauber, das war ja nicht so ganz das Richtige für mich, gell. Drum hab ich jetzt ein neues Projekt. Da drin, in dem Koffer da. Magst schaun?"

Der Onkel Franz mag nicht, nickt aber trotzdem. Hilft ja nichts. Außerdem hat der Albert das Ding bereits geöffnet. Er nimmt ein sonderbares Objekt heraus und stellt es auf den Tisch. Dabei stößt er beinahe das Bierglas seines Freundes um.

„Pass ein bisserl auf mit dem Trumm", brummt der. „Was ist denn das überhaupt für ein komisches Viech?"

„Das ist kein Viech, das ist eine Drohne. Eigenbau."

Das Fluggerät ist relativ groß, füllt den halben Gastgartentisch aus. Und ähnelt tatsächlich einem Tier, einer Spinne nämlich, wie der Onkel meint. Denn der beinahe ziegelsteingroße Körper verfügt – genauso wie eine Spinne – über acht Beine. Vier davon zeigen nach unten, darauf steht die Drohne, weitere vier stehen sternförmig vom Körper ab und tragen an ihren Enden je einen Propeller.

„Und das hast selber gebaut?", gibt sich der Onkel Franz beeindruckt. „Respekt. Hätt ich dir gar nicht zugetraut, mit deinen zwei linken Händen."

„Du traust mir öfter was nicht zu. Jetzt schaust du, gell?"

„Ja, schon. Ich stell mir das nämlich schon schwierig vor. Wenn man da fünfzig oder hundert Teile hat, und am Ende passt alles und funktioniert, Respekt, wie gesagt."

Jetzt ist er stolz, der Albert, denn ausdrückliches Lob gibt es selten vom Freund. Dennoch kommt sein nächster Satz nun ein wenig kleinlaut.

„Hundert Teile waren's nicht ganz, schon ein bisserl weniger."

„Weniger? Aha. Wie viel?"

„Fünf."

„Fünf?"

„Na ja, das Hauptteil halt und die vier Rotorarme."

„Und die hast dann zusammengesteckt."

„Genau."

„Immerhin", lobt der Onkel weiter, wenn auch mit ironischem Unterton. „War sicher auch nicht einfach. Bis da alle an der richtigen Stelle sind, gell?"

„Jaja", gibt der Albert leicht beleidigt zurück, „spott du nur. So ein Bausatz hat schon auch seinen Schwierigkeitsgrad."

Daraufhin packt er die Drohne wieder in den Koffer und wechselt abrupt das Thema.

„Du meinst also, es wär jetzt an der Zeit, dass wir dem Steiner alles sagen, was wir wissen? Über den Olaf, wo er ist und das mit dem Messer und so?"

„Glaub schon", antwortet der Onkel Franz, „weil, langsam wird die Sache …"

Weiter kommt er nicht in seinem Satz, denn die Resi erscheint wieder im Gastgarten, nähert sich zielstrebig ihrem Tisch und setzt sich auch gleich dazu. Vorhin, als sie die erste Bestellung serviert hat, war sie zu beschäftigt, jetzt hat sie anscheinend Zeit. Und auch ein Anliegen. Nämlich von ihrem gestrigen Versuch, etwas über den Verbleib ihrer Cousine herauszufinden, zu berichten.

Den Zustand der leergeräumten Wohnung beschreibt sie genauso wie ihr Zusammentreffen mit dem Schleindinger Poldi. Und letztendlich den Inhalt des von ihr belauschten Telefonats.

„Und das alles", endet ihr Bericht, „wollt ich eigentlich gleich dem Steiner erzählen. Bloß ist er da bei uns den ganzen Tag noch nicht aufgetaucht. Ich hab also auf dem Revier angerufen. Der Hausleitner war aber nicht da und der Polizist am Telefon wollt mir keine genaue Auskunft geben. Nur so viel, dass der Herr Chefinspektor dringend hat weg müssen. Und man nicht weiß, wann er wieder kommt."

„Blöd", meint darauf der Onkel, „wir hätten ihn nämlich auch gebraucht, den Steiner."

Dieser Satz bringt ihm wieder mal einen Tritt unter dem Tisch ein. Der Albert will ihm damit wahrscheinlich signalisieren, dass er es für klüger hält, die Kellnerin noch nicht gleich in alles einzuweihen. Womit er vielleicht recht hat. Aber darüber muss man erst einmal eingehend nachdenken, darum beschließt der Onkel Franz, der nonverbalen Bitte seines Spezis vorerst nachzugeben.

„Wegen dem Obdachlosen, diesem Olaf", sagt er daher möglichst beiläufig, „da wollt ich ihn noch was fragen. Aber das, was du da gehört hast, ist ja viel wichtiger. Heut Abend um neun hat dieser Schleindinger also gesagt. Dann müsst man schauen, dass man den Steiner vorher noch irgendwie erreicht. Sag, Albert, hast du nicht noch die Nummer von ihm?"

Statt einer Antwort holt der Angesprochene sein Handy hervor. Natürlich ist sie noch eingespeichert, die Rufnummer des Chefinspektors. Noch vom letzten Fall, und so was löscht er nicht, der Albert. Nur anrufen will er nicht gleich, das ist ihm anzusehen. Doch der Onkel drängt ihn, meint, dass es wohl angebracht wäre. Der Albert ist nicht ganz dieser Meinung. Erstens wisse man nicht, ob Steiner überhaupt wieder rechtzeitig zurückkäme. Zweitens, gibt er zu bedenken, könne es genauso gut sein, dass der Inhalt des belauschten Telefongesprächs womöglich gar nicht so brisant ist, wie zuerst angenommen. Denn was hat er denn eigentlich gesagt, der neue ASZ-Leiter? Er wisse nicht, wer hinter irgendeiner Sache stecke, er hätte verstanden. Die Zahl Hunderttausend, heut Abend um neun am Tor, und dass man bei irgendetwas keine Wahl hätte. Dabei könnte es sich auch um abfalltechnische Dinge, um eine ganz harmlose berufliche Angelegenheit handeln. Ob man da jetzt unbedingt gleich Alarm schlagen müsse, ob man da nicht erst selbst einmal …

„Na gut", hat darauf die Resi gemeint und ist aufgestanden, „vielleicht hast recht. Dann red ich eben erst Morgen mit ihm. Und was ihr derweil treibt, das will ich gar nicht wissen. Macht's halt keinen Blödsinn, gell." Mit diesen Worten schnappt sie sich die leeren Biergläser und verlässt den Tisch.

Zurück bleiben der Onkel Franz, der sich nicht ganz sicher ist, ob die eben getroffene Entscheidung richtig ist, und ein eifrig auf ihn einredender Albert. Der versucht nämlich nun, seinen Freund von einer Idee zu überzeugen. Eine Idee, bei der einerseits sein neues Spielzeug, die Drohne, eine Rolle spielt, zum anderen der Rachbauer Kevin, einer der zahlreichen Großneffen des Onkels. HTL-Einser-Schüler und versiert in allem Digitalen. Schon einmal hatten die beiden seine Dienste in Anspruch genommen, jetzt wäre es wieder so weit. Meint zumindest der Albert.

*

Letztlich hat er sich durchgesetzt, der Albert. Der Onkel Franz ist zwar noch immer alles andere als begeistert von der Aktion, hat aber dann doch nachgegeben. Der Rachbauer Kevin hingegen war sofort zu haben für den Auftrag. Nicht nur die Aussicht auf Taschengeldaufbesserung, auch die Gelegenheit, sein technisches Können erneut unter Beweis stellen zu dürfen, reizt den Buben. Begeisterung ist aber auch ihm nicht anzusehen, dafür geht er zu sehr auf in der Rolle des ernsthaften Wissenschaftlers. Altklug doziert er mit ruhiger Stimme, während er mit dem Lötkolben hantiert. Der Sechzehnjährige ist das, was man ein Schlüsselkind nennt. Beide Elternteile berufstätig und auch in ihrer Freizeit selten daheim. So wie heute auch. Das kommt dem Onkel entgegen, da er nicht darauf erpicht ist, dass seine Frau frühzeitig von der bevorstehenden Observation erfährt. Bis jetzt ist er nämlich immer leidlich gut gefahren mit der Taktik, der Tante von Derartigem erst hinterher zu erzählen. Und dann in deutlich entschärfter Form. Weil, was soll denn schon passieren. Man wird sich im Hintergrund halten, in ausreichender Entfernung zum etwaigen Geschehen. Hat zumindest der Albert so dargestellt. Die Drohne soll, ausgestattet mit der Kameratechnik vom Kevin, unbemerkt und beinahe lautlos über dem Gelände des ASZ schwebend, Bildmaterial aufnehmen, das man dann im Anschluss sofort dem Linzer Kripobeamten übergeben wird. Sofern sich überhaupt irgendetwas Relevantes ereignet und es sich bei dem Ganzen nicht, was ja auch möglich ist, um ein harmloses geschäftliches Treffen handelt.

In dem kleinen Kellerraum, der dem Buben als Tüftlerwerkstatt zur Verfügung steht, drängen sich die zwei Pensionisten um den Arbeitstisch, um der Aufrüstung der Drohne und den dazugehörigen Ausführungen folgen zu können.

„Das da", erklärt der Kevin gerade, auf ein kugelförmiges Objekt zeigend, „ist das Objektiv. Schwenkbar. Schau her, Opa, da auf der Fernbedienung, der kleine Hebel, mit dem geht das."

Er nennt ihn immer Opa, Großonkel ist ihm zu kompliziert.

„Erklär das dem Albert", antwortet der Angesprochene, „ich rühr das Trumm nicht an. Ich geh hauptsächlich zum Aufpassen mit, dass dem Herrn Piloten nix passiert."

„Was soll mir schon passieren? Außerdem braucht man mir nicht viel erklären, mit der Steuerung kenn ich mich aus."

„Ja, eh", beruhigt der HTL-Schüler den Albert, „aber ich hab halt ein bisserl was umgebaut. Statt der Spielzeugkamera, die drauf war, hast jetzt eine gescheite. Und ein ordentliches Display hat die neue

Fernbedienung auch. Und das da, schau her, das ist wichtig. Da sitzt die Speicherkarte, auf der wird alles aufgezeichnet. Die bringt ihr mir dann zur Auswertung."

*

Kurz vor acht Uhr abends treffen der Onkel Franz und der Albert in dem Waldstück am hinteren Zaun des Altstoffsammelzentrums ein. Es gilt, einen geeigneten Platz zu finden, ein Versteck, von wo aus sie einen gewissen Überblick haben, ohne selbst sichtbar zu sein. Gar nicht so einfach. Den ersten Vorschlag vom Albert, nämlich auf einen der größeren Bäume zu klettern, würdigt der Onkel nicht einmal einer Antwort. Wortlos tippt er nur mehrmals mit dem Zeigefinger gegen seine Stirn und verdreht die Augen. Mit einer ähnlichen Reaktion hat er vorher schon den Aufzug seines Spezis quittiert. Zuvor hatte man sich kurz getrennt, um der jeweiligen Ehefrau eine halbwegs plausible Alibi-Geschichte für die abendliche Abwesenheit aufzutischen. Der Albert hat sich zudem noch umgezogen. Jetzt steht er da, im Wald, in schwarzem Rollkragenpullover, ebensolcher Hose und Haube. Am Gürtel allerhand kleine lederne Taschen, so wie sie die Polizisten in den Krimi-Serien tragen, die er sich ständig anschaut. Im Gegensatz zu denen ist der Albert aber lediglich mit Mobiltelefon, Multifunktionswerkzeug, Fernglas und Taschenlampe bewaffnet. Das erklärt er seinem Freund gerade und fragt ihn dann tadelnd: „Und du hast wieder gar nichts mit, oder?"
„Doch", lautet die Antwort vom Onkel Franz, „freilich. Schau her." Dabei öffnet er seine Tasche und zieht seine blecherne Brotdose hervor, einen langjährigen Begleiter. „Brot, Knacker, Senf. Salz und Pfeffer sowieso. Du weißt ja, wenn ich einen Hunger krieg und nix bekomm, dann kann man wenig anfangen mit mir."
Jetzt ist es der Albert, der den Kopf schüttelt. „Pack's wieder ein, deine Jause. Schau lieber, wo wir uns verstecken können. Ist schon fast halb neun."

Der Onkel gehorcht ohne Widerspruch. Er schließt seine Tasche wieder und beginnt sich suchend um die eigene Achse zu drehen. „Da", sagt er dann, auf eine Baumgruppe vor ihm deutend, „da vorn, das wär doch was, oder?

„Ich hab mir gedacht, du magst auf keinen Baum."

„Jo na eh nicht, aber das da, siehst du das nicht?"

Jetzt bemerkt auch der Albert, dass da in etwa zwei Meter Höhe zwischen den Bäumen etwas ist. Das seltsame Gebilde ist schwer auszumachen, eine Art Tarnnetz hat den behelfsmäßigen Jägerstand fast unsichtbar werden lassen. Wobei die Bezeichnung Jägerstand dem Verschlag zu viel der Ehre erweist. Als sie nun direkt darunterstehen, erkennen die beiden, dass es lediglich ein paar Bretter sind, die irgendjemand zwischen den Astgabelungen zweier Buchen befestigt hat. Die Frage ist nur, wie man da hinaufkommen soll. Erst als der Onkel Franz einen Teil des Netzes, das an einem der Bäume herunterhängt, zur Seite schiebt, entdeckt er dahinter so etwas Ähnliches wie eine Leiter. Recht stabil sehen sie allerdings nicht aus, die Sprossen aus Rundhölzern, die da einfach an den Stamm genagelt wurden, trotzdem beginnt der Albert sofort hinaufzuklettern. Kurz darauf ist er auch schon nicht mehr zu sehen.

„Franzl", hört man ihn jetzt rufen, „gib mir meine Ausrüstung herauf. Und dann komm du."

Den Koffer mit der Drohne reicht er ihm nach oben, der Onkel, aber selber da hinaufkraxeln, niemals!

„Jetzt stell dich nicht so an, ist gar nix dabei! Oder willst du da unten bleiben, wo dich jeder sehen kann?"

Worauf lass ich mich da immer ein, denkt sich der Onkel Franz, aber es hilft ja nichts. Widerwillig beginnt er mit dem Aufstieg. Oben angekommen, möchte er am liebsten gleich wieder umkehren. Die wenigen Bretter, aus denen das Konstrukt besteht, wirken alles andere als vertrauenerweckend. Eines davon fungiert als Sitzfläche, ein anderes bildet die Rückenlehne und auf einem weiteren kann man die Füße abstellen. Auf der vorderen Seite ist ebenfalls ein Brett angebracht, wohl als Auflage fürs Gewehr. Was auch immer es hier zu schießen geben mag. Der Albert hat darauf bereits sein Fluggerät platziert und ist dabei, es startklar zu machen. Das Tarnnetz vor sich schiebt er nun zur Seite und fixiert es mithilfe des aufgeklappten Koffers. Durch diese Lücke will er dann die Drohne starten lassen, wie er gerade erklärt. Der Onkel kann sich ein Gelingen dieses Manövers nicht so recht vorstellen, angesichts der bisherigen Flugerfolge seines Spezis. Diese Zweifel behält er aber für sich.

Nachdem er eine halbwegs sichere Sitzposition eingenommen hat, holt er seine Brotdose hervor, ein leichtes Hungergefühl hat sich eben eingestellt. Mit ebenso viel Ernsthaftigkeit, wie der andere seine Startvorbereitungen durchführt, beginnt er nun, die Knacker zu präparieren. Mit seinem Taschenmesser zieht er ihr die äußere Haut ab, um sie daraufhin längs zu halbieren. Gerade so weit, dass sie sich aufklappen lässt. Salz- und Pfefferstreuer sowie die kleine Tube Senf kommen nun zum Einsatz, danach wird die Köstlichkeit wieder zugeklappt. Genüsslich beißt er hinein und stellt zum wiederholten Male fest, dass die beste Nervennahrung noch immer eine vernünftige Jause ist. Beim fast meditativen Kauen nähert sich der Onkel Franz nun wieder jener Gelassenheit an, in der er sich am wohlsten fühlt. So kann ihn das Getue vom Albert auch nicht wirklich aufregen, im Gegenteil, es belustigt ihn eher. Der Herr Pilot begleitet den Testlauf seines Spielzeugs nämlich mit den dazu passenden englischen Ausdrücken. Und jedes Mal, wenn eine der verschiedenen Funktionen der Fernbedienung zu seiner Zufriedenheit arbeitet, sagt er „Check".

„Brauchst gar nicht so blöd grinsen", meint er nun, „das ist wichtig, was ich da mach. Nachher soll ja auch alles hinhauen. Aber Hauptsach, du hast was zum Essen, gell."

Als der Onkel zu einer Antwort ansetzt, legt der Albert den Zeigefinger an die Lippen. Mit einer Kopfbewegung deutet er zudem in Richtung des Tores vom Sammelzentrum. Da tut sich was.

Am Zaun der Anlage sind an hohen Masten einige Scheinwerfer angegangen. Es ist jetzt Viertel vor neun und schon beinahe dunkel. Mit seinem Fernglas beobachtet der Albert, wie der Mann am Tor mit einem Schlüsselbund hantiert, im Flüsterton kommentiert er, was er sieht.

„Stiefel, Hut, Janker. Das muss der Schleindinger sein. Moment, jetzt seh ich auch das Gesicht. Ja, das ist er. Jetzt sperrt er das Tor auf und schiebt es zur Seite."

In dem Moment hören die beiden ein Geräusch in ihrem Rücken. Der Motor eines Fahrzeugs, kein Zweifel, und es kommt näher. Umwenden können sie sich nicht, das gibt der beengte Raum hier oben nicht her, außerdem wollen sie sich nicht bemerkbar machen. So sind sie auf ihre Ohren angewiesen. Und die verraten ihnen, dass sich da – vermutlich auf dem Forstweg, der zum hinteren Tor des ASZ führt – ein Auto nähert. Dann bleibt es in einiger Entfernung hinter ihnen stehen, der Motor wird abgestellt. Türgeräusche, jemand steigt aus, kommt zu Fuß näher. Das alles hören sie nur, erst als der Mann an ihnen vorbei und auf das Tor zugeht, können sie ihn sehen. Und da nun auch nur von hinten. Hut und Mantel, in der rechten Hand eine Tasche, ähnlich der des Onkels.

Der Fremde ist nun bei Schleindinger angekommen. Nach einer nicht übermäßig herzlichen Begrüßung beginnen die beiden aufeinander einzureden. Jetzt oder nie, denkt sich der Albert und startet sein Fluggerät. Der Onkel Franz ist jetzt doch wieder sehr angespannt, befürchtet, dass man sie nun wohl gleich bemerken wird. Doch sein Freund schafft es tatsächlich, dass die Drohne ohne Probleme startet und sich über das Gelände erhebt. Dabei ist das Ding erstaunlich leise. Nachdem er den roten Knopf gedrückt und damit die Aufnahme gestartet hat, betätigt der Albert den kleinen Hebel für den Kameraschwenk. Wie es ihm der Rachbauer Kevin gezeigt hat. Nach einigen Fehlversuchen schafft er es, das Objektiv in die richtige Position zu bringen, auf dem Bildschirm der Steuerung sind nun die zwei Männer am Zaun zu sehen. Die reden heftig gestikulierend aufeinander ein, zu hören ist jedoch mangels Lautsprecher über die Verbindung nichts. Etwaige verwertbare Tonaufnahmen würden sich aber dann auf der Speicherkarte finden, hatte ihnen der HTL-Schüler erklärt.

Der Albert ist vollauf damit beschäftigt, sein Fluggerät zu steuern und die Kamera in Position zu halten. Gleichzeitig muss er auch noch darauf achten, dass die Beobachteten den Lauschangriff aus der Luft nicht bemerken. Der Onkel Franz hat sich mittlerweile das Fernglas geschnappt und folgt damit dem Geschehen da unten. Ab und zu schwenkt er dabei von Schleindinger und dem Fremden weg, behält auch das Umfeld im Blick. Dabei bemerkt er, dass sich längs des Zaunes, an dessen Außenseite, ein Schatten auf das halb geöffnete Tor zu bewegt. Leicht gebückt, als würde er sich anschleichen. Langsam nähert sich die Gestalt dem Lichtkegel der Scheinwerfer, ist nun besser zu erkennen. Gekleidet ist der Mann, der jetzt eine etwas aufrechtere Haltung eingenommen hat, fast genauso wie der Albert. Mit dem Unterschied, das die Haube des Neuankömmlings auch dessen Gesicht bedeckt. Der Onkel will seinen Spezi auf den Mann am Zaun aufmerksam machen, indem er ihn kurz mit dem Ellbogen anstößt.

Später wird der Albert darauf bestehen, dass allein diese leichte Berührung schuld an dem Desaster gewesen ist. Dass sich der Stoß auf den Hebel der Steuerung übertragen und er nur deshalb die Kontrolle verloren hätte. Mit dem Ergebnis, dass die Drohne nun abrupt nach vorne kippt und in einen Sturzflug übergeht. Jeder Versuch, das Fluggerät abzufangen, scheitert, bringt es nur noch mehr ins Trudeln. Wie eine wild gewordene Hornisse schießt das Ding auf Schleindinger und seinen nächtlichen Besucher zu. Die bemerken diesen Luftangriff gerade noch rechtzeitig. Erschrocken schauen sie nach oben, um gleich darauf in letzter Sekunde zur Seite zu springen. Noch während die Drohne zwischen ihnen auf dem Asphalt zerschellt, blicken sich die beiden Männer suchend nach allen Seiten um. Schnell zieht der Albert den Tarnvorhang herunter. Am liebsten hätte er dem Onkel Franz jetzt Vorhaltungen gemacht, beide trauen sich aber momentan kaum zu atmen. Der Onkel hat noch immer das Fernglas in der Hand, erneut hält er es vor seine Augen. Dort und da weist das Netz gröbere Lücken auf, so kann er gerade noch beobachten, wie sich der Schwarzgekleidete am Zaun aus dem Staub macht und im Wald verschwindet. Der hatte zuvor noch den Eindruck erweckt, als wolle er gerade auf die beiden auf dem Gelände zugehen. Die sind nun auch nicht mehr zu sehen, vermutlich haben sie irgendwo Deckung gesucht. So bleibt es eine Weile still. Nach einigen Minuten, die sich für die zwei im Jägerstand anfühlen wie eine halbe Stunde, treten Schleindinger und der andere hinter einem der Glascontainer hervor, sich vorsichtig nach allen Richtungen umsehend. Der Mann mit der Tasche deutet auf die Reste der Drohne, herrscht sein Gegenüber ungehalten an, gibt scheinbar irgendwelche Anweisungen. Dann macht er sich auf dem Weg, auf dem er gekommen war, davon. Kurz darauf hört man, wie er seinen Wagen startet. Schleindinger, der indes die Teile des zerstörten Fluggeräts eingesammelt hat, verschwindet ebenfalls von der Bildfläche, dann erlischt das Licht der beiden Scheinwerfer. Erst als sich nun auch das Geräusch des Autos entfernt hat, wagen der Onkel Franz und sein Freund sich wieder zu rühren. Das Abfallen der Anspannung und wohl auch der Ärger über den Misserfolg der Aktion, den vor allem der Albert empfindet, mögen daran schuld sein, dass sie sich beide nun gar zu ruckartig bewegen. Das ist zu viel für das Brett, auf dem sie sitzen. Nur den Verzweigungen der Astgabeln ist es zu verdanken, dass sie nicht ganz hinunterstürzen.

7

„Sag, Franzl", will die Tante am Donnerstagmorgen beim Frühstück wissen, „ist alles in Ordnung mir dir?"

„Wieso?"

„Na ja, weil ich das Gefühl hab, das du ein bisserl hinkst beim Gehen. Hast dir wehgetan?"

Und ob er sich wehgetan hat, der Onkel. Beim gestrigen Sturz vom Jägerstand war er mit der rechten Hüfte recht unsanft gegen den Ast geprallt, der ihn aufgefangen und so vor noch Schlimmeren bewahrt hatte. Ein ordentlicher blauer Fleck war die Folge. Der nun, über Nacht, noch allerhand andere Farben angenommen hat. Da aber seine Verletzung nicht so offensichtlich ausgefallen ist wie beim Albert – den hat es im Gesicht erwischt –, hatte er gehofft, sie vor seiner Frau verbergen zu können. Doch die kennt ihn. Die leichte Schonhaltung, die er heute an den Tag legt, dürfte ihn verraten haben.

Sie nun anzulügen, ist keine Option. Man geht ehrlich um miteinander. Hie und da eine kleine Schwindelei, um sie nicht unnötig aufzuregen, das ist nach des Onkels Ansicht allerdings vertretbar. Außerdem, denkt er sich, während er an einer dementsprechenden Antwort bastelt, kann ich eh weitgehend bei der Wahrheit bleiben. Schon das gestrige Alibi war ja in dieser Art angelegt. Einen Nachtflug mit seiner neuesten Bastelei hätte der Albert seinen Vereinskollegen vorzuführen, erzählte er der Tante. Und so was gehört vorher geübt, damit man sich nicht blamiert. Und bei eben dieser Übung müsse er dem Freund assistieren. Na ja, und dabei hätte der Albert eben auch mit seinem dritten Fluggerät eine Bruchlandung hingelegt, erzählt er jetzt. Wieder direkt in einen Baum, genau.

Beim anschließenden Bergungsversuch wäre es dann passiert. Ist aber nicht weiter schlimm, die Hüfte ein bisserl gestoßen, das wird schon wieder.

„Und da seid ihr zwei Helden auf einen Baum gekraxelt, mitten in der Nacht, ohne Licht?"

Die Tante schüttelt missbilligend den Kopf.

„Aber geh", ist der Onkel bemüht, die Sache möglichst harmlos darzustellen, „was heißt da mitten in der Nacht. Früher Abend war's, und auch nicht richtig dunkel. Und der Baum, das war eher so ein ganz kleiner."

„Aber vom Baum bist runtergefallen."

„Ja, schon. War aber kaum ein Meter, nicht der Rede wert."

„Na gut", gibt sich die Tante halbwegs beruhigt, „für dein Alter ist das aber trotzdem nichts."

Damit ist dieses Thema anscheinend erledigt, es kehrt die gewohnte Ruhe ein am Frühstückstisch. Zur Erleichterung des Onkels. Die währt allerdings nicht lange, denn die nächste – ganz beiläufig gestellte – Frage seiner Frau bringt ihn erneut unter Zugzwang.

„Sag, haben sie eigentlich diesen Obdachlosen schon gefunden?"

„Welchen Obdachlosen?"

„Aber geh, davon wirst doch schon gehört haben. Die Nachbarin hat's mir erzählt, und die hat's wieder vom Hausleitner. Der soll irgendetwas mit dem Toten zu tun haben und jetzt suchen die den. Weißt du da was davon?"

Jetzt heißt es vorsichtig sein. So ganz durchschaut der Onkel Franz seine Frau nämlich auch nach jahrzehntelanger Ehe nicht immer. Weiß sie was? Wenn ja, wie viel? Soll er ihr zum jetzigen Zeitpunkt schon alles erzählen, oder wäre es klüger, noch etwas damit zu warten? Er entscheidet sich für einen Mittelweg, mit dem er schon des Öfteren nicht gar so schlecht gefahren ist. Natürlich sagt er ihr jetzt die Wahrheit. Aber eben nur eine erste, kleine Dosis davon. Weitere Teile der Geschichte würden dann später folgen. Somit hätte er sie dann am Ende in alles eingeweiht, ihr alles gesagt. Nur halt ein bisserl zeitverzögert.

„Jaja", antwortet er also, „da geht's um diesen Olaf, ich weiß schon. Auf dem Markt, da hab ich den neulich sogar einmal kennengelernt. Hab ich dir das nicht erzählt? Und den hat dann wohl irgendwer niedergeschlagen. Im Wald, da, wo sie in der Nähe auch den Toten gefunden haben. Hab ich natürlich mitgekriegt, der Hausleitner hat schließlich schon dem ganzen Ort davon erzählt. Und den suchen sie jetzt?"

„Am Markt, soso", meint die Tante darauf, „und danach hast ihn gar nicht mehr gesehen, diesen Olaf?"

Jetzt ist er sich sicher, der Onkel. Dass seine Frau mehr weiß. Die Art, wie sie die Frage gestellt hat, der leicht desinteressierte Ton in ihrer Stimme, das alles sind Indizien dafür. Somit ist ein weiteres Teilgeständnis fällig.

„Na ja, eigentlich schon", gibt er deshalb zu, „da, wo du bei der Mitzi warst, hab ich, also haben wir, der Albert und ich nämlich, dem ein bisserl geholfen."

Ob sich das leicht bekümmerte Kopfschütteln der Tante auf die tragischen Vorkommnisse der letzten Zeit beziehen mag oder auf die zögerliche Auskunftsfreudigkeit ihres Mannes, ist an ihrem Gesicht nicht abzulesen. Auf jeden Fall lässt sie ihn nicht aus den Augen, beugt sich leicht vor und schaut ihn forschend an, während er weiterredet. Von da an, wo sie den Olaf im Bauwagen gefunden haben, bis zu dem Morgen, da sie von der Mitzi zurückgekommen war und er im Schlafanzug in den Schuppen gelaufen ist, um festzustellen, dass sein Gast wohl in der Nacht schon wieder das Weite gesucht hatte, das alles erzählt er ihr lückenlos. Und schließt mit der Rechtfertigung, ihr nur deshalb nichts gesagt zu haben, um sie nicht in Sorge zu versetzen.

Jetzt ist es der Onkel Franz, der seine Frau forschend ansieht. Zuerst ist ihr noch nicht anzusehen, ob sie ihm böse ist, und wenn ja, wie sehr. Doch als sie nun zu sprechen beginnt, nimmt ihr Gesicht bereits mildere Züge an.

„Weißt', Franzl, ich bin ja nicht blöd. Das ganze Theater mit dem angeblich reparierten Tablett und überhaupt dein Verhalten an dem Morgen, da war mir schon klar, dass du irgendwas angestellt hast. Hättest du mir aber ruhig sagen können, weil, das war schon richtig, dass ihr euch um den Mann gekümmert habt. Hätt ich auch gar nicht anders von dir erwartet."

Dabei nimmt sie jetzt sogar seine Hand und drückt sie kurz, bevor sie aufsteht, um den Tisch abzuräumen.

Der Onkel ist jetzt erleichtert, froh, ihr die Wahrheit gesagt zu haben. Bis zu einem gewissen Punkt zumindest. Mehr als unangenehm ist ihm die Tatsache, dass er ihr nun wieder hergestelltes Vertrauen in ihn ja eigentlich nicht verdient hat. Immerhin gibt es noch einiges, was er ihr verschweigt. Darum fasst er einen Beschluss. Nämlich den, dass er die allernächste Gelegenheit ergreifen wird, um Steiner über alles zu informieren. Lückenlos. Und im Anschluss seine Frau.

*

Stadtrat Haubinger ist außer sich. Schon wieder ein anonymes Schreiben, und schon wieder zu ihm ins Geschäft! Als wär dieser Poldi sein Problem. Das hat man davon, wenn man sich einsetzt für einen Partei- und Verbindungsbruder. Aber dem werd ich was erzählen! Nervös zieht er an seinem Zigarillo und trommelt mit den Fingern auf der Tischplatte herum, während ihm eine verschüchterte junge Kellnerin den bestellten Cognac serviert. Die durfte nämlich vorhin völlig unschuldig einen Großteil seines Unmuts abbekommen. Wie auch schon die Angestellten in seinem Geschäft. Der Herr Diplomkaufmann gehört zu jenen Zeitgenossen, die vorzugsweise gegenüber Subalternen ausfällig werden. Bei gesellschaftlich gleich- oder höhergestellten Mitmenschen hingegen nimmt man sich zurück, das hat man so gelernt.

Weshalb auch das vorhin gedachte „dem werd ich was erzählen" eher metaphorisch zu verstehen ist. Was sich jetzt gerade auch in der Art abbildet, wie Gerold Haubinger den eben eingetroffenen Ex-Minister Schleindinger begrüßt.

„Servus, grüß dich, Ferdi, meine Verehrung. Gut, dass du gleich kommst. Wir haben Post." Dabei reicht er ihm den Umschlag „Und schon wieder bei mir abgeliefert. Grad, dass die Irmi nichts mitbekommen hat. Äußerst unangenehm, muss ich dir sagen."

Schleindinger nimmt unwirsch das Kuvert entgegen. Er reißt es auf, nimmt den Bogen Papier heraus und entfaltet ihn. Der Inhalt des Schreibens scheint ihn nicht sonderlich zu überraschen.

„Das ist jetzt schon der dritte", jammert Haubinger, „und ich finde, du solltest mich aufklären, alter Freund. Den zweiten Brief hab ich dir ungeöffnet übergeben, genau wie den da. Wie du es gewünscht hattest. Aber nun möcht ich schon wissen, was genau man jetzt schon wieder von uns will."

Wortlos hält ihm Schleindinger das Schreiben vor die Nase, mit der anderen Hand greift er sich Haubingers Cognacglas und stürzt den Inhalt in einem Zug hinunter.

SCHWERER FEHLER! JETZT 200.000!
SONST POLIZEI!
ANWEISUNG FOLGT.

In gleicher, bemüht verstellter Blockschrift stehen die wenigen Worte da, der Herr Stadtrat ist von dem Gelesenen augenscheinlich überfordert. Dümmlich schaut er sein Gegenüber an.

„Gut", beginnt der ehemalige Bundespolitiker, „ich wollt dich da raushalten, aber wenn du's unbedingt wissen willst, der Poldi hat sich mit den falschen Leuten eingelassen. Hat er mir nach dem ersten Brief gestanden. Irgendeine Müll-Schieberei, so genau wollt ich's gar nicht wissen. Und da ist anscheinend jemand dahintergekommen und erpresst sie nun, ihn und seinen sogenannten Geschäftspartner. Mit dieser Beichte, hat der Bub geglaubt, wär's getan, der Papa wird's schon richten. So wie sonst auch immer. Hunderttausend, hat er gemeint, sollten für mich kein Problem sein, aber da irrt der Herr Sohn. Die Konten sind leer und die Beziehungen weg. Das Einzige, was ich ihm hab geben können, war ein guter Rat. Nämlich den, diese Zusammenarbeit schleunigst zu beenden. Der andere, der ihn zu dem Ganzen überredet hat, dürfte an dem dreckigen Geschäft schon genug verdient haben, dann soll der auch zahlen. Wie sich die beiden da geeinigt haben, weiß ich nicht, auf jeden Fall hatte der Erpresser im zweiten Brief Ort und Zeit der Übergabe mitgeteilt. Gestern Abend war das, beim Sammelzentrum, aber da dürfte gehörig was schiefgegangen sein. Und alles Weitere hast du ja gerade selber gelesen."

*

Etwa zur selben Zeit, für einen Frühschoppen fast noch zu früh, treffen der Onkel Franz und der Albert beinahe gleichzeitig beim Egger-Wirt ein. Wie verabredet hatte die Resi sie telefonisch von der Ankunft des Chefinspektors informiert. Aus Linz zurückgekehrt, hatte der zuerst kurz sein Zimmer aufgesucht und dann in der Gaststube um ein verspätetes Frühstück gebeten. Das stellt ihm die Kellnerin gerade auf den Tisch, als die beiden Stammgäste hereinkommen.

„Meine Herren, Sie hier um diese Zeit?" Steiner macht eine einladende Geste. „Bitte, setzt euch her zu mir. Kaffee?"

„Ja, gern", antwortet der Albert, der Onkel hingegen will schon ablehnen. Wenn ihn seine Erinnerung nicht trügt – und das tut sie selten –, dann hat er nämlich noch so gut wie nie Kaffee getrunken in einem Wirtshaus. Geschweige denn gefrühstückt. So was macht man seiner Ansicht nach zu Hause. Zumindest hier auf dem Land. In größeren Städte soll diese Frühstückerei in Lokalen recht modern sein, das weiß er von einem seiner zahlreichen Neffen, dem Scharinger Jaques. Der heißt eigentlich Jakob, aber in München, wo er lebt und arbeitet, nennen ihn alle Jaques. Und dort frühstücken die den halben Tag. Da es aber für ein Bier eher noch zu bald am Tag ist und der Onkel Franz zum unangenehmen Gespräch, das nun zweifellos bevorsteht, irgendetwas bestellen möchte, um seine Finger zu beschäftigen, nickt auch er jetzt zögerlich.

„Gibt's was Neues?", will der Linzer nun wissen, nachdem die Resi zwei weitere Tassen gebracht und sich darauf wieder diskret zurückgezogen hat.

„Na ja", beginnt der Onkel, „neu ist das schon, was wir Ihnen erzählen müssen. Also für Sie."

„Auweh", der Kriminalbeamte, der sich gerade eine Buttersemmel schmiert, hält inne und schaut die beiden forschend an, „haben wir am Ende der Polizei wieder etwas verschwiegen? Und warum wundert mich das nicht?"

„Direkt verschwiegen kann man das jetzt auch nicht nennen", versucht der Albert abzuschwächen.

„Kann man nicht? Aha. Wie nennen wir es dann?"

„Ja mei, halt einfach noch nicht gesagt."

„So ein Blödsinn", schnappt Steiner mit leicht ärgerlichem Unterton, „also jetzt aber raus mit der Sprache. Um was geht's genau?"

„Um den Olaf", übernimmt der Onkel Franz wieder, „und dass wir eigentlich doch wissen, wo der ist."

„Doch jetzt? Ja dann, Himmelherrschaft! Her mit der Information, wir suchen den schon die längste Zeit!"

„Versteckt hat er sich, weil er Angst hat. Dass man ihn einsperrt. Und gesagt haben wir nichts, weil der Olaf sicher niemandem etwas getan hat. Also wahrscheinlich. Glauben wir zumindest, gell, Albert?"

Der Albert kommt zu keiner Antwort, denn die nächsten Minuten redet ausschließlich Steiner. Und es sind nicht nur Nettigkeiten, die die zwei Innviertler nun zu hören bekommen. Von Fahrlässigkeit spricht er, der Kripobeamte, von Verschleierung einer Straftat und auch von Dummheit angesichts der Gefahr, in die sie sich höchstwahrscheinlich begeben haben durch ihr Handeln. Ob sie denn nie gescheiter werden, fragt er, in ihrem Alter, so ein Leichtsinn. Und strafbar nebenbei, genaugenommen. Vollständige Auskunft verlangt er darauf, jedes Detail will er wissen, sofort und auf der Stelle! Jetzt sind sie ziemlich kleinlaut, die beiden Freunde, der Onkel rührt mechanisch in seiner Kaffeetasse herum, sucht nach Worten.

„Sie haben ja eh recht", beginnt er dann, „war wirklich nicht gescheit von uns", dabei streift er seinen Spezi mit einem Seitenblick, „aber wir haben schon aufgepasst. Und auch etwas sichergestellt. So sagt man da, gell Albert?"

Bei diesen Worten öffnet er seine Tasche. Greift hinein und fördert zwei Plastiksackerl zutage. In einem davon befindet sich das Jausenmesser, im anderen der Flachmann. Auf die Frage des Linzers, was es mit den beiden Sachen auf sich habe, beginnt nun der Onkel Franz einen längeren Monolog. In dem er alle Vorgänge ausführlich erklärt. Woher das Messer ursprünglich stammt, wie der Olaf es bei seinem Verschwinden offensichtlich mitgenommen hat. Wie er, der Onkel, darauf gekommen ist, wo er sich versteckt haben könnte, wie sie ihn dort dann auch tatsächlich aufgespürt haben. Die Beteuerungen des Berbers, dass er unschuldig wäre, seine Bereitschaft, den beiden das Messer auszuhändigen und sich vorerst nicht von der Stelle zu rühren. Dass er sich dann doch nicht ganz daran gehalten hat, kommt zur Sprache, auch, dass er dabei eben jenen Flachmann gefunden hatte, der nun da vor ihnen auf dem Tisch liegt. Und letztendlich, dass man immer vorgehabt hätte, Steiner über alles in Kenntnis zu setzen, es sich halt zeitlich irgendwie gerade nicht ausgegangen wäre.

Das lässt er so nicht gelten, der Chefinspektor, und das sagt er auch unmissverständlich. Eine größere Standpauke fällt aber aus, denn der Linzer ist nun ob der neuen Erkenntnisse augenblicklich im Ermittlungs-Modus. Stellt sofort einige Fragen, zieht Schlüsse und fasst am Ende den Stand der Dinge zusammen.

„Also, meine Herren, die Sache stellt sich jetzt so dar. Das Messer hier werden wir natürlich noch genauestens untersuchen, aber eines kann ich jetzt schon sagen. Und zwar, dass es mit ziemlicher Sicherheit nicht die Mordwaffe ist. Die müsste laut Gerichtsmedizin nämlich etliche Zentimeter länger und vor allem doppelseitig geschliffen sein. Trotzdem werden wir Ihren Herren Olaf zu einer Befragung einladen, denn zu tun hat der mit unserem Fall, so viel ist sicher. Was diesen Flachmann hier betrifft, der geht gleich ebenfalls in die Kriminaltechnik, dann sehen wir weiter."

Eine gewisse Erleichterung steht dem Onkel Franz jetzt ins Gesicht geschrieben, dem Albert nicht minder. Ganz fällt die Anspannung aber nicht ab von den beiden, denn noch ist nicht alles gebeichtet. Von der Aktion der letzten Nacht muss dem Kriminalbeamten noch berichtet werden, aber halt in einer Art, die ihr Tun in ein nicht allzu negatives Licht stellt. Ganz so recht weiß der Onkel aber noch nicht, wie er das anstellen soll. In diese Gedanken hinein stellt Steiner nun eine Frage, deren Beantwortung durchaus als Überleitung zum ausständigen Bericht dienen könnte.

„Sagen Sie", wendet sich der Linzer an den Albert, „Was haben Sie eigentlich mit Ihrem Gesicht gemacht?" Scheinbar ist ihm, abgelenkt durch die neuen Informationen, der Verband am Kinn seines Gegenübers erst jetzt so richtig aufgefallen.

„Das", beginnt der Albert zögerlich, „das ist jetzt eine blöde Geschichte, da ..."

Weiter kommt er nicht, denn die Resi drängt sich mit ihrem vollen Tablett dazwischen.

„Zwei Seiterl Bier für die Herren, bittschön, und für unseren Gast noch einen Orangensaft. Und bevor ich vergess, ich hätt auch noch was zu erzählen. Wegen meiner ..."

Auch sie bleibt nun auf dem Rest ihres Satzes sitzen, denn das Mobiltelefon Steiners beginnt lautstark zu bimmeln.

„Tschuldigung", meint er, während er rangeht, „ich brauch das so laut, ich überhör's sonst meistens. „Ja, Steiner? Müller, was gibt's? Wo? Na, bravo. Nein, bin schon unterwegs. Alles stoppen, keiner rührt was an oder geht weg. Verstanden? Schick mir die Adresse aufs Handy, ich meld mich dann noch mal aus dem Auto."

Im Lauf des Gesprächs hat sich die Miene des Chefinspektors verändert. Ernst schaut er die Innviertler jetzt an, während er sich erhebt.

„Ich muss weg. Sofort. Ihr macht solange gar nichts! Wenn ich wieder da bin, kümmern wir uns um den Berber. Keine Aktionen inzwischen, ist das klar?"

*

So ein Vorsitz ist schon etwas. Da leitet man eine Sitzung, führt durch die Tagesordnung, erteilt den Mitgliedern des Ausschusses das Wort. Oder auch nicht. Ein bisserl wie früher vor der Klasse. Da hat Siegfried Alexander Meier-Lobrecht ebenfalls dieses Gefühl gehabt. Das Gefühl, die Dinge zu lenken, die Richtung vorzugeben. So wie auch der aktuelle Untersuchungsgegenstand für den Prüfungsausschuss sein Vorschlag gewesen ist und von den anderen Mandataren letztendlich akzeptiert wurde. Anfangs hatte es zwar wie erwartet Bedenken bezüglich der Zuständigkeit gegeben, die hatte der Vorsitzende mit Hinweis auf die Beteiligungsstruktur des Abfallverbandes jedoch zerstreuen können. Natürlich war in der Folge die ganze Arbeit dann wieder an ihm hängen geblieben. Was, wie der Herr Professor glaubt, hauptsächlich damit zu begründen ist, dass einzig und allein er über genügend Weitblick und Kompetenz verfügt, komplexe Zusammenhänge zu erfassen und im Anschluss dann auch noch vernünftig zu Papier zu bringen. In ansprechender, niveauvoller Form, dabei dennoch verständlich auch für einfachere Geister. Wie schon in der Schule.

In der Endfassung liegt er noch nicht vor, sein Bericht, trotzdem hat Meier-Lobrecht eine erste, mündliche Darstellung seiner Erkenntnisse auf die Tagesordnung gesetzt. So steht er nun vor seinen Ausschussmitgliedern – er steht dabei immer gern auf, alte Gewohnheit – und doziert. Wenngleich er auch den meisten der Anwesenden insgeheim abspricht, in der Lage zu sein, ihm zu folgen. Das mag auch der Grund sein, weshalb er sich während seiner Ausführungen des Öfteren Gerold Haubinger zuwendet, der ebenfalls Mitglied des Ausschusses ist. Vermutlich gesteht er diesem noch am ehesten das notwendige Bildungsniveau zu. Immerhin BWL studiert, der Mann, wird er sich vielleicht denken. Warum auch immer, an gegenseitiger Sympathie kann es auf jeden Fall nicht liegen, dass Meier-Lobrecht dem Stadtrat heute so viel Aufmerksamkeit schenkt.

„Im Großen und Ganzen ist an der finanziellen Gebarung des Alt-stoffsammelzentrums wie auch an der Organisation der Abläufe dort nicht allzu viel auszusetzen. Wenn ich auch auf einige Ungereimtheiten gestoßen bin. Denen ich noch nachgehen werde, da können Sie sich sicher sein." Gerade bei diesem letzten Satz fixiert er Haubinger, ganz so, als wäre der für ihn persönlich bestimmt. Das scheint dem nicht recht angenehm zu sein, denn er wirkt nicht ganz so selbstsicher wie sonst, als er sich daraufhin zu Wort meldet.

„Ungereimtheiten? Welcher Natur, wenn ich fragen darf?"

„Ach, Verschiedenes", antwortet der Vorsitzende betont beiläufig, „die Zusammenarbeit mit anderen Entsorgern schien mir zum Beispiel noch einer näheren Prüfung wert. Was kommt rein, was geht raus, wie wird das abgegolten? Bestehen in dem Zusammenhang Abhängigkeiten, wenn ja welche? Fragen in der Art. Sie wissen, was ich meine."

Jetzt ist Haubinger wirklich beunruhigt. Sollte Meier-Lobrecht irgendetwas wissen? Oder gar hinter den Briefen stecken? Das muss schleunigst mit den Schleindingers besprochen werden!

„Ebenfalls noch zu klären", fährt der andere fort, als hätte er seine Gedanken erraten, „wären die näheren Umstände der Neubesetzung des leitenden Postens. Da können Sie mir sicher behilflich sein, Herr Kollege, nicht?"

„Behilflich, ich? Wieso?"

„Na ja, immerhin stehen Sie dem Personalbeirat vor und sind, wie ich höre, bestens bekannt mit dem Vater des neuen Leiters."

„Nun ja, richtig, man kennt sich, aber ..."

„Wie auch immer, lieber Herr Haubinger, man wird sehen, ob es notwendig wird, dass ich in dieser Sache noch einmal auf Sie zukommen muss. Je nachdem, wie sich die Dinge entwickeln, gell?"

*

Branko Juric hatte an diesem Donnerstag nun schon mehrmals innerhalb kurzer Zeit auf die Uhr geschaut. Eine Viertelstunde noch, dann ist Schichtende. Wenn er auch froh war, die Arbeit bei der Müllverwertungsfirma bekommen zu haben, gern macht er sie trotzdem nicht. Zwar ist die Geruchsbelästigung hier meist nicht allzu schlimm – ganz im Gegensatz zu anderen Bereichen der Firma –, dafür aber seine Tätigkeit an Eintönigkeit kaum zu überbieten. Auf einem langen Fließband läuft Tag für Tag der Inhalt aus den Müllpressen des halben Bundeslandes an ihm vorbei. Deren volle Container werden hier regelmäßig angeliefert, und Brankos Aufgabe besteht darin, Material auszusortieren, das der weiteren Verarbeitung und vor allem der Mechanik des Schredders nicht zuträglich sein könnte. Theoretisch. Denn praktisch, so sieht es zumindest Juric, ist es eher unerheblich, wenn er dabei vieles übersieht. Wird ohnehin alles im Anschluss feinst zerkleinert, da fällt es kaum ins Gewicht, wenn unter dem hauptsächlich aus verschiedenen Kunststoffen bestehenden Restmüll auch schon mal organische oder sonstige Fremdkörper mit dabei sind. Es kommt nämlich durchaus öfter vor, dass sich der mülltrennende Bürger nicht an die Vorgaben hält, die man ihm in den Sammelzentren auf großen Hinweistafeln mitteilt. Dass etwa in alte Plastikkoffer oder -taschen eingepackt auch gleich andere Dinge, die in der Kunststoffpresse nichts zu suchen haben, mit entsorgt werden. Beim Pressen entstehen dann oft unschöne Melangen, die erst auf Branko Jurics Band wieder ans Tageslicht kommen. Erst neulich hat sich doch tatsächlich irgend so ein Idiot auf diese Weise seines toten Haustieres entledigt. Ein kleiner Hund oder auch eine Katze, das war auf den ersten Blick nicht mehr festzustellen. Und auf einen zweiten, genaueren Blick hatte Branko verzichtet. Auch wenn der Schredder sicher kein Problem damit haben würde, hatte er trotzdem beschlossen, dem toten Tier die vollkommene Vernichtung zu ersparen. Und es auch gleich wieder bereut. Nicht, dass der gebürtige Bosnier zartbesaitet wäre, aber die zerquetschten Teile des toten Tieres vom Band zu holen war alles andere als appetitanregend gewesen. Zuerst hatte er es noch mit der Greifzange versucht, dann aber doch die Hände benutzt. Und nach erfolgreicher Entsorgung des Kadavers angewidert die dicken Arbeitshandschuhe abgeschüttelt und insgeheim beschlossen, den Job zu wechseln, falls Derartiges öfter als einmal im Monat vorkommen sollte.

Und jetzt das. Zuerst hatte die Jacke, die da zusammengedrückt zwischen all dem anderen Zeug an ihm vorbeigefahren kam, noch keinen Reflex in seinem Bewusstsein ausgelöst. Erst, als er dann den Schriftzug ASZ darauf wahrgenommen hat, formte sich ein Gedanke. Nämlich der, dass sich hier anscheinend ausgerechnet ein Mitarbeiter eines Altstoffsammelzentrums entgegen der eigenen Richtlinien seiner alten Arbeitsmontur entledigt hatte. Die ja eigentlich in den Altkleiderbehälter gehörte. Seis drum. Kein Grund, so kurz vor Feierabend noch einmal tätig zu werden. Wird der Maschine schon nicht schaden, das Ding. Damit wäre die Sache auch erledigt gewesen, hätte nicht gerade in dem Moment das Fließband eine seiner manchmal vorkommenden Eigenheiten gezeigt. Aus welchem Grund auch immer – vielleicht blockiert dabei eine der Walzen – geht ab und zu für wenige Sekunden ein starkes Rütteln und Vibrieren durch das Band. Auch Routine. Nur dass dieses kurze Durchschütteln diesmal dafür sorgte, dass sich die verdrehte Arbeitsjacke etwas auffaltete und darauf aus einem der Ärmel plötzlich etwas hervorragte. Wenn sie auch stark deformiert war, erkannte Juric dennoch gleich, dass er es hier mit einer menschlichen Hand zu tun hatte. Sofort schlug er auf den Not-aus-Schalter der Anlage.

*

„Herr Harweck, ich glaube Ihnen schon, dass das nicht so einfach ist. Aber es ist wichtig."

Chefinspektor Steiner sitzt dem Leiter der Müllverwertungsfirma in dessen Büro gegenüber. Knapp an der Landesgrenze zu Salzburg ist die WSVH angesiedelt, gerade noch auf oberösterreichischem Gebiet. Und somit im Zuständigkeitsbereich der Linzer Abteilung Leib und Leben. Da Steiner zurzeit ohnehin im Bezirk anwesend und tätig ist, hat man ihn mit der Sache betraut. Ein Glücksfall, denn gleich nach dem Anruf vermutete der Kripobeamte, dass hier ein Zusammenhang mit seinem Fall vorliegen könnte. Seine eben geäußerte Bitte bezieht sich auf die Notwendigkeit festzustellen, aus welchem Sammelzentrum der Container stammt, mit dem der grausige Fund hierhergekommen ist.

„Schaun Sie, Herr Inspektor", rechtfertigt sich Harweck, während er die Tastatur seines Rechners bearbeitet, „es ist quasi Hochsaison, da gibt es einen beträchtlichen Rückstau. Soll heißen, dass so ein Pressgut-Container schon mal ein Zeiterl bei uns rumsteht, bevor er drankommt. Wenn er dann aber entleert wird, geht er meist auch gleich wieder auf die Reise. Ich muss nur die Protokolle der Fahrten der letzten Tage und den aktuellen Stand der Verarbeitungen miteinander … genau, da haben wir's … und jetzt noch die Kundennummer … bitte sehr."

Mit diesen Worten überreicht er Steiner das eben ausgedruckte Blatt Papier. Ein Blick darauf bestätigt die Vorahnung des Linzers. Besagter Container wurde vor drei Tagen in genau jenem Altstoffsammelzentrum abgeholt, in dessen unmittelbarer Nähe man später die Leiche gefunden hatte. Sein Fall. Der sich nun scheinbar ausweitet. Kurz zieht er sein Notizbuch zurate und stellt fest, dass die darin vermerkten Daten Stoff für weitere Vermutungen hergeben.

„Was das wieder kostet", holt ihn jetzt Harweck aus seinen Gedanken, „wenn der Betrieb steht. Jede Stunde, die nicht gearbeitet wird, verschlingt Unsummen. Wann können wir denn wieder anfahren? Ich bitt Sie, Herr Inspektor, da geht's um viel Geld!"

Steiner reißt selten der Geduldsfaden. Er hat jahrzehntelange Berufserfahrung mit derartigen Verhaltensweisen, dennoch kann es passieren, dass auch er an seine Grenzen stößt. So wie jetzt.

„Was ist eigentlich los mit Ihnen", herrscht er sein Gegenüber an, während er aufsteht, „haben Sie nicht kapiert, was passiert ist? Da draußen liegt ein toter Mensch! In Stücken, verteilt auf zehn Meter Laufband, manche vielleicht schon geschreddert! Das Ganze steht hier jetzt so lange, bis Gerichtsmedizin und Spurensicherung alles sichergestellt und dokumentiert haben. Und wenn's Tage dauert. Haben wir uns verstanden?"

*

„Ich habe keine Ahnung, wovon sie sprechen."
Leopold Schleindinger wirkt auf den ersten Blick selbstsicher und überheblich wie sonst auch. Doch das täuscht. Innerlich regiert Panik. Steiner, der ihm in seinem Büro im Sammelzentrum gegenübersitzt, hat ihn gerade mit den neuesten Fakten konfrontiert.
„Dass Sie so gar keine Ahnung haben, kann ich mir aber nicht recht vorstellen, Herr Schleindinger. Ein Mensch kommt hier, auf ihrem Gelände, in Ihrer Presse, ums Leben und Sie wollen nicht einmal eine Idee haben, wie das passieren konnte?"
„Ein Unfall", antwortet der Poldi mit aufgesetzt blasierter Miene, „irgendein Unbefugter wird sich wohl Zutritt verschafft haben. In der Nacht. Wär ja nicht das erste Mal, dass das jemand versucht, nicht? So wie dieses Subjekt, das man kürzlich am Zaun aufgefunden hat. Womöglich war der noch mal da. Hat sich an der Maschine zu schaffen gemacht, was weiß ich. Das herauszufinden, ist ja wohl nicht meine Aufgabe."
„Jemand von außen, meinen Sie. In Arbeitskleidung Ihrer Abteilung? Na, das klingt jetzt aber sehr unlogisch! Ich tippe da eher auf die Frau Pawlak, die angeblich unbekannt verzogen ist. Die DNA der Leiche wird bereits untersucht. Ich rechne jede Minute mit einem ersten Ergebnis. Dann werden wir zumindest wissen, ob es sich um einen Mann oder eine Frau handelt."
„Wie gesagt", antwortet der ASZ-Leiter, während er sich erhebt, „das ist Ihr Job. Ich kann da meinerseits nichts mehr beitragen. Ihre Leute haben ja auch mittlerweile hier auf dem Gelände alles auf den Kopf gestellt. Wenn also sonst nichts mehr ist?"
Der Chefinspektor schüttelt den Kopf angesichts dieser vorgetäuschten Kaltschnäuzigkeit und steht ebenfalls auf. „Meine Leute

haben noch nicht einmal angefangen, an der Oberfläche zu kratzen. Sie glauben doch nicht wirklich, dass Ihr Betrieb hier jetzt einfach weiterlaufen kann? Sämtliches Personal haben wir bereits nach Hause geschickt, die bekommen ein verlängertes Wochenende. Mindestens. Und Sie folgen mir jetzt ebenfalls. Das Gelände wird versiegelt, die Kavallerie ist bereits angefordert. Spezialisten vom LKA werden ab Montag hier jeden Zentimeter umdrehen. Und ich betone noch einmal: Bis dorthin besteht absolutes Betretungsverbot. Auch für Sie."

Schleindinger junior gelingt es nun nur noch mühsam, seine Fassade aufrechtzuerhalten. Die innere Panik droht nach außen zu dringen. Mit zitternden Fingern greift er nach seinem Hut.

8

„Albert! Aaalbert! Wo steckst' denn schon wieder?"

„Na, wo schon, im Keller", dringt es gedämpft aus dem offenen Abgang nach oben. Zufrieden nickend hängt seine Frau ein eben frisch gebügeltes Hemd auf. Sehr gut, denkt sie sich, er bastelt. Seit sie ihm ihr Bügelzimmer im Keller neben dem Heizraum überlassen hat, dort wo auch die Waschmaschine steht, verbringt er gottlob viel Zeit dort. Und sie bügelt jetzt eben oben im Wohnzimmer. Ein geringes Opfer, denn ihr Plan, dem Gatten ein Hobby zu beschaffen, das ihn vom übermäßigen Wirtshausbesuch und anderem Unsinn abhält, scheint aufgegangen zu sein. Natürlich ist sie wie jeder im Ort über die tragischen Vorfälle der letzten Tage im Bild. Umso wichtiger erscheint es ihr, dass ihr Mann vollauf mit seinen Fluggeräten beschäftigt ist. Dann kommt er wenigstens nicht auf die Idee, sich da einzumischen. Wäre nämlich nicht das erste Mal. Sein Spezi, der Franz, hat diesbezüglich nicht den besten Einfluss auf ihn. So hat es ihr Mann zumindest dargestellt, als sich die beiden vor längerer Zeit bei dieser Geschichte rund um die verschwundene Mostbäuerin in Gefahr gebracht haben. Schon damals hat der Albert seine Frau lange über ihr Tun im Ungewissen gelassen und war erst im Nachhinein mit der Sprache herausgerückt. Und auch diesmal ist sie alles andere als auf dem Laufenden. Gerade mal vom Auffinden des Obdachlosen im Bauwagen hat ihr ihr Mann bereits erzählt.

Unten im Keller ist der Albert ins Studium der Betriebsanleitung seiner Drohne vertieft. Doch das, was er sucht, ist in dem kleinen Heft nicht zu finden. Dafür die Adresse einer Seite im Internet, auf der die Spezifikationen des Fluggeräts näher beschrieben sind.

Und da wird er fündig. Tatsächlich hatte er eines der wenigen Modelle erworben, die mit einem GPS-Tracker ausgestattet sind. Ausführlich liest er die Beschreibung über die Funktionsweise dieser Sonderausstattung. Eine App muss er sich herunterladen, auf sein Handy. Mit dem Code, den er in der Betriebsanleitung findet, ist es ihm nun möglich, den Standort seiner abgestürzten Drohne ausfindig zu machen. Der Albert wird augenblicklich nervös. Aber auch freudig erregt. Wenn ihm das gelänge, könnte er womöglich an die Speicherkarte kommen, auf der sich die Aufnahmen der Kamera befinden. Seine kriminalistische Ader meldet sich, sofort fasst er einen Plan. Nur noch ein paar Stunden bis zur Dämmerung, dann wird er sich dementsprechend adjustiert aufmachen zum Altstoffsammelzentrum.

*

Leopold Schleindinger hat sich eine Handvoll Münzen eingesteckt und eine der wenigen noch verbliebenen Telefonzellen im Ort aufgesucht. Er hat einen brisanten Anruf zu tätigen. Sein Mobiltelefon schon in der Hand, ist er dann doch noch draufgekommen, dass so ein öffentlicher Fernsprecher vielleicht die klügere Wahl wäre. Die politische Karriere des Herrn Papa, fiel ihm ein, wurde unter anderem auch dadurch beendet, dass bei den Ermittlungen gegen dessen Partei sein Handy beschlagnahmt worden war. Also hat der Poldi beschlossen, klüger zu sein und steht nun mit hochgeschlagenem Kragen und tief in die Stirn gezogenem Hut in der Zelle.
„Was sollen wir jetzt machen", sagt er mit leichter Panik in der Stimme, „ich dachte, du hast das im Griff? Wolltest du dich nicht persönlich darum kümmern?" Darauf bleibt er einige Zeit stumm, der Teilnehmer am anderen Ende der Leitung spricht.
„Natürlich kann man da jetzt nichts mehr daran ändern", meint Schleindinger dann, „aber bevor am Montag mein Betrieb auf den Kopf gestellt wird, müssen wir noch einiges verschwinden lassen, meinst du nicht? Und das mach ich auf gar keinen Fall allein! Und

da ist dann ja auch noch unser Briefeschreiber, der will jetzt das Doppelte, wie du weißt. Also lass dir was einfallen!"

*

Bis brauchbare Erkenntnisse über die Vorgänge in beiden Verwertungsbetrieben vorliegen, würde es wohl noch einige Zeit dauern. Am Wochenende ist auch bei der Polizei die Personaldecke dünn, vor Montag stehen einfach nicht genügend Leute zur Verfügung, um eine umfassende Untersuchung durchzuführen. Chefinspektor Steiner bleibt dennoch nicht untätig. Gebrauchsgegenstände der Pawlak, die als DNA-Vergleichsproben dienen können, gilt es jetzt sicherzustellen. Haar- oder Zahnbürste, irgendetwas in der Art. Und diesen Olaf sollte man nun endlich zum Verhör holen. Die Nachricht über den Fund bei der WSVH hatte ihn ja kurz von diesem Vorhaben abgebracht. Beide Anliegen führen ihn zum Egger. Für Ersteres ist die Kellnerin Auskunftsperson, für Zweiteres der Herr Franz. Tatsächlich trifft er beide beim Wirt an. Gut, die Wahrscheinlichkeit dafür war hoch, nicht nur in Bezug auf die Resi. Steiner begrüßt beide, setzt sich zum Onkel Franz an den Stammtisch. Es ist ruhig in der Stube. Die wenigen Gäste, die sonst noch zu bedienen sind, sitzen draußen im Gastgarten. Egger junior ist in der Küche und werkelt an einer neuen kulinarischen Kreation, und sein Vater ist laut Aussage der Resi gerade mit irgendeinem Auftrag außer Haus unterwegs. Die Kellnerin hat sich nämlich eben ungefragt dazugesetzt. Genauso wie der Onkel weist sie einen ziemlich betretenen Gesichtsausdruck auf, der Grund dafür wird schnell klar.

„Wir haben's schon gehört", beginnt sie, bevor der Chefinspektor etwas sagen kann, „der Hausleitner war heut Mittag da. Glauben Sie auch, dass das die Helga sein könnte, die man da …", sie sucht nach den richtigen Worten, „… gefunden hat?"

„Mittlerweile wissen wir nur, dass es sich um eine Frau handelt. Aber eben in Arbeitskleidung des ASZ. Für eine genaue Bestimmung brauchen wir DNA-Vergleichsproben. Darum bin ich auch hier. Ich wollt Sie bitten, dass Sie mich zur Wohnung Ihrer Cousine begleiten. Dort sollte etwas für diesen Zweck zu finden sein."

„Ich glaub eher nicht", antwortet die Resi zögerlich, „weil – und das wollte ich eh gestern erzählen – ich war schon dort." Auf den fragenden Blick des Linzers berichtet sie nun, was sie dabei vorgefunden, oder besser gesagt, nicht vorgefunden hat. Der bittet daraufhin um die genaue Adresse. Dann greift er zum Telefon und lässt sich mit der Spurensicherung verbinden. Nachdem er einige Anweisungen durchgegeben hat, wendet sich Steiner wieder den beiden Innviertlern zu.

„So, das wäre erledigt. Die Kollegen schauen sich das noch mal ganz genau an, vielleicht finden wir ja doch etwas Verwertbares. Und wir machen inzwischen dort weiter, wo wir aufgehört haben, als ich gestern so schnell weg musste."

Von diesem Satz fühlt sich die Resi nun genauso angesprochen wie der Onkel Franz. Beide haben ja noch Informationen nachzureichen. Die Kellnerin den Inhalt des von ihr belauschten Telefongesprächs im Sammelzentrum, der Onkel die daraus entstandene Aktion mit der Drohne. Als Letzterer nun schon damit beginnen will, ihm die ersten Worte dieser neuerlichen Beichte schon ganz vorn auf der Zunge liegen, ergreift der Chefinspektor erneut das Wort.

„Bevor ich mich jetzt also um irgendetwas anderes kümmere, holen wir zwei, Herr Franz, erst mal etwas nach, das schon längst überfällig ist. Und zwar ein ausführliches Gespräch mit diesem Olaf."

Gut, denkt sich der Onkel Franz, während er auf dem Beifahrersitz von Steiners Dienstwagen Platz nimmt, dann jetzt also ins Ritz. Ist vorerst Aufgabe genug, den Berber davon zu überzeugen, dass er jetzt endlich mit der Polizei reden muss. Gleich danach, nimmt er sich fest vor, erzähl ich dem Linzer dann die Geschichte mit der Drohne. Aber dann am besten zusammen mit dem Albert und in aller Ruhe.

*

Dass das Altstoffsammelzentrum um diese Zeit bereits geschlossen und sich die Belegschaft längst ins Wochenende verabschiedet hat, überrascht den Albert nicht, im Gegenteil, es entspricht seinem Plan. Den Onkel Franz wollte er eigentlich dabeihaben, doch der war in der Kürze der Zeit nicht aufzutreiben gewesen. Seine Frau meinte am Telefon, er wäre unterwegs, konnte nicht sagen, wann mit seiner Rückkehr zu rechnen wäre.

X-mal hat er seinem Spezi schon gesagt, er solle sich endlich auch ein Mobiltelefon zulegen, aber da beißt man bei dem sturen Kerl auf Granit. Gut, dann geh ich halt allein, hat sich der Albert gedacht. Würd sich wahrscheinlich eh wieder lustig machen über mich. Nur weil ich mich ordentlich vorbereite auf so eine Aktion. Diese ordentliche Vorbereitung besteht wie schon beim letzten Mal aus nachtschwarzer Kleidung und allerhand Zubehör am Gürtel. Kurz hat der Albert auch darüber nachgedacht, sich das Gesicht zu schwärzen, das dann aber selbst als etwas übertrieben angesehen. Seiner Frau hat er erzählt, dass der Commodore heute Abend eine außerordentliche Sitzung des Modellbauclubs angesetzt hätte. Na, und da muss man natürlich hin.

Im Wald hinter dem Sammelzentrum ist es bereits dämmrig, als er am Jägerstand ankommt. Den hat er als Ausgangspunkt seiner Suche gewählt. Beim ersten Aktivieren zu Hause hatte die Tracking-App noch nichts angezeigt. Wohl aufgrund der zu großen Distanz, das war zu erwarten. Aber jetzt, da er sein Smartphone vom Gürtel nimmt und die Funktion erneut aufruft, hat er sofort Erfolg. Ein blinkender roter Punkt inmitten einer stark vereinfachten Grafik des Geländes. Kurz muss sich der Albert orientieren, ein paar Mal dreht er das Handy, bis er seinen eigenen Standort mit dem Signal in Bezug bringen kann. In den Krimi-Serien machen die das auch immer so. Langsam geht er los, immer den roten Punkt im Blick. Der scheint sich im Inneren des Geländes zu befinden, hinter dem Zaun, dem er sich nun nähert. Sich nach allen Seiten umsehend, recht geheuer ist ihm das Ganze nicht, tritt er an das Tor. Das ist mit Kette und Vorhängeschloss gesichert. Und über eben diesem Schloss klebt, genauso wie am Rahmen des Tores, ein Siegel der Polizei. Das verwundert den Albert nun etwas, da ihn die Hausleitner'sche Buschtrommel bezüglich des grausigen Fundes bei der WSVH noch nicht erreicht hat. Wie auch immer, ich muss da hinein, denkt er sich. Das Schloss sollte kein großartiges Hindernis darstellen, er ist, wie gesagt, bestens ausgerüstet. Einen Bolzenschneider nimmt er nun vom Gürtel, ähnlich dem, mit welchem sich der Olaf schon Zugang hat verschaffen wollen. Das bringt ihn auf eine Idee. Das Schloss oder die Kette durchzuzwicken, das polizeiliche Siegel zu brechen, davor scheut er nun doch etwas zurück. Also beschließt er, es dem Berber gleichzutun und etwas entfernt vom Tor einen Durchlass in den Maschendrahtzaun zu schneiden. Dass er dabei beobachtet wird, entgeht ihm.

*

Bei der FRITZ AG angekommen, gelangte der Onkel Franz auf dem üblichen Weg ins Gebäude. Chefinspektor Steiner immer dicht hinter ihm. Nachdem er diesen über die improvisierte Alarmanlage in Kenntnis gesetzt hatte, war der Onkel wie zuvor besprochen vorgegangen, um den Olaf schonend auf die Ankunft des Polizisten vorzubereiten. Zur Besänftigung hatte er auch wieder etwas Leberkäse und Brot in seiner Tasche mit dabei, man war unterwegs noch kurz beim Metzger stehen geblieben.

Im ersten Stock fand er den Obdachlosen schlafend vor. Aber noch während er überlegte, ob und wie er ihn wecken sollte, begann sich das zugedeckte Bündel zu bewegen. Begleitet von Röcheln und Husten richtete sich der Olaf halb auf und blinzelte ihn schlaftrunken an.

„Mensch, der Franz! Und Leberkäs riech ich auch, nich?"

„Freilich. Kann dich ja nicht verhungern lassen", antwortete der Onkel und begann auszupacken. Am besten, der Olaf kriegt zuerst ein bisserl was in den Magen, bevor ich mit der Sprache rausrücke, hatte er sich gedacht. Nachdem der Berber mit Heißhunger einen großen Teil der mitgebrachten Jause verschlungen hatte, begann er, ihn mit den Neuigkeiten vertraut zu machen.

„Zuerst einmal die gute Nachricht. Die halten dich nicht für den Täter. Der hat ein ganz anderes Messer benutzt. Den Polizisten, der das untersucht, den kenn ich. Der ist in Ordnung. Und dem musst du sagen, was du weißt. Was du gesehen hast, verstehst du?"

„Nee, nee, nee, keene Polente, sach ich! Trau denen nich!"

Es hatte dann noch einiger Überredungskunst bedurft, dem Olaf klarzumachen, dass er aussagen müsse und ihm schon nichts passieren würde.

„Jut, Alter. Aber ich geh nich zu denen. Der soll herkommen. Und du musst dabei sein, sonst sag ich nüscht, klar?"

„Sowieso", hatte ihm der Onkel geantwortet, „passt. Dann hol ich ihn jetzt her, den Steiner, gell? Der ist nämlich schon da."

Das war das Stichwort gewesen, auf das der Linzer am Treppenaufgang gewartet hatte.

*

Geduckt überquert der Albert das Gelände und bewegt sich auf das Hauptgebäude des Sammelzentrums zu. Weit und breit keine Menschenseele zu sehen, langsam fühlt er sich etwas sicherer. Der rote Punkt auf dem Display blinkt nun in immer kürzeren Abständen, ein Zeichen dafür, dass er dem Objekt seiner Suche näherkommt. Am Eingang angelangt, erwartet ihn eine weitere Hürde. Denn auch hier ist ein Polizeisiegel angebracht, außerdem ist abgeschlossen. Irgendwie will er aber hinein, das Signal zeigt ihm an, dass sich die Drohne, beziehungsweise deren Reste, im Inneren befinden müssen. Er beginnt, die Halle zu umrunden. Auf der Rückseite entdeckt er das einzige Fenster in erreichbarer Höhe. Alle anderen Glasflächen, die dafür sorgen, dass Tageslicht hineinfällt, sind im oberen Bereich des Gebäudes angebracht. Kurz überlegt er noch, der Albert, dann schlägt er die Scheibe mit dem Bolzenschneider ein. Durch die ansonsten herrschende absolute Stille auf dem verlassenen Gelände scheint ihm der Krach, den er damit auslöst, schier ohrenbetäubend. Schnell entfernt er letzte Glasteile aus dem Rahmen und turnt ungelenk durch die Öffnung nach innen. Gar nicht so einfach, das Ganze, wie es in den Serien im Fernsehen immer ausschaut. Licht wagt er keines zu machen, die Taschenlampe muss reichen. Mit deren Hilfe beginnt er sich zu orientieren. Scheinbar befindet er sich in einer Art Waschraum für das Personal. Mehrere Becken an der Wand, auch eine Dusche gibt es. Auf der anderen Seite des Raumes ist die Garderobe für die Arbeitskleidung der Mitarbeiter, daneben einige Metallspinde. Die sind mit Namen beschriftet. Bis auf einen. Vielleicht der von der Pawlak Helga, die ja angeblich gekündigt hat? Das schauen wir uns mal genauer an, denkt sich der Albert und greift nach der Tür des Spinds. Die ist nicht versperrt. Er öffnet sie, leuchtet hinein. Leer. In das obere Fach kann er nur teilweise hineinsehen, also stellt er sich auf die Zehenspitzen und tastet nach hinten. Und da ist was. Etwas Kleines, er kriegt es zu fassen und holt es hervor. Eine kleine Plastikschachtel ist es, etwa handtellergroß. Und darin eine Zahnprothese. Drei der vorderen Zähne an einer rosa Gaumenplatte mit Metallklammern an den Seiten. Fraglos gehört das Teil der Pawlak und der Albert kann sich nicht vorstellen, warum sie es zurückgelassen hat. Seltsam. Er steckt die Schachtel ein und wendet sich wieder dem eigentlichen Grund seines Hierseins zu.

Die Tür des Waschraumes ist zum Glück nicht versperrt, so gelangt er nun in die Halle. Diesen Bereich kennt er von vielen Besuchen hier, auch die verschiedenen Entsorgungsbehälter sind ihm vertraut. Einige davon sind für Altpapier vorgesehen, andere für diverse Kunststoffverpackungen. Auch für ausgediente Elektroartikel, Batterien und vieles mehr gibt es dementsprechend ausgeschilderte Container. Ein Blick auf sein Handy zeigt dem Albert, dass er dem Ziel nahe sein muss. Sein eigener Standort und der blinkende rote

Punkt befinden sich in unmittelbarer Nachbarschaft. Was bei dem kleinen Display allein noch nichts heißen muss, die kurzen Intervalle des Blinkens lassen allerdings diese Vermutung zu. Sollte es so leicht sein? Hat Schleindinger die Drohne einfach irgendwo hier entsorgt?

*

Zur gleichen Zeit rollt ein schwerer Wagen über einen der Forstwege, die den Wald, der sich hinter dem Sammelzentrum erstreckt, durchziehen. Die Scheinwerfer sind ausgeschaltet und es macht auch den Eindruck, als würde der Fahrer darauf achten, möglichst wenig Motorengeräusch zu erzeugen. Die letzten Meter, bevor das große Fahrzeug zum Stillstand kommt, rollt es gänzlich geräuschlos aus. Ein zufälliger Beobachter würde die beiden Männer, die nun aussteigen, für Jäger gehalten haben, die in den Abendstunden im Revier nach dem Rechten sehen. Sie sind dementsprechend gekleidet und der ältere der beiden, der Fahrer, holt auch eben sein Gewehr aus dem Laderaum des Geländewagens und hängt es sich um.
„Brauchen wir das?"
„Sicher ist sicher", erwidert er und setzt sich in Bewegung.
Sie erreichen das Tor. Nach kurzer Begutachtung des Schlosses geht der Ältere zum Wagen und kehrt mit einer Eisensäge zurück.
„Aufsägen", befiehlt er und drückt sie Leopold Schleindinger in die Hand.
„Bist du sicher? Das hat die Polizei angebracht, genau wie die Siegel. Meinst du nicht, dass uns das auf den Kopf fällt?"
„Erstens", bekommt er zur Antwort, „kann das jeder gewesen sein. Drum hab ich dir ja auch gesagt, dass du Handschuhe mitbringen sollst. Und zweitens, wie bitte sollen wir denn sonst mit dem Wagen hineinkommen. Oder willst du das Zeug einzeln raustragen? Also los, mach schon."
Schulterzuckend setzt der Poldi daraufhin die Säge an. Lange kann ihm der Mann mit dem Gewehr aber bei seinen Bemühungen nicht

zusehen, das handwerkliche Talent hält sich bei Schleidinger junior in sehr engen Grenzen.

„Gib her", herrscht er ihn an, „alles muss man selber machen." Tatsächlich ist der andere erfolgreicher, in kürzester Zeit hat er den Bügel des Vorhängeschlosses durchgesägt.

*

Begeistert war er nicht, der Olaf, seine Abneigung der Exekutive gegenüber sitzt tief. Dennoch ist es Steiner mit seiner ruhigen, verbindlichen Art gelungen, eine Gesprächsbasis herzustellen. Großen Anteil daran hatte natürlich auch der Onkel Franz. Seine Anwesenheit hat es dem Berber leichter gemacht, sich dem Polizisten anzuvertrauen.

Im spärlichen Licht einer kleinen batteriebetriebenen Lampe, die der Olaf scheinbar immer dabeihat, hocken die drei Männer nun im ersten Stock des alten Industriebaus beieinander und stoßen an. Aus einer seiner zahlreichen Taschen hat der Obdachlose zwei leidlich saubere Becher für seine Gäste hervorgezaubert, er selbst bedient sich direkt aus der Flasche. Eigentlich hatte der Onkel Franz bei seinem letzten Besuch hier den Eindruck gehabt, der Berber säße alkoholmäßig auf dem Trockenen. Scheinbar hat sich der Olaf aber bei seinem letzten Ausflug mit Nachschub eingedeckt. Trinkbar ist er, der Rote aus dem Plastik-Doppler, aber gut ist was anderes. Sogar der Onkel hat sich überreden lassen, daran zu nippen, der Olaf hat diesen Umtrunk mehr oder weniger zur Bedingung für seine Aussage gemacht.

„Wo genau der silberne Flachmann gelegen ist, haben wir ja jetzt schon geklärt", fasst Steiner die bisherigen Ergebnisse dieser seltsamen Befragung zusammen, „und auch, dass die Initialen darauf nur zufällig zu Ihnen passen, Herr Hinrichs. Das glaub ich Ihnen. O. H. muss demnach für einen anderen Namen stehen. Wenn der erste Buchstabe nicht doch ein G ist. Ich hab da auf jeden Fall schon so eine Idee. Jetzt kommen wir aber zu der Nacht, in der man sie niedergeschlagen hat. Was haben Sie da genau gesehen? Versuchen Sie, sich zu erinnern."

„Wenn du noch einmal Herr Hinrichs zu mir sagst, fällt mir gar nüscht mehr ein. Ich bin der Olaf. Und sach Du zu mir, Prost!"

„Gut, dann eben Olaf. Der Wagen, den du gesehen hast, wie hat der genau ausgeschaut? Dem Franz hast du ja schon gesagt, dass es eine Art Pick-up war und dass er eine Aufschrift gehabt hat. Dieses SL, wo war das genau? Vorne, hinten, auf der Seite? Und stand da sonst noch was? Denk nach."

„Hinten war dat."

„Auf dem Heck? Ein Aufkleber, oder was?"

„Nee, nee. Uff' der Karre selber war gar nüscht, die war janz uni. In schwarz oder so. Dat SL stand uff'er Nummerntafel."

Der Onkel Franz ist nun der Erste, bei dem der Groschen fällt.

„SL für Salzburg Land. Vom Autokennzeichen redest du die ganze Zeit."

„Sach ich doch."

„Sehr gut", meint darauf der Chefinspektor, „das hilft uns schon mal ein Stückerl weiter. Und die Nummer selber …?"

„Nee du, kannste verjessen. Bin schon froh, dat ich dat noch wusste."

„Wär auch zu schön gewesen. Aber jetzt zu dem Mann, der das Tor aufgemacht hat. Klein, groß, dick, dünn? Wie schaut's da aus?"

„Verschwommen, liegt daran", dabei tippt der Olaf auf seine Weinflasche, „aber ich bemüh mir. Mittel bis klein, würd ich sagen, und jut im Futter."

„Sehr gut. Kleidung, Gesicht?"

„Jesicht konnt ich nich sehen. Aber nen Hut hat der aufjehabt, glaub ich. Überhaupt mehr so Jägersmann, die janze Klamotte."

Vielmehr ist aus dem Berber wohl nicht mehr herauszukriegen, das sagt Steiner seine Erfahrung. Letztlich ist er aber auch nicht unzufrieden mit dem Ergebnis. Damit ist schon was anzufangen. Als Nächstes beabsichtigt er, dem Mann Fotos verschiedener infrage kommender Personen vorzulegen, das dürfte etwas bringen. Nun ist zu entscheiden, wie man in der Zwischenzeit mit dem

Olaf verfahren soll. Ihn in Gewahrsam zu nehmen wäre wohl das Sicherste, nur dann würde kaum mehr Kooperationsbereitschaft zu erwarten sein von dem Obdachlosen. Da ist sich der Linzer sicher, er kennt diese Klientel. Außerdem besteht kein hinreichender Grund dafür. Der Mann ist Zeuge, und das Jausenmesser war definitiv nicht die Tatwaffe. Genauso gut könnte man diesen Meier-Lobrecht in eine Zelle stecken.

„Hör zu, Olaf", sagt er deshalb jetzt auch, „du hast mir schon sehr geholfen. Und ich glaub dir auch, dass du mit der Sache sonst nichts zu tun hast. Aber wahrscheinlich brauch ich dich noch mal. Ist vielleicht das Beste, du bleibst noch eine Weile hier in Deckung. Weil, dass du da wieder hingegangen bist, das war keine gute Idee. Der Franz könnt sich ja inzwischen weiter ein wenig kümmern, oder?"

Dabei schaut er auch fragend den Onkel an. Der nickt zustimmend, dankbar, dass Steiner sein Versprechen gehalten und den Berber anständig behandelt hat. Der freut sich ebenfalls und feiert den Erhalt seiner Freiheit mit einem kräftigen Schluck aus dem Doppler.

„Is jeritzt", verkündet er danach, „wenn dat jenug Leberkäs jibt und och wat zu schlucken, dann mach ich et mir hier 'n paar Tage jemütlich."

*

Langsam schreitet der Albert die Reihe der Entsorgungsbehälter ab, den Blick dabei immer fest auf sein Mobiltelefon gerichtet. Ein paarmal, immer dann, wenn sich das Intervall des blinkenden Punktes wieder etwas verlangsamt, korrigiert er seine Richtung etwas. Und tatsächlich führt ihn das Signal direkt zum Container mit dem Elektroschrott. Er steckt sein Handy ein und beginnt, darin zu suchen. Stück um Stück nimmt er heraus und legt alte Haartrockner zur Seite, Kassettenrecorder, Bügeleisen und vieles mehr. Tief muss er graben. Wenn dieser Schleindinger auch anscheinend so dumm war, die Drohne einfach hier zu entsorgen, so hat er zumindest versucht, sie ganz unten im Behälter zu verstecken. Innerlich triumphierend fördert der Albert die Teile seines Fluggerätes zutage. Beim Absturz sind alle vier Rotorarme abgebrochen, hängen nur noch an den Kabeln am ebenfalls stark ramponierten Rumpf. Dem gilt nun seine ganze Aufmerksamkeit. Nervös sucht er die Klappe, unter der – wie ihm der Rachbauer Kevin gezeigt hatte – die Speicherkarte stecken soll. Nach seinen eigenen Recherchen müsste der Transponder ebenfalls dort zu finden sein. Und so ist es auch. Allerdings fehlt zu seiner Enttäuschung das Plättchen mit den Aufzeichnungen. Ganz so dumm dürfte der ASZ-Leiter dann doch nicht gewesen sein. Zumindest den Transponder hat der Albert entdeckt, ein schwacher Trost. Das streichholzschachtelgroße Kästchen hat ihn zwar hierhergeführt, kann aber leider ansonsten nichts zur Aufklärung beitragen. Trotzdem steckt er es ein.

Der Albert ärgert sich. Alles umsonst! Lange kann er sich dieser Emotion jedoch nicht hingeben, denn seine Aufmerksamkeit wird nun von einem Geräusch in Anspruch genommen. Anfangs glaubt er noch, sich getäuscht zu haben, doch nun, da das Brummen langsam an Lautstärke zunimmt, ist er sich sicher. Da kommt ein Fahrzeug näher, draußen auf dem Gelände. Und zwar in seine Richtung, das Motorengeräusch wird immer lauter. Und plötzlich verstummt es. Vor dem großen Eingangstor zur Halle, in der er sich befindet, hat er es zuletzt vernommen, jetzt hört er von dort das Öffnen und wieder Zuschlagen zweier Autotüren. Gedämpfte Stimmen dringen zu ihm herüber, jemand macht sich am Eingang zu schaffen, schließt auf. Die Schockstarre, die ihn bis jetzt an jeder Reaktion gehindert hat, fällt von ihm ab, fieberhaft sucht er nach einem Fluchtweg oder zumindest nach einer Möglichkeit, sich zu verstecken. Durch den Waschraum, durch das Fenster, da wo er hereingekommen ist, zu fliehen, ist keine Option. Zu nahe am Tor. Bis er dort hinüberkäme, hätten die nächtlichen Besucher mit ziemlicher Sicherheit schon die Halle betreten. Also in die andere Richtung. Da befindet sich ein Durchgang, „Problemstoffe" steht auf einem Schild darüber. So schnell und so leise wie möglich begibt sich der Albert dorthin.

In dem Raum, in dem er nun steht, gibt es allerhand Regale und Tische, auf den meisten stehen verschieden große gelbe Kübel. Altöl wird hier gesammelt, hauptsächlich Brat- und Frittieröl. Von privaten Haushalten genauso wie aus Gastronomie und Betriebskantinen. Für Erstere gibt es kleinere, etwa drei Liter fassende Behälter, für die Profiküche stehen Zwanzig-Liter Gebinde zur Verfügung. Ähnlich verhält es sich bei den blauen Plastikgefäßen, in denen gebrauchtes Motoröl abgegeben werden kann. Darauf spezialisierte Entsorgungsunternehmen sind in der Lage, daraus durch Filtrieren und Zentrifugieren wieder Verwertbares herzustellen. Speiseöl etwa wird so zu Biodiesel, andere Altöle zu verschiedenen Brennstoffen oder Schmiermitteln. Das alles weiß der Albert, er kennt sich aus. Über diese Zusammenhänge nachzudenken ist jetzt aber das Letzte, das ihm hilft, er braucht dringend irgendein Versteck. Fieberhaft schaut er sich um, zieht sich in den hinteren Teil des Raumes zurück. Noch wagt er, den Lichtkegel mit der Hand begrenzend, seine Taschenlampe zu benutzen. Das letzte Regal an der Wand begutachtet er so, auch den Boden, auf dem es steht. Und dabei fällt ihm zweierlei auf. Erstens, dass im Boden Ritzen zu erkennen sind, eine Art Falltür dort eingelassen ist. Und zweitens, dass das Regal voller Kanister auf Rollen steht, also zu bewegen sein müsste. Während von drüben erneut Motorengeräusch zu hören ist, löst er die Bremsen der Rollen und beginnt zu schieben.

*

Als sie das Gebäude erreicht hatten, waren Leopold Schleindinger und sein Begleiter erneut ausgestiegen, um das Tor der Halle zu begutachten. Wie erwartet, fand sich auch daran ein Siegel der Polizei. Andere Sicherungsmaßnahmen hatten die Beamten hier anscheinend nicht für notwendig gehalten, sodass Schleindinger ohne Probleme aufschließen konnte. Nachdem er das große Tor aufgeschoben hatte, startete der andere erneut seinen Wagen, um rückwärts in die Halle zu fahren. Denn er beabsichtigte mit dem Fahrzeug so nahe wie möglich dorthin zu gelangen, wo die brisante Fracht gelagert ist, deretwegen sie heute Nacht hierhergekommen sind. Die Behälter sind schwer und er war nicht gewillt, sie ewig weit herumzubewegen. Mit diesen Gedanken beschäftigt, merkte er nicht, dass sie in dieser Nacht nicht ganz allein waren. Im Schutz der Dunkelheit, außerhalb des Geländes, dort, wo die Bäume des Mischwaldes bis an den Zaun heranreichen, hatte sich eine schwarze Silhouette ins Unterholz geduckt und sie nicht aus den Augen gelassen.

Am Durchgang zum Problemstoff-Raum angelangt, stoppt der Fahrer nun, stellt den Motor wieder ab und steigt aus. Winkt Schleindiger zu sich. Genau wie der Albert machen die beiden jetzt kein Licht, sind ebenfalls mit Taschenlampen ausgerüstet. Deren Schein folgend, betreten sie den Raum mit den Altölbehältern.

*

Das Gefühl, das den Albert überfiel, während er die anderen näherkommen hörte, ist am besten mit dem Wort Panik zu beschreiben. Gerade noch hatte er es geschafft, das schwere Regal weit genug zur Seite zu schieben, sodass er die Klappe im Boden öffnen konnte. Eine steile betonierte Treppe war darunter zum Vorschein gekommen, ohne lange nachzudenken, begann er hinabzusteigen. Bevor er die Falltür über sich wieder schloss, gelang es ihm mit einiger Anstrengung sogar, das Regal wieder etwas heranzuziehen. Gerade noch rechtzeitig, denn im selben Moment begannen Stimmengemurmel und die Lichtkegel zweier Taschenlampen in den Raum zu dringen.

Immer darauf bedacht, keine Geräusche zu machen, versucht der Albert nun, sich in dem Kellerraum zu orientieren. Das fällt schwer, denn er wagt erst, seine Taschenlampe zu Hilfe zu nehmen, nachdem er sich etliche Meter vom Abgang entfernt hat. Aber auch jetzt richtet er sie nur auf den Boden vor sich, zu groß ist die Angst, die da oben könnten seine Anwesenheit bemerken. Staubig ist es in dem Verlies und ein nicht zu identifizierender, strenger Geruch steigt ihm in die Nase, sodass er alsbald dazu übergeht, durch den Mund zu atmen. Der Gestank scheint von etwa einem Dutzend Plastikfässer zu kommen, vor denen er nun steht. Die dürfte man vor nicht allzu langer Zeit hierhergebracht haben. Dort, wo sie über den Boden gezogen wurden, sind nämlich noch deutliche Spuren im Staub zu sehen. Ansonsten erweckt der Keller den Anschein, als wäre er lange nicht genutzt worden. Bis auf die Fässer und einen alten Holzschrank an der hinteren Wand ist er leer. Der Albert sieht sich eines der Fässer näher an. Einen knappen Meter hoch und rot ist es, wie die anderen auch. Der Deckel ist mit einem Spannverschluss befestigt, er öffnet ihn. Augenblicklich verstärkt sich der strenge Geruch. Eine zähe, schwarzviolett schillernde Flüssigkeit ist es, die er nun sieht. Sofort zuckt sein Kopf zurück, denn schon der kurze Blick in den Behälter sorgt für tränende Augen. Er vermeint auch, den Gestank des Breis bereits am Gaumen zu schmecken. Was immer das ist, gesund ist es sicher nicht.

*

Leopold Schleindinger kommt als Erster bei der Falltür an. Er macht sich daran, das Regal darüber zur Seite zu schieben. Dabei fällt ihm natürlich auf, dass dessen Rollen nicht arretiert sind und es auch nicht ganz so auf seinem Platz steht, wie er es in Erinnerung hatte. Kurz überlegt er, seinem Begleiter das mitzuteilen, lässt es aber dann. Das gibt bloß wieder Diskussionsstoff, denkt er sich. Denn wer weiß, vielleicht hab ja ich selbst letztens vergessen, die Bremsen runterzudrücken. Stattdessen ruft er den anderen zu sich.
„Los, hilf mir, das Ding ist schwer."
Nachdem sie die Klappe im Boden geöffnet und gesichert haben, steigen die zwei Männer hinab. Dabei beginnt der Poldi, der noch nie eine große Nähe zu körperlicher Arbeit gesucht hat, zu lamentieren.
„Und wie, bitte schön, sollen wir die schweren Dinger da raufkriegen? Runter war schon anstrengend genug."

„Ich kann mich nicht erinnern", knurrt der Ältere, „dass du dabei eine große Hilfe warst. Aber jetzt packst du gefälligst mit an."

*

Die kommen hier runter, was jetzt? Seit der Albert gehört hatte, dass begonnen wurde, an der Luke über ihm zu hantieren, überschlugen sich die Gedanken in seinem Kopf. Der Schrank! Die einzige Möglichkeit, sich zu verstecken, vorausgesetzt er ist nicht versperrt. Doch vorher musste noch der Deckel wieder auf das rote Fass. Der allerdings erst nicht so recht passen wollte. Mit nervösen Fingern gelang es dann aber doch und Albert schaffte es gerade noch, im Schrank zu verschwinden und die Tür hinter sich zuzuziehen, bevor ihn die eben Heruntersteigenden bemerken konnten. Glück im Unglück, denkt er sich jetzt, während ihm das Herz bis zum Hals schlägt. Glück, dass er nicht abgeschlossen war, der alte hölzerne Kasten, und auch, dass er bis auf ein paar alte Decken leer ist und ihm so Platz bietet. Nicht allzu viel allerdings, der Albert muss eine mehr als unbequeme Position einnehmen, um sämtliche seiner Gliedmaßen unterzubringen. Zudem ist es gar nicht so einfach, die Schranktür von innen zuzuhalten. Es gibt keinen Griff oder Ähnliches, lediglich eine schmale Querlatte kriegt er mühevoll mit Daumen und Zeigefinger zu fassen. Er wagt kaum zu atmen, seine Taschenlampe hat er natürlich ausgeschaltet. Dennoch wird es nun sogar hier drinnen deutlich heller. Jemand hat anscheinend die Deckenbeleuchtung in dem kleinen Kellerraum eingeschaltet. Und da der grob zusammengezimmerte Kasten allerhand Ritzen aufweist, scheint es dem Albert im Vergleich zu vorher nun so hell, dass er befürchtet, entdeckt zu werden, sollte einer der beiden Männer zufällig seinen Blick auf das alte Möbel richten. Denn er kann sie seinerseits sehen.

Die Angst steigt in ihm hoch, während er beobachtet, wie Schleindiger – ihn hat der Albert erkannt – und ein zweiter Mann ein Fass nach dem anderen nach oben schaffen. Auch das, in welches er vorhin hineingesehen hat. Sie benutzen dazu eine Art Sackkarre. Der Unbekannte geht dabei rückwärts die schmale Treppe hinauf und zieht, Schleindinger drückt und schiebt von unten. Gepresste Flüche stößt er dabei aus, das Ganze dürfte anstrengend sein. Und das ist der Poldi nicht gewohnt.

*

Nachdem die beiden Männer das letzte der roten Fässer nach oben geschafft und die Falltür hinter sich geschlossen haben, wagt sich der Albert etwas zu rühren. Die Deckenbeleuchtung wurde abgedreht, es ist nun wieder finster im Keller. Eine Weile lauscht er angestrengt den Geräuschen nach, die noch dumpf herunterdringen. Zuerst jenen, die wohl vom Verladen der Fässer auf das Fahrzeug herrühren, dann dem des gestarteten Motors. Das Brummen entfernt sich daraufhin. Vorsichtig öffnet er die Schranktür und steigt heraus. Alle Glieder tun ihm weh, kein Wunder, musste er doch verhältnismäßig lang in äußerst unbequemer Haltung in seinem Versteck ausharren. Darum streckt er sich nun erst einmal ausgiebig, bevor er seine Taschenlampe wieder aktiviert. Damit findet er den Lichtschalter. Geräusche von oben sind mittlerweile nicht mehr zu hören, sodass er beschließt, ihn zu betätigen. Jetzt kann er sich den Raum zum ersten Mal genauer anschauen. Viel gibt es aber nicht zu sehen. Die Fässer sind alle weg, lediglich eine Art Handpumpe mit einem langen Schlauch liegt auf dem Boden. Deren Zweck ist dem Albert nicht recht klar, vielmehr interessiert ihn aber ohnehin, von hier weg zu kommen.

Verriegelt dürfte sie nicht sein, die Falltür. Denn er schafft es, sie einen kleinen Spalt breit anzuheben. Mehr aber auch nicht, trotz aller Kraftanstrengungen. Scheinbar wurde das schwere Regal nun wieder so über die Klappe geschoben, wie er es anfangs vorgefunden hatte. Nach einer Weile wird dem Albert klar, dass er wohl ohne fremde Hilfe hier nicht wieder herauskommen wird. Diese Tatsache versetzt ihn noch nicht in allzu große Sorge, hat er doch sein Mobiltelefon dabei. Wird er eben jemanden anrufen, am besten den Franz. Der sollte um diese Zeit daheim sein. Schnell sucht er im Speicher des Handys die Nummer vom Festnetzanschluss des Freundes. Sich die Frage zu stellen, ob er den Onkel Franz aus dem Bett läuten würde, dazu kommt er nicht mehr. Noch bevor er das Symbol mit dem grünen Hörer drücken kann, erlischt das Display. So akribisch sich der Herr Hobby-Detektiv auch auf seinen nächtlichen Einsatz vorbereitet hatte, den Akku des Telefons aufzuladen war ihm dabei nicht eingefallen.

9

Eigentlich lächerlich, denkt sich Stadtrat Gerold Haubinger, während er mitten in der Nacht aus dem Fenster schaut. Im Schlafanzug – selbstverständlich mit eingesticktem Monogramm auf der Brusttasche – steht er in der Gästetoilette im zweiten Stock seines Stadtplatzhauses und raucht. Seine Frau benutzt diesen Raum nie, somit kann er sich ziemlich sicher sein, dass ihr sein heimliches Laster weiterhin verborgen bleiben wird. Nach Meinung seiner Gattin ist der Herr Diplomkaufmann nämlich schon seit fast zwanzig Jahren Nichtraucher. Freilich könnte man als Herr im Haus offen zu seinen Gewohnheiten stehen, man ist ja schließlich kein Pantoffelheld, nicht wahr. Andererseits, wozu unnötigen Konfliktstoff schaffen, wo sich doch die Irma eh immer so leicht aufregt.

Das sind die Gedanken, die dem Geschäftsmann und Kommunalpolitiker durch den Kopf gehen, während er auf den menschenleeren Stadtplatz hinabsieht. Seine Menthol-Zigarette ist beinahe zu Ende geraucht, gerade will er sie aus dem Fenster schnipsen, als ein später Passant seine Aufmerksamkeit erregt. Der geht langsam den Gehsteig entlang, vorbei an den Fassaden der Geschäftslokale. Dort, wo diese zurückspringen, Arkaden bilden, entzieht sich der Mann zeitweise seinem Blick, kommt wieder hervor, setzt seinen Weg fort. Als würde er einen nächtlichen Schaufensterbummel machen. Dabei nähert er sich immer mehr dem Geschäft, das die Haubingers im Parterre ihres Hauses betreiben. Als es der Nachtschwärmer erreicht, sich nun direkt unter ihm befindet, verschwindet er erneut. Wahrscheinlich ist er in die Passage geschlüpft, da kommt er allerdings nicht weit. Denn nach Geschäftsschluss ist der Durchgang mit den seitlichen Schaufenstern stets mit einem

Scherengitter verschlossen. Zu oft hatte sich früher dort nachts allerhand Gesindel aufgehalten. Manche hinterließen ihren Müll, andere verwechselten den Gang mit einer öffentlichen Bedürfnisanstalt. Und er musste diesen Unrat dann immer entfernen. Also jetzt nicht er persönlich natürlich, dafür hatte man Gefolgschaft. Der Besucher dieser Nacht dürfte allerdings nicht zu dieser Kategorie gehören, dafür ist er zu ordentlich gekleidet. Der Mann ist nämlich gerade wieder aufgetaucht. Ist nun direkt vor der Eingangstür zum Geschäftslokal. Geht in die Knie und – so ganz genau ist das von hier oben nicht auszumachen – ja, doch, wie es aussieht, bindet er sich die Schuhbänder. Dann erhebt er sich wieder, nicht ohne sich mehrmals umzusehen, und eilt davon. Gerold Haubinger sieht ihm noch nach, eine vorhin noch vage Vermutung bestätigt sich dabei. Denn jetzt ist die Kopfbedeckung des Mannes, die bei der vorherigen Perspektive nicht genau einzuordnen war, klar erkennbar. Eine schwarze Baskenmütze ist es und auch der Mantel sowie die Statur passen zum Gemeinderats-Kollegen Meier-Lobrecht. Der Verdacht, der in Haubinger schon seit der letzten Sitzung des Prüfungsausschusses keimt, verdichtet sich. Er wirft den Rest seiner Zigarette aus dem Fenster und macht sich auf ins Stiegenhaus. Tunlichst darauf bedacht, Geräusche zu vermeiden – auf gar keinen Fall will er seine Frau wecken –, begibt er sich ins Parterre. In den Geschäftsräumlichkeiten angekommen, sieht er seine Annahme bestätigt. Auf dem Boden, ganz vorne bei der Eingangstür, liegt ein Kuvert.

*

Zefix, langsam glaub ich, der Franzl hat recht, denkt sich der Albert. Damit, dass ich mich immer einmischen muss in solche Sachen und dass man so was wohl wirklich besser der Polizei überlassen sollte. Schon wieder sitz ich fest und weiß nicht, wie ich da herauskommen soll. Na ja, wenigstens hab ich jetzt mehr Platz als beim letzten Mal.

Der Albert erinnert sich mit Schaudern an die Situation, in die er sich damals gebracht hatte. Da war er auch auf eigene Faust losgezogen. Geendet hatte es im engen Kofferraum eines Autos, lange musste er auf seine Befreiung warten. Noch heute tun ihm alle Knochen weh, wenn er daran denkt. Auch wenn er sich hier nun mehr rühren kann, angenehm ist seine Lage jetzt auch nicht. Was, wenn die Männer zurückkommen? Was genau es auf sich hat mit diesen roten Fässern, warum die bei Nacht und Nebel abtransportiert werden mussten, das alles kann er nur ahnen. Aber die Tatsache, dass es in dem Umfeld bereits einen Mord gegeben hat, der Angriff auf den Olaf, das Verschwinden der Pawlak Helga, all das gibt genügend Anlass, sich alles andere als sicher zu fühlen in seiner momentanen Lage. Und außerdem hat er Hunger, der Albert. Vor lauter Detektiv-Euphorie hat er die längste Zeit schon nichts mehr gegessen. Wenn er sich sonst auch immer geärgert hat über den Onkel Franz, der bei ihren gemeinsamen Unternehmungen meist hauptsächlich auf sein leibliches Wohl fixiert gewesen ist, jetzt wär es dem Albert mehr als recht, hätte er eine Jause dabei. Mit diesen Gedanken ist er beschäftigt, während er sich mit den alten Decken aus dem Schrank ein notdürftiges Nachtlager auf dem dreckigen Betonboden herrichtet. Unwahrscheinlich, dass ihn vor dem Morgen irgendjemand befreien wird, so viel ist ihm mittlerweile nämlich klar. Aber auch in den kommenden zwei Tagen werden die Chancen dafür nicht besonders gut stehen, samstags und sonntags ruht der Betrieb im Sammelzentrum. Keine rosigen Aussichten für den Albert.

*

„Ferdinand, wir müssen uns sofort treffen. Brief Nummer vier ist angekommen. Und jetzt kenn ich auch den Absender."
Stadtrat Gerold Haubinger ist hin und her gerissen. Einerseits überfordert ihn diese ganze Sache, er ist es leid, ständig in die Kalamitäten der Schleindingers mit hineingezogen zu werden.

Andererseits versetzt ihn die Aussicht, diesem präpotenten Meier-Lobrecht das schmutzige Handwerk zu legen, in eine gewisse Jagdstimmung. Im Raucherstüberl, ihrem üblichen Treffpunkt, kaut er nervös auf einem Zigarillo herum und berichtet dem Partei- und Verbindungskameraden von seiner Beobachtung der letzten Nacht.

„Der Herr Bildungsbürger, da schau her", sagt der Ex-Minister daraufhin, „möcht wohl seine Rente ein bisserl aufbessern. Aber so nicht. Weder die volle Summe kriegt er, noch diesen Treffpunkt hier. Dabei deutet er auf das Blatt Papier vor ihm. In ungelenker Blockschrift teilt ihnen darauf der Erpresser erneut mit, dass er 200.000 Euro für sein Schweigen verlangt und wo diese Summe Samstagabend zu übergeben sei. Was genau er beobachtet hat, steht nicht in dem Brief, auch der Leopold war in dieser Frage eher vage geblieben. Strafrechtlich aber auf jeden Fall mehr als relevant, so hatte er sich ausgedrückt. Damit hat sich Schleindinger senior auch zufriedengegeben, so genau wollte er es dann doch nicht wissen. Auch hatte er kein Interesse, die dubiosen Geschäftspartner seines Sohnes kennenzulernen. Denen klarzumachen, dass ein erheblicher Teil der geforderten Summe von ihnen wird kommen müssen, das sollte gefälligst der Poldi selbst übernehmen. Nun aber, da sich die Situation verändert hat, war es an der Zeit, die Sache selbst in die Hand zu nehmen. Und Haubinger klar zu machen, dass er mittlerweile nicht mehr nur der Postillion in dieser Sache ist.

„Pass auf, Gerold, wir machen das ganz anders. Bis jetzt haben wir immer nur reagiert. Aber nun drehen wir den Spieß um. Du gehst zu diesem Schnösel und sagst, wir wissen, dass die Briefe von ihm kommen. Drohst ihm mit Anzeige. Musst halt ein bisserl bluffen. Dann hat er einen Schock und lässt sich wahrscheinlich mit einem Bruchteil der Summe abspeisen. Zwanzigtausend kann ich auf die Schnelle locker machen, maximal. Und du legst auch noch was drauf. Dann sollten wir die Sache ein für alle Mal aus der Welt geschafft haben. Na, was meinst du?"

Haubinger wirkt alles andere als glücklich angesichts dieses Vorschlags.

„Ich? Warum muss ich mit dem reden? Und zahlen soll ich auch was, kommt ja gar nicht infrage, mein Lieber. Ist ja schließlich nicht mein Problem, dass sich dein Sohn da auf irgendetwas eingelassen hat."

Daraufhin fällt die joviale, verbindliche Art, mit der Schleindinger bis jetzt für seinen Plan geworben hat, augenblicklich von ihm ab. Der Tonfall, mit dem er seine Position nun darlegt, duldet keinen Widerspruch.

„Jetzt hör mir mal gut zu, Herr Stadtrat. Was immer der Meier-Lobrecht gesehen haben will, hat sehr wohl was mit dir zu tun. Ich bin dir freilich sehr dankbar, dass du dem Poldi den Job verschafft hast, aber allein damit bist du schon mal kein Außenstehender mehr. Ich bin ja kein Jurist, aber Amtsmissbrauch ist da mindestens drin für dich. Drum wirst du auch mit dem Mann reden und das regeln, haben wir uns verstanden? Und was das Geld betrifft, einen Zehner wirst vorübergehend schon auftreiben, ohne dass deine Irma was mitkriegt. Irgendwie sollten wir uns die ganze Summe dann schon wieder zurückholen können von den Geschäftspartnern meines Buben. Mindestens, wenn nicht sogar mehr, wirst sehen. Und jetzt hör auf zu jammern und kümmer dich auch mal um was."

*

Samstag in aller Früh hatte sich Chefinspektor Steiner auf den Weg nach Salzburg gemacht. Und dieser Ausflug in die Mozartstadt war mehr als lohnend gewesen. Die Erkenntnisse, die er dabei gewinnen konnte, hatten ihn auf der Rückfahrt gedanklich hinreichend beschäftigt. Die Auskünfte des Inhabers eines Spezialgeschäfts für Jagdzubehör in der Getreidegasse könnten zum entscheidenden Glied in der Beweiskette werden. Denn damit war der Flachmann, den dieser Olaf nahe dem Tatort gefunden hatte, jetzt mehr oder weniger sicher einer bestimmten Person zuzuordnen.

Das Gespräch, das noch ausständig ist, um letzte Zweifel diesbezüglich auszuräumen, sollte er in den nächsten Tagen führen können.

Damit würde man der Lösung des Falles ein gutes Stück näher kommen, da ist sich Steiner sicher. In seinem behelfsmäßigen Büro auf dem Polizeiposten skizziert er gerade eine vorläufige Hypothese dessen, wie sich die Sache seiner Meinung nach abgespielt haben könnte. Kreise und Rechtecke zeichnet er auf einen Bogen Papier, darin verschiedene Namen. Dazwischen entsteht ein Geflecht aus Linien und Pfeilen, manche davon mit Fragezeichen versehen. Eine altmodische Art der Gedankenstütze, dessen ist sich der Linzer bewusst. Aber so ist er es halt Jahrzehnte schon gewohnt. Während er einen der Pfeile nach einigem Überlegen wieder ausradiert, klopft es an der Tür. Steiner faltet das Blatt zusammen und steckt es ein.

„Herein."

Gruppeninspektor Thomas Hausleitner tritt ein, wie meist in letzter Zeit in Begleitung seiner jungen Kollegin. Die beiden, denkt sich der Chefinspektor gerade, sind schon ein seltsames Gespann. Zum einen der in seiner Dienstauffassung eher flexible Hausleitner, der allzu arbeitsintensiven Aufgaben gern ausweicht, zum anderen diese Svenja Forsthofer, die, frisch von der Polizeischule, es äußerst genau zu nehmen scheint mit der Dienstvorschrift. Die geradezu darauf brennt, ihr in der Ausbildung erworbenes Wissen und Können im Einsatz anzuwenden. Die Szene, wie sie kürzlich diesen Meier-Lobrecht nach allen Regeln der Kampfkunst auf dem Waldboden fixiert hatte, war nach wie vor Gesprächsthema auf dem Revier.

Das Eintreffen der beiden Uniformierten ist keine Überraschung für Steiner, er hatte sie gleich bei seiner Rückkehr aus Salzburg herbestellt. Der Bericht der Spurensicherung bezüglich der Wohnung der Pawlak ist zwar noch ausständig, dennoch hat er schon mitbekommen, dass wohl nicht allzu viel davon zu erwarten sein wird. Da die zwei Beamten, die nun vor ihm stehen, bei der Untersuchung vor Ort dabei gewesen sind, hat sie der Chefinspektor kommen lassen, um sich dahingehend zu informieren.

„So, Hausleitner", beginnt er nun deshalb auch, „dann erzählen Sie mal. War was Verwertbares zu finden in der Wohnung?"

„Verwertbares? Inwiefern?"

„Na, was glauben Sie, wozu ich die Spusi hingeschickt habe?"

„Wegen was genau jetzt", antwortet der Gruppeninspektor zögerlich, „da müsst ich ..."

„Hausleitner, Hausleitner", unterbricht ihn Steiner kopfschüttelnd, „was ist los mit Ihnen? Sind ja sonst immer so gut informiert. Kollegin Forsthofer, helfen Sie Ihrem Vorgesetzten mal ein bisserl."

Das lässt sich die Svenja nicht zweimal sagen, augenblicklich nimmt sie eine schon beinahe militärische Haltung ein. Tritt einen Schritt vor und gibt breitbeinig und mit auf dem Rücken verschränkten Händen Meldung.

„Geeignetes für einen DNA-Abgleich konnte nicht sichergestellt werden, Herr Chefinspektor. Haarbürste, andere Hygieneartikel Fehlanzeige. Wohnung scheinbar gänzlich geräumt. Mikrospurenauswertung läuft, Kollegen Spurensicherung aber eher skeptisch. Bericht voraussichtlich morgen."

Nach diesen Worten zieht sie sich wieder auf ihren Platz neben dem Gruppeninspektor zurück und nimmt das ein, was man beim Bundesheer Grundstellung nennt. Hochmotiviert, das Mädl, denkt sich Steiner, mit der kann man arbeiten. Nur dieses Kasernenhof-Gehabe müssen wir ihr noch abgewöhnen. Er weiß natürlich, woher sie das hat, ihr Onkel, der Herr Landespolizeikommandant, tut auch immer so zackig. Der Chefinspektor kennt ihn recht gut, ab und zu geht er mit ihm auf eine kleine Jause in den Linzer Promenadenhof. Meist fällt dort nach dem zweiten Bier das Militärische von dem Mann ab, dann lässt es sich ganz angenehm reden mit ihm. Steiner nimmt sich vor, bald wieder einmal auf einen kleinen Plausch mit seinem Chef zu gehen, bei der Gelegenheit würde er dann die junge Frau Forsthofer ausgiebig loben.

Aus diesen Gedanken reißt ihn nun der Hausleitner. Der meldet sich jetzt zu Wort. Ungefragt, eher ungewöhnlich für den Gruppeninspektor.

„Und darf man fragen, gibt es sonst neue Erkenntnisse in dem Fall? Ich mein, weiß man schon, wer der Tote ist oder wo der andere, der Sandler, steckt?"

Dabei beginnt er etwas zu schwitzen, scheinbar hat es ihn einiges an Überwindung gekostet, dem Linzer Kripobeamten diese Frage zu stellen. Normalerweise hält er sich eher zurück, bringt sich selten aktiv ein. Könnte ja in Arbeit ausarten. Aber es ist wohl die Neugier, die ihn antreibt, denkt sich Steiner, bevor er antwortet.

„Freilich hat sich mittlerweile einiges ergeben. Erst heute hat sich eine vielversprechende Spur abgezeichnet. Der gehe ich gerade nach."

Der Hausleitner spitzt die Ohren, wartet auf nähere Erklärungen. Die kommen aber nicht. Also nimmt er noch mal Anlauf.

„Und, Herr Chefinspektor, darf man wissen, was das für eine Spur ist?"

„Darf man. Aber jetzt noch nicht. Aus ermittlungstaktischen Gründen, verstehen Sie?"

„Aha. Ja, aber polizeiintern könnte man ja trotzdem ..."

„Grundsätzlich schon, lieber Hausleitner. Aber es soll ja vorkommen, dass aus polizeiinternen Kreisen dann doch was durchsickert und so meine Fortschritte gefährdet. Drum lassen wir uns jetzt noch etwas Zeit mit den Neuigkeiten. Haben Sie mich verstanden?"

Der Polizist hat verstanden, er bekommt einen roten Kopf und spart sich jede weitere Wortmeldung.

*

Der Onkel Franz hängt den Hörer des im Vorraum an der Wand befestigten Telefons ein und runzelt die Stirn. Noch während er beim Frühstück saß, hatte es geläutet. Die Frau vom Albert war dran, hörbar besorgt. Ob er wisse, wo ihr Mann sich aufhält. Die ganze Nacht wäre er nicht nach Hause gekommen, eine absolute Premiere. Auch auf dem Handy sei er nicht zu erreichen, ständig melde sich nur die Mobilbox. Ob er denn mit ihm unterwegs gewesen wäre letzten Abend, ob er etwas über seinen Verbleib wisse, wurde der Onkel befragt. Beides musste er verneinen. Der Versuch, die Gattin seines Freundes zu beruhigen, blieb erfolglos, die Sache war ihm selbst nicht geheuer. Schaut dem Albert nämlich gar nicht ähnlich, so einfach eine ganze Nacht wegzubleiben. Darum hat er der besorgten Ehefrau auch versprochen, sich gleich selbst auf die Suche nach dem Freund zu machen.

„Wer war denn dran?"

Die Tante schenkt ihm Kaffee nach, sieht ihn forschend an.

„Der Albert. Also seine Frau. Weil er nicht daheim ist. Also die ganze Nacht schon nicht."

„Was habt's denn schon wieder angestellt."

Mehr Feststellung als Frage, dieser letzte Satz. Und mehr als den braucht es auch nicht, der Onkel Franz weiß, was jetzt von ihm erwartet wird. Ein vollumfängliches Geständnis nämlich. Und das folgt auf den Fuß. Wenn auch vorsichtig und schrittweise. Über den Verbleib vom Olaf klärt er sie zuerst auf. Dass er den Berber schon zweimal in seinem Versteck aufgesucht hat, erzählt er. Einmal, um ihm Essen zu bringen, man könne den Mann ja nicht verhungern lassen, und gestern Abend mit dem Steiner. Den Olaf zu überzeugen, mit der Polizei zu reden, sei gar nicht so einfach gewesen. Aber zu ihm, dem Onkel Franz, habe der Mann scheinbar Vertrauen gefasst, so wäre es ihm gelungen, ein Gespräch zu vermitteln.

Bis zu diesem Punkt kann er seine Beteiligung an den Vorgängen der letzten Tage halbwegs positiv darstellen, lediglich die Tatsache, dass er schon wieder etwas verschwiegen hat, stößt auf Kritik.

Was die wahren Hintergründe bezüglich des nächtlichen „Testflugs" mit der Drohne angeht, wird das schon schwieriger. Dass man den Albert bei solchen Aktionen nicht einfach allein losrennen lassen könne, ist das einzige Argument, das ansatzweise akzeptiert wird. Ansonsten erntet er ausgiebiges Kopfschütteln und ebenso besorgte wie enttäuschte Blicke. Weitere Maßregelungen bleiben aber vorerst aus, jetzt gilt es erst mal, den Albert zu suchen. Mit seinem Moped macht sich der Onkel Franz auf den Weg, wo genau er suchen will, weiß er noch nicht. Seine Frau wird in der Zwischenzeit zum Telefon greifen und auf diesem Weg den halben Ort beauftragen, nach dem Albert Ausschau zu halten.

„Nein, Frau Resi, leider noch immer keine Gewissheit."
Steiner hatte beschlossen, beim Egger einzukehren. Er musste einiges überdenken, doch das funktioniert bei ihm erfahrungsgemäß mit leerem Magen eher schlecht. Und am heutigen Tagesgericht, einem gedünsteten Zwiebelrostbraten mit Knödel, wäre er ohnehin nicht vorbeigekommen. Nachdem ihm die Kellnerin den mehr als gut gefüllten Teller hingestellt hatte, kam ihre Frage bezüglich der Identität der aufgefundenen Überreste. Der Chefinspektor konnte ihr dazu genauso wenig sagen, wie er ihr große Hoffnung machen wollte. Der Verdacht, es handle sich bei der Toten um die Cousine der Resi, war nicht unbegründet, man müsse diese traurige Möglichkeit in Betracht ziehen. Auch wenn noch jeder Beweis dafür fehle.

„In der Wohnung", sagt er jetzt zu ihr, „war nichts zu finden. So wie Sie das schon gesagt haben. Selbst unsere Spezialisten haben keine brauchbaren Vergleichsproben dort nehmen können."

„Kann man nichts machen", seufzt die Resi, während sie Steiner ein weiteres Seiterl Bier serviert, „vielleicht ist die Helga ja wirklich woanders hin. Wenn ich mir das auch noch immer nicht vorstellen kann. Die Kolleginnen von ihr sehen das genauso. Da bin ich nämlich noch mal hin, nachdem ich in der Wohnung war."

Der Linzer sieht bei dieser Bemerkung von seinem Teller auf, das ist ihm neu. Aufmerksam hört er den nächsten Sätzen der Kellnerin zu. Die berichtet vom Gespräch mit der Kreuzhuber Maria im Altstoffsammelzentrum, das vom neuen Leiter, diesem Schleindinger, unterbrochen worden war. Erst in diesem Moment wird ihr klar, dass sie dem Kriminaler ja noch etwas zu sagen hat.

„Mein Gott, Herr Steiner, jetzt komm ich erst drauf. Da war ja noch was. Ich bin ja dem Kerl dann noch nach. Und da hab ich ihn telefonieren gehört."

Ein bisserl beugt sie da jetzt schon die Wahrheit, die Resi. Denn es ist ja nicht so, dass sie bis jetzt vergessen hätte, was sie da noch mitbekommen hat. Genauso wenig aber kann man sagen, dass sie diese Information bewusst zurückhalten wollte. Hat sich halt so ergeben. Und weil sich darüber nun ein bisserl ein schlechtes Gewissen meldet bei ihr, gibt sie dem Chefinspektor zumindest jetzt exakt wieder, was der Poldi Schleindinger da am Telefon gesagt hat. Steiner erspart sich jeden Kommentar und Tadel. „Aha", meint er nur, „interessant. Gut, dass Ihnen das noch eingefallen ist, das war jetzt nämlich wichtig." Und weil er die Eigenheiten der Innviertler im Allgemeinen und der örtlichen Exemplare hier im Besonderen mittlerweile schon ganz gut kennt, setzt er nach: „Und was auch noch wichtig wäre: Haben Sie das sonst schon jemanden erzählt?"

Nachdem der Linzer Kriminalbeamte in Ruhe seinen Zwiebelrostbraten genossen und seine Gedanken geordnet hat, bricht er auf, um sich die zwei Hobby-Detektive vorzunehmen. Denn so viel ist ihm klar, die haben mit der Information der Kellnerin bestimmt irgendetwas angestellt. Alles andere würde ihn schon sehr wundern.

*

„Herr Kollege, gut, dass ich Sie zufällig treffe. Gehen S' öfter hier spazieren, gell?"
Gerold Haubinger hat sich über die Gewohnheiten Meier-Lobrechts ins Bild gesetzt und es so eingerichtet, dass er ihm nun scheinbar zufällig auf dem schmalen Weg am Flussufer entgegengeht. Samstag, kurz vor Mittag, ist hier unten außerhalb der Stadtmauern wenig los, sie sind die einzigen Erholungssuchenden um diese Zeit.
„Haubinger, hab gar nicht gewusst, dass Sie auch ein Naturfreund sind."
„Freilich. Jägersmann, schon von Kindesbeinen an, nicht wahr."
„Was Sie aus meiner Sicht wohl kaum zum Naturfreund macht, aber sei's drum. Einen schönen Tag wünsch ich noch."

Meier-Lobrecht tippt mit zwei Fingern an den Rand seiner Teller-mütze und will seinen Weg fortsetzen.

„Stopp, dageblieben. Ich denke, wir zwei haben noch etwas zu be-reden, glauben Sie nicht?"

„Wie meinen?"

„Ach, tun Sie doch nicht so", Haubingers Stimme hat nun jegliche Verbindlichkeit verloren. „Schluss mit der Maskerade, reden wir Klartext. Sie glauben, im Besitz gewisser Informationen zu sein. Im Zusammenhang mit den Vorgängen im ASZ denken Sie, mir und meinen Freunden irgendetwas anhängen zu können. Streiten Sie das jetzt nicht ab, ich weiß Bescheid."

„Richtig erkannt, Herr Stadtrat", auch Meier-Lobrecht wechselt jetzt den Tonfall, „und das wird Sie einiges kosten. Zumindest Ihre Stellung in der Gemeinde."

„Ist mir schon klar. Darum sind wir auch bereit, uns anderweitig zu einigen. Allerdings nicht in der Form, wie Sie sich das vorgestellt haben."

„Wie ich mir das vorgestellt habe?" Der Herr Professor gibt sich überrascht. „Ich weiß nicht, ob ich Sie da jetzt richtig verstehe. Wer-den Sie deutlicher, was schwebt Ihnen vor?"

„Dreißigtausend, keinen Cent mehr. Und wann und wo bestimmen auch wir." Haubinger versucht, bei diesem Satz möglichst souve-rän zu klingen, in Wirklichkeit zittert er innerlich. Was, wenn der Erpresser auf dieses Angebot nicht eingeht? Gespannt schaut er seinem Gegenüber in die Augen, versucht, darin eine Reaktion ab-zulesen.

„Sie glauben", antwortet Meier-Lobrecht schließlich, bedächtig je-des seiner Worte abwägend, „Sie glauben also, wenn Sie mir diese Summe geben, verzichte ich darauf, mein Wissen mit der Allge-meinheit zu teilen? Wegen läppischer dreißigtausend Euro? Dafür soll ich dann auch meinen Prüfbericht dementsprechend abändern, gell? Damit die Herren möglichst fein dastehen. Haben Sie sich das so vorgestellt?"

„So und nicht anders", gibt Stadtrat Haubinger betont kühl zurück, wenn er auch aufs Äußerste angespannt ist, „nehmen Sie das Geld oder lassen Sie es. Ihre Entscheidung."
Meier-Lobrecht scheint zu überlegen, wiegt den Kopf hin und her.
„Gut", sagt er schließlich, „einverstanden. Ich hoffe, Ihnen ist klar, dass wir uns dann damit gegenseitig in der Hand haben. Wird unsere weitere Zusammenarbeit in der Gemeinde sicher beeinflussen."
Ein Gedanke, den Haubinger bis jetzt nicht zugelassen hatte. Doch nun, da der andere es ausgesprochen hat, kommt ihm die Tragweite des Ganzen zu Bewusstsein. Schnell schiebt er diese Aussichten aber wieder zur Seite, die Erleichterung, dass Meier-Lobrecht sich mit der geringeren Summe zufriedengibt, überwiegt.

*

Lange dauerte sie nicht, die Fahrt des Onkel Franz auf seinem Moped. Denn schon kurz nachdem er aus seiner Wohnstraße abgebogen war, um die Suche nach dem Freund zu beginnen, kam ihm Steiner in seinem Dienstwagen entgegen.
„Zu Ihnen wollt ich gerade", sagt der Polizist nun, während er aus dem Wagen steigt, „ich glaube, wir müssen reden, nicht?"
„Ja, das stimmt", gibt der Onkel zu, „da wär ein bisserl was, das Sie noch nicht wissen. Aber zuerst, bittschön, müssen wir den Albert suchen, der ist nämlich weg."
„Schon wieder?" Steiner spielt damit auf die Tatsache an, dass man bereits beim letzten Fall, der ihn hierhergeführt hatte, am Ende gemeinsam auf der Suche nach dem Hobby-Detektiv gewesen ist. Dessen kriminalistisches Talent scheinbar bei Weitem von dem übertroffen wird, sich in Schwierigkeiten zu bringen.
„Wohin zuerst? Ins Sammelzentrum?"
Diese Frage stellt der Onkel Franz dem Kriminalbeamten, nachdem er auf dem Beifahrersitz Platz genommen hat.
„Nein. Ich möchte vorher noch kurz seine Frau befragen. Bei allem Respekt, aber da muss ich mir selbst erst ein Bild machen.

Ein bisserl mehr Erfahrung als ihr hab ich in diesen Dingen. Und unterwegs will ich ganz genau wissen, was ihr zwei Helden wieder angestellt habt. Aber diesmal lassen wir nichts aus, verstanden?"

*

Irgendetwas hat den Albert geweckt. Aus einem unruhigen Schlaf, der mit allerhand wirren Träumen angefüllt gewesen war. Darum ist er sich jetzt auch nicht sicher, ob die Geräusche, die er wahrzunehmen glaubt, noch von daher rühren oder bereits real sind. Letzteres trifft wohl zu, geschockt springt er auf. Die große Ratte, die unmittelbar vor seinem Gesicht saß, als er die Augen aufgeschlagen hat, macht sich ebenso erschrocken davon und verschwindet in einer dunklen Ecke. In den Ekel, der nun in ihm hochkommt, mischt sich augenblicklich auch wieder das übermächtige Hungergefühl, mit dem er eingeschlafen ist. Im Schein der Deckenbeleuchtung schaut er auf die Uhr. Halb zwölf, wahrscheinlich Vormittag. So recht traut er seinem Zeitgefühl nicht, hier unten ist es nicht auszumachen, ob es Tag oder Nacht ist. Der Albert ruft sich zur Ordnung, bemüht sich um klare Gedanken. Das gelingt zum Teil, eine gewisse Hoffnung stellt sich ein. Man wird mich schon finden, denkt er, zumindest meiner Frau werd ich doch abgehen. Die will ja auch sonst immer genau wissen, was ich mache und wo ich hingehe. Worüber er ihr allerdings in der letzten Zeit nicht immer die Wahrheit gesagt hat. Auch gestern nicht, als er sich aufgemacht hat zu seiner Aktion.

Ob mit den Batterien der Taschenlampe das Telefon irgendwie mit etwas Strom zu versorgen wäre, sodass man zumindest einen Notruf absetzen könnte? Der Rachbauer Kevin wäre dazu sicher in der Lage. Die Erfahrungen, die der Albert bis jetzt im Modellbau gesammelt hat, halten sich in engen Grenzen, dennoch macht er sich daran, dieser Idee weiter nachzugehen. Und wenn es nur ist, um irgendetwas zu tun. Allzu lange kann er sich diesem Vorhaben jedoch nicht ungestört widmen, denn zuerst kaum wahrnehmbare

Geräusche lenken ihn ab. Wieder eine Ratte? Ihm graust noch immer vor dem fetten Vieh, das ihn so unsanft geweckt hat. Angestrengt lauscht er nach allen Richtungen, um den Ursprung dessen, was er da nun immer deutlicher hört, festzustellen. Nein, das ist keine Ratte, und es kommt auch nicht aus irgendeiner der dunklen Ecken des Raumes, es kommt von oben. Schritte, die sich nähern. Irgendjemand ist da. Die Geräusche, die nun zu hören sind, klingen, als ob das Regal über der Falltür zur Seite geschoben wird. Sollten die Männer zurückkommen, hat man ihn gestern vielleicht doch bemerkt und bewusst eingesperrt? Wie auch immer, der Albert hat keine Lust, das herauszufinden, indem er ruhig sitzen bleibt und sich so den Besuchern ausliefert. Schnell wirft er seine Sachen auf die Decken, die ihm als Nachtlager gedient hatten, und schnappt sich das Ganze. Gerade schafft er es noch, die Deckenbeleuchtung abzudrehen und im Schrank zu verschwinden, ehe sich die Luke öffnet und jemand herabsteigt in sein Gefängnis.

Wieder geht das Licht an, wieder kann der Albert durch die Ritzen der Tür beobachten, was sich da draußen nun tut. Soweit er es aus seiner Perspektive beurteilen kann, ist es nur eine Person, die sich da nun suchend im Raum umschaut. In jede Richtung blickt der Schwarzgekleidete, jetzt nimmt er den Schrank ins Visier. Kommt darauf zu. Der Albert wagt kaum zu atmen. Wie schon zuvor schafft er es gerade mal so, die Tür des Kastens von innen zu fassen und mehr schlecht als recht zuzuhalten. Seine Position ist äußerst ungünstig, die zu einem unförmigen Bündel zusammengerafften Decken nehmen nun weit mehr Platz in Anspruch. Schmerzende Gelenke, Angstschweiß, ein zunehmendes Schwindelgefühl – sei es, weil er schon allzu lang nichts gegessen hat oder aufgrund des noch immer im Keller hängenden Geruchs der roten Fässer – den Albert verlassen die Kräfte, lange wird er die Tür des Schranks nicht mehr halten können.

10

„Ihr seid ja komplett wahnsinnig! So was ist mir umgehend zu berichten! Stattdessen bekomm ich den Stand der Dinge wieder scheiberlweise serviert. Und nebenbei ist das gefährlich, was ihr da treibt, ist euch das nicht klar?" Chefinspektor Steiners Ausbruch ist nicht gespielt. Er ist ja mittlerweile einiges gewohnt von diesen sturen Innviertlern, aber trotzdem schaffen die es immer wieder, seinen Geduldsfaden zu strapazieren. Während er aus dem Wagen steigt, schüttelt er unablässig seinen Kopf, so als könnte er damit das eben Gehörte verständlicher anordnen.

Der Onkel Franz hatte dem Kriminaler auf der Fahrt sämtliche bis jetzt verschwiegenen Vorgänge gebeichtet: die Aufrüstung der Drohne durch den Rachbauer Kevin, den nächtlichen Einsatz mit dem Gerät, den Absturz. Dass sie den Schleindinger Poldi erkannt hatten, den zweiten Mann hingegen nicht. So gut es ging, hat er eine Beschreibung abgegeben, Steiner damit zu ersten Vermutungen gebracht. Die der allerdings für sich behält. Ein bisschen hat er ja selbst Anteil an der Motivation seiner hiesigen Hilfssheriffs, gesteht er sich gerade ein. Das dämpft seinen Ärger auf den Onkel etwas, trotzdem befiehlt er ihm relativ barsch, im Wagen zu bleiben. Bei der Befragung der Frau vom Albert, die gerade aus dem Haus kommt, will er allein sein. Aus dem Auto sieht der Onkel Franz, wie die besorgte Gattin seines Freundes auf Steiner einredet. Hören kann er nicht viel, das Fenster herunterzukurbeln wagt er nicht. Denn die Standpauke des Chefinspektors hat durchaus Eindruck auf ihn gemacht. Weil, er hat ja recht. Was müssen wir uns da auch dauernd einmischen. Diese Einsicht hindert ihn jedoch nicht daran, die Szene vor der Haustür weiter zu beobachten. Jetzt redet Steiner, stellt offenbar Fragen. Die Hausfrau bittet ihn daraufhin nach drinnen.

Eine gefühlte Ewigkeit später, der Polizist kommt wieder aus dem Haus, steigt in den Wagen.

„Ich war im Keller. Dort, wo er neuerdings bastelt, Ihr Spezi. Hab mir seinen Browser-Verlauf angeschaut, auf seinem Laptop dort unten. Bei seinen letzten Anfragen von gestern geht's um Transponder-Signale und wie man sie ortet. Nach allem, was Sie mir erzählt haben, hat sich der Herr Albert mit diesen Informationen wohl auf die Suche nach seiner abgestürzten Drohne gemacht. Und genau das tun wir jetzt auch."

Bis ein geeigneter Spezialist für dieses Vorhaben vor Ort sein könnte, würde es zu lange dauern, meint Steiner weiter, da müsse man jetzt kreativ sein. Er startet den Wagen.

„Wo wohnt dieser Kevin?"

Beim Haus der Rachbauers angekommen, darf nun der Onkel Franz vorgehen. Auf sein Läuten hin öffnet der Großneffe, und mit wenigen Worten schildert er ihm den Grund seines Besuchs, stellt ihm anschließend den Linzer Polizisten vor. Gottlob hat der HTL-Schüler noch immer sturmfreie Bude, somit fallen zeitraubende Erklärungen bei den Erziehungsberechtigten des Buben weg. Steiner übernimmt nun, trägt sein Anliegen vor. Mit einem kurzen Wink bedeutet der Kevin darauf den beiden Männern, ihm zu folgen, führt sie in sein Technik-Stüberl. Dort setzt er sich auch gleich an seinen Computer und beginnt die Tastatur zu bearbeiten.

„Handy."

„Wie bitte?"

„Ihr Handy, Herr Inspektor. Wegen der App."

„Ach so, bitte sehr."

Der Fünfzehnjährige erklärt die Handhabung der Software, altklug und sachlich. Als würde er jeden Tag die Kriminalpolizei bei Problemen unterstützen. Großartiges Interesse für Grund und

Zweck der Suchaktion zeigt er nicht, ihn beschäftigt scheinbar nur der technische Aspekt der Angelegenheit.

*

„Da gehst du gefälligst allein hin!" Ferdinand Schleindinger hat sich eben berichten lassen, wie die Reaktion Meier-Lobrechts auf die Konfrontation mit der neuen Lage ausgefallen ist. Gerold Haubinger teilte ihm nicht ohne Stolz mit, dass der „feige Erpresser", wie er sich ausdrückte, ohne Weiteres auf seine Bedingungen eingegangen war. Mit den Dreißigtausend würde er sich ein für alle Mal zufriedengeben, auch den neuen Übergabeort und Termin habe er akzeptiert.

„Aber warum ich die ganze Arbeit machen soll, sehe ich nicht ein, mein Lieber."

„Na, dann denk einmal scharf nach", erwidert Schleindinger, „vielleicht kommst du ja drauf. Bis jetzt bin ich in der Sache persönlich nicht in Erscheinung getreten und dabei belassen wir es auch. Ich nehme an, du liest Zeitung, oder? Dann sollte dir auch nicht entgangen sein, dass die aktuelle Bundesregierung schon wieder ordentlich wackelt. Woran ich und meine Freunde nicht ganz unschuldig sind, wenn du verstehst. Ein paar gezielte Hinweise an die Medien, das können wir auch. Ergo sind vorgezogene Neuwahlen nicht unwahrscheinlich. Schon wieder. Und dann schaut mindestens ein Minister heraus für mich, wenn nicht mehr. Verlass dich drauf. Wenn du also Wert darauf legst, bald wieder ein amtierendes Kabinettsmitglied zum Freund zu haben, dann hältst du mich schön raus aus dem Schlamassel. Hast du mich verstanden?"

Dem kann Haubinger nun doch etwas abgewinnen, er gibt nach.

„Gut, dann mach ich's halt allein. Aber wenn's danach wirklich wieder aufwärts geht für dich, dann denkst du an mich, gell? Ich hab nämlich nicht vor, ewig nur Stadtrat zu bleiben. Könnt mir durchaus vorstellen, dass ich Talent zum Landtagsabgeordneten hab."

„Jaja, da lässt sich dann sicher was machen. Aber sag, wie bist du eigentlich auf die alte Fabrik gekommen?"

„Die FRITZ AG? Ja weißt du, mit der hab ich damals zu tun gehabt, noch vor meiner Zeit im Gemeinderat. Als Insolvenzverwalter. Dafür muss man ja nicht unbedingt Rechtsanwalt sein, nicht wahr. Eine unbescholtene, verlässliche und geschäftskundige Person wird da verlangt, und das bin ich ja wohl, gell. Außerdem wird's gar nicht so schlecht bezahlt, so ein Neben-Gschäfterl. Na ja, und da hab ich jetzt zufällig noch einen Satz Zweitschlüssel für den alten Bau. Das Gelände ist abgelegen und da draußen ist sonst kein Mensch. Ideal für die Übergabe, glaub mir."

*

Chefinspektor Steiner klemmt sein Mobiltelefon in die dafür vorgesehene Halterung am Armaturenbrett und startet den Wagen. Noch liefert die Tracking-App kein Signal, der Rachbauer Kevin hatte ihm erklärt, dass sie sich zuerst auf etwa drei Kilometer dem Transponder nähern müssten, bevor sich das „billige Trumm", wie er sich ausdrückte, bemerkbar machen würde. Darum fährt der Polizist nun auch erst einmal Richtung ASZ, dem Onkel Franz auf dem Beifahrersitz überträgt er die Aufgabe, das Display nicht aus den Augen zu lassen.

„Bei dem elektrischen Zeug bin ich, befürcht ich, keine große Hilfe. Mit dem hab ich's noch nie so ghabt."

„Jaja, ich weiß schon", knurrt Steiner, „da ist der Herr Albert talentierter. Aber mir Bescheid geben, wenn ein roter Punkt zu blinken anfängt, dafür wird's schon reichen, oder?"

„Ja." Einsilbig und kleinlaut fällt die Antwort des Onkels auf diesen Anpfiff aus, denn der Polizist hat jedes Recht, ihn etwas zurechtzustutzen. Diese Einsicht resultiert zum größten Teil aus der Sorge um den Freund. Hätte man sich nicht eingemischt und Steiner nicht dermaßen zeitverzögert informiert, wer weiß, dann würden der Albert und er jetzt gerade gemütlich im Gastgarten bei Bier und Essigwurscht sitzen. Stattdessen ist er nun wieder mit dem Chefinspektor unterwegs, um seinen Spezi zu suchen. Wie damals. Damals ist es gerade noch gut ausgegangen, aber knapp war's. Hoffentlich, denkt er sich jetzt, hoffentlich gelingt uns das wieder, niemals würd ich mir das verzeihen. Von der Frau vom Albert und seiner eigenen gar nicht zu reden.

Während der Onkel Franz diesen Gedanken nachhängt, haben sich die beiden bereits dem Altstoffsammelzentrum bis auf wenige hundert Meter genähert. Noch immer kein Signal. Als sie am Haupttor ankommen, hat sich daran nichts geändert, Steiner hält trotzdem an und steigt aus. Kontrolliert das von der Polizei angebrachte Schloss sowie das Siegel. Beides ist intakt, er steigt wieder in den Wagen. „So, und jetzt noch zum hinteren Tor. Dort haben wir hoffentlich mehr Glück."

Sie umrunden das Gelände, dann das dahinterliegende Waldstück, das eine ziemlich große Fläche einnimmt. Dadurch müssen sie sich zuerst ein gutes Stück vom Sammelzentrum entfernen, um von hinten in den Forstweg einzufahren, der zum rückwärtigen Zaun des Betriebes führt.

„Jetzt blinkt da was!" Aufgeregt deutet der Onkel Franz auf das Display. Tatsächlich ist nun ein Signal zu sehen. Langsam pulsiert ein roter Punkt, Linien und Flächen erscheinen, das System beginnt zu arbeiten. Der Chefinspektor lenkt den Wagen langsam über den etwas holprigen Weg, so als hätte er Angst, das Signal könnte durch die Erschütterungen verstummen. Doch das tut es vorerst nicht, träge, aber gut sichtbar blinkt der rote Punkt. Wenn die beiden Männer nun damit gerechnet haben, dass sich die Intervalle zusehends verkürzen würden, je näher sie dem Betriebsgelände kommen, ist zu ihrer Verwunderung das Gegenteil der Fall. Schon einige Zeit, bevor Steiner jetzt am hinteren Tor hält und aussteigt, um auch hier die Sicherungsmaßnahmen zu begutachten, hat sich das Signal bereits wieder ganz verabschiedet.

„Da war wer dran", berichtet der Linzer dem Onkel Franz, als er zum Wagen zurückkehrt, „Schloss aufgesägt, Siegel zerrissen. Jetzt heißt es Prioritäten setzen. Gehen wir zuerst da rein, oder fahren wir zurück und folgen dem Signal?"

Der Onkel zuckt mit den Schultern. Die Frage des Polizisten ist nicht so einfach zu beantworten. Freilich gilt es zunächst, den Albert zu finden, da nicht auszuschließen ist, dass der sich in einer Notlage befindet. Ob es da jetzt zielführender ist, zuerst den Entsorgungsbetrieb abzusuchen oder schnellstens den Transponder aufzuspüren, ist schwer zu sagen. Weil Steiner nun den Motor startet und wendet, hat er sich wohl gerade für Zweiteres entschieden.

„Was immer da drin los war, darum kümmern wir uns später. Wenn das Peilsignal jetzt von hier wegführt, dürfen wir wohl auch den Herrn Albert in dieser Richtung vermuten. Meinen Sie nicht?"

Das leuchtet dem Onkel Franz ein, er nickt. Und nimmt seine Arbeit wieder auf. Während Steiner den Forstweg, so schnell es dieser erlaubt, zurückfährt, beobachtet er wieder aufmerksam das Display des Handys. Das Signal ist jetzt wieder da, pulsiert in langsam kürzer werdenden Abständen. Auch die vereinfachte Darstellung der Umgebung wird allmählich etwas detaillierter. Scheinbar sind sie nun auf der richtigen Fährte.

Das Waldstück liegt jetzt mittlerweile hinter ihnen, auch die Ortsgrenze haben sie passiert. So recht ist keinem der beiden klar, was das Ganze bedeuten soll. Hat der Albert denselben Weg genommen? Wenn ja, womit? Sein alter Kombi steht zu Hause, er dürfte also zu Fuß aufgebrochen sein. Doch über die Distanz, die sie nun zurücklegen, kann er wohl kaum ohne Fahrzeug dem Signal gefolgt sein.

„Herr Franz", spricht Steiner aus, was auch dem Onkel schon durch den Kopf gegangen ist, „wenn wir mit der Vermutung richtig liegen, dass Ihr Freund die Drohne vielleicht schon gefunden hat, er sich also dort befindet, wo uns das Signal hinführt, dann müssen wir auch die Möglichkeit in Betracht ziehen, dass er sich nicht freiwillig in diese Richtung bewegt hat. Umso wichtiger, dass wir ihn schnellstens finden. Was macht der rote Punkt?"

„Wird immer schneller. Kann nicht mehr weit sein, denk ich. Wenn ich das hier richtig lese, dann müssen wir da vorne rechts."

Er deutet auf eine Abzweigung, die von der Landstraße weg zwischen Wiesen und Feldern auf einen bewaldeten Hügel führt. Dort angekommen, leitet sie das Signal erneut in einen Waldweg. Der ist allerdings weit schmäler und unwegsamer als die Forststraße hinterm ASZ. Im weichen Boden sind deutlich Spuren breiter, grobstolliger Reifen zu sehen, je weiter sie in den Wald vordringen, desto näher rücken die Bäume links und rechts. Irgendwann wird der Weg so schmal, dass ein Weiterfahren nicht mehr möglich scheint. Auch die Spuren des anderen Fahrzeugs enden hier. Steiner stoppt den Wagen, beide steigen aus. Mit dem Mobiltelefon in der Hand beginnt er sich zu orientieren. Der Onkel Franz ist froh, von der technischen Aufgabe entbunden zu sein und folgt Steiner in kurzem Abstand. Das Zeichen, das ihm dieser mit der nach hinten gestreckten linken Hand gab, bedeutete zwar wahrscheinlich, dass er zurückbleiben sollte, der Onkel ignorierte diese Geste aber, die Sorge um den Albert treibt ihn an.

Der rote Punkt flackert nun in sehr kurzen Abständen auf.

Neben dem elektronischen Wegweiser folgt der Chefinspektor den Spuren, die vor ihm zu erkennen sind. Fußabdrücke, wie es aussieht, von zwei Personen. Ganz genau lässt sich das nicht ausmachen, denn es führen auch Abdrücke den Weg zurück, das verwischt das Bild etwas. Was aber deutlich dazwischen zu erkennen ist, ist eine Schleifspur. Irgendetwas oder Irgendjemand wurde hier augenscheinlich über den Waldboden gezogen. Auch der Onkel Franz hat die Spuren bemerkt und malt sich in Gedanken bereits die schlimmsten Szenarien aus.

Nach einigen Minuten sind sie am Ziel. Hier enden die Abdrücke, auch die Tracking-App zeigt durch einen schrillen Dauerton an, dass sie sich unmittelbar in der Nähe des gesuchten Transponders befinden müssen. Die Anhäufung von Zweigen und Ästen vor ihnen weckt ungute Assoziationen mit dem ersten Fundort hinter dem Sammelzentrum. Wenn man sich hier auch bemüht hat, das Ganze halbwegs natürlich aussehen zu lassen, das geschulte Auge Steiners erkennt, dass da jemand am Werk gewesen sein muss.

Während er die ersten Äste zur Seite schafft, erteilt er seinem Begleiter einen Auftrag.

„Schnell, gehen Sie zum Wagen. Im Kofferraum unter der Abdeckung ist ein Klappspaten. Beeilung!"

*

„Sag, Gerold", richtet Irma Haubinger beiläufig das Wort an ihren Gatten, „ich sitz grad über der Buchhaltung. Kannst mir da schnell mal helfen? Ich versteh da was nicht."

Natürlich hilft er ihr, der Herr Diplomkaufmann. Wenn seine Frau auch schon länger die Bücher führt – sie hatte vor Jahren darauf bestanden, sich in dieser Form nützlich zu machen –, so richtig sattelfest ist sie in der Materie nicht. Meint zumindest er. Wie sollte sie auch, fehlt ihr doch die fundierte Ausbildung, die er genossen hat. Unverzichtbar, um ein gehobenes Handelshaus wie das seine zu führen. Irmhild Haubinger, geborene von Hallersbach, hat dafür eine stattliche Mitgift in die Ehe eingebracht. Mit ein Grund dafür, dass die Insolvenz, in die das Unternehmen kurz nach der Übergabe durch seinen Vater an ihn geschlittert war, gerade noch abgewendet werden konnte. Und mit ein Grund für die Heirat.

„Ja, meine Liebe, ich komm schon. Was hast denn für Probleme, wo kann ich dienen?"

„Na ja, diese Kontobewegung da", dabei deutet sie auf den Bildschirm des Laptops vor sich, „die kann ich nicht zuordnen."

„Lass einmal schauen. Von wann ist denn die?"

„Na, von heute. Da, die zehntausend Ausgang, die musst' mir erklären."

Diplomkaufmann Stadtrat Gerold Haubinger wird etwas blass um die Nase. „Wie jetzt, hat die Bank schon von heut Kontoauszüge geschickt? Am Samstag?"

„Geh, Dummerle. Da wird schon lang nichts mehr gschickt. Online-Banking, verstehst du? Da kann ich jederzeit den aktuellen Stand abrufen. Und da ist jetzt eben diese Behebung. Schau halt selber."

Haubinger unterdrückt das leichte Zittern, das sich innerlich eingestellt hat, seit er das Wort „zehntausend" gehört hat, und geht in die Offensive. „Online-Banking", sagt er in einem Ton, den er sonst im Stadtrat anschlägt, „wann hab ich das autorisiert? Passt mir nämlich gar nicht, ich halt das für sehr unsicher. Und daran", er deutet auf den Bildschirm, „siehst du es ja, mit Recht. Kann überhaupt nicht sein, diese Summe. Da hat der Computer sicher einen Fehler gmacht."

„Meinst du, mein Lieber? Bis jetzt hat's immer gestimmt. Aber wenn du glaubst."

„Ich werd der Sache nachgehen, liebe Irma, gleich am Montag. Und jetzt Schluss damit, ich hab Hunger. Was gibt's denn heut zum Nachtmahl?"

„Ein Roastbeef hat uns die Martha angerichtet. Mit Remoulade. Aber sag, ist es fürs Nachtmahl nicht noch ein bisserl früh?"

„Früh oder nicht, Hunger hab ich jetzt. Außerdem muss ich später noch mal weg. Der Bürgermeister braucht mich. Irgendwas Wichtiges, gell?"

*

Unter den Ästen und Zweigen, die eine Fläche von etwa zwei mal drei Metern bedeckt haben, zeigen sich nun, da sie Chefinspektor Steiner mithilfe vom Onkel Franz zur Seite geschafft hat, deutliche Spuren. Hier hat jemand gegraben. Den Spaten, den der Onkel mittlerweile aus dem Auto geholt hat, klappt Steiner nun auseinander und beginnt vorsichtig, Erde zur Seite zu schaufeln. Äußerst behutsam und Schicht um Schicht, er weiß nicht, was ihn unter den nächsten Zentimetern Erdreich erwartet. Auf jeden Fall der Transponder der Drohne, so viel ist sicher. Doch was – oder gar wer – noch, wagen weder er noch der Onkel Franz zu denken. „Da ist was!"

Der Polizist hält inne, gerade ist er mit dem Spaten auf einen Widerstand gestoßen. Noch bedächtiger als zuvor legt er nun eine Art

feste Plane frei, die da auf einer Länge von fast drei Metern irgendetwas bedeckt. Dem Onkel Franz wird leicht schwindelig, er rechnet mit dem Schlimmsten. Steiner hat jetzt die Plane so weit vom
Erdreich befreit, dass er sie an einem Ende zu fassen kriegt. Mit ge-
spreizten Beinen steht er über dem länglichen Aushub und beginnt
zu ziehen. Das Erste, das die beiden zu sehen bekommen, ist der
Deckel eines roten Plastikfasses. Kurz stellt sich eine gewisse Erleichterung ein, doch die Anspannung kehrt augenblicklich zurück.
Denn noch ist der Großteil der Fundstelle bedeckt. So lässt sich
das Bild, das sich in des Onkels Hirn eingeschlichen hat, nicht ver-
treiben. Das Bild seines Freundes, der da unter der Plane zum Vorschein kommen könnte, in einem Zustand, den er sich allerdings
nicht einmal zu denken traut.

„Fassen Sie mal mit an!"

„Was?"

„Die Plane. Ich zieh links und Sie auf der rechten Seite. Und dann
machen wir es wie mit einem Pflaster. Weg damit in einem Ruck.
Verstehen Sie?"

Freilich versteht er, der Onkel Franz. Das Ding jetzt langsam
Zentimeter um Zentimeter zu entfernen und jede Sekunde damit
rechnen zu müssen, mit einem grausigen Anblick konfrontiert zu
werden, das halten seine Nerven nie und nimmer aus. Und die des
Kriminalbeamten wahrscheinlich auch nicht. Trotz jahrzehntelanger Erfahrung in diesen Dingen. Also stimmt er dem Vorschlag
Steiners stumm nickend zu und legt Hand an.

„Auf drei. Eins – zwei – drei!"

Erdklumpen fliegen durch die Luft, einer davon, ein kleiner, trifft
den Onkel an der Stirn. Doch das spürt er nicht einmal. Denn jetzt,
wo die Plane in ihrer ganzen Länge weggezogen ist, bietet sich ihm
freie Sicht auf die Grube darunter. Und was darin begraben liegt.
Am liebsten würde er sich abwenden und es dem Linzer überlassen,
genauer hinzusehen. Doch er zwingt sich dazu, braucht Gewissheit. Das rote Fass, dass vorhin schon zum Vorschein gekommen
war und noch etwa zehn weitere gleichen Typs stehen in Reih und

Glied in dem länglichen Loch, das von seinen Abmessungen her einem Grab nicht unähnlich ist. Doch außer den Fässern ist da nichts. Kein Albert. Gott sei Dank.

*

In seinem Versteck, dem Kasten, hatte der Albert bereits die Hoffnung gehabt, unentdeckt zu bleiben. Denn der Schwarzgekleidete hatte sich schon wieder abgewandt und schien Anstalten zu machen, den Keller zu verlassen. Kurz vor dem Aufgang hielt er aber dann noch einmal inne, ging auf die Knie und hob etwas auf. Die Pumpe mit dem langen Schlauch war es, die, die auch dem Albert zuvor schon aufgefallen war. All das konnte er durch die Ritzen der Tür beobachten, die er mit letzter Kraft von innen zuhielt. Als sich der Fremde gebückt hatte, war auch dessen Kopf in sein Blickfeld gekommen. So konnte er sehen, dass der Mann eine schwarze Wollhaube trug, die auch das Gesicht bedeckte. Lediglich schmale Schlitze für die Augen hatte das Ding. Und diese Augen blickten nun wieder in seine Richtung. Der Mann hatte sich nämlich plötzlich ruckartig umgedreht, das quietschende Geräusch, das die Schranktür beim Aufschwingen von sich gab, hatte ihn aufgeschreckt und herumfahren lassen. Den Albert hatte zu diesem Zeitpunkt endgültig die Kraft verlassen, keine Sekunde länger hätten seine verkrampften, schmerzenden Finger die Tür halten können.

Wie auf dem Präsentierteller ist er nun dem Fremden ausgeliefert, der – die eiserne Pumpe in der erhobenen Rechten – immer näher kommt. Beinahe wäre er ohnmächtig geworden, die Erinnerung an damals, als sie es mit einem ähnlich Maskierten zu tun bekommen hatten, lässt ihn vor Angst zittern. Da war es Chefinspektor Steiner gewesen, der dem wahnsinnigen Täter die Maske vom Kopf gezogen hatte. Mit Schaudern muss der Albert an die Geschichte denken. Der hier aber, der da jetzt bedrohlich auf ihn zukommt, der greift nun selbst an die Haube und zieht sie sich langsam vom

Gesicht. In der anderen Hand hält er noch immer die Pumpe zum Schlag bereit.

In dem Moment fällt er entkräftet aus dem Schrank, der Albert. Auf dem Boden liegend versucht er mit den Unterarmen seinen Kopf zu schützen, macht sich aufs Schlimmste gefasst.

„Albert! Keine Angst. Ich tu dir nichts, alles gut. Ich bin's."

Die Stimme kommt ihm bekannt vor, das verwirrt ihn. In Abwehrhaltung und voller Angst wagt er einen Blick nach oben. Er schaut in das Gesicht seines Angreifers, und als er begreift, wer da über ihm steht, kennt er sich gar nicht mehr aus.

„Moser? D…d…der Moser Erwin? Aber wieso …?"

Es dauert einige Zeit, bis der ehemalige Leiter des Sammelzentrums den Albert soweit beruhigen kann, dass der halbwegs aufnahmefähig für seine Erklärungen ist. Die beiden Schwarzgekleideten geben ein seltsames Bild ab, wie sie sich da jetzt auf dem Boden des Kellers gegenübersitzen und ihre Geschichten austauschen. Was den Albert in der letzten Nacht hierhergeführt hat, ist im Groben schnell erklärt, die Beweggründe, die den Moser Erwin zu seinen Handlungen angetrieben haben, brauchen da schon etwas länger.

„Ich hab da einen Riesen-Blödsinn gemacht, Albert. Die haben mir so übel mitgespielt, mir einfach meinen Posten genommen, da bin ich auf diese saudumme Idee gekommen. Bin mit dem, was ich gesehen habe, nicht zur Polizei, was das Gescheiteste gewesen wäre, sondern wollte es denen zeigen. Schwerer Fehler, das weiß ich jetzt."

*

„Und wo ist jetzt dieser Sender?" Der Onkel Franz hat sich mittlerweile wieder etwas gefangen und schaut Steiner fragend an. „Und vor allem, wo ist der Albert?"

„Wenn Sie den Transponder meinen, der muss auf jeden Fall hier sein. Das Signal pfeift immer noch wie verrückt. Vielleicht unter oder in einem der Fässer, keine Ahnung. Meine Kavallerie ist schon unterwegs, das Ganze hier wird genauestens untersucht. Aber eines kann ich jetzt schon sagen, was immer da drin ist, für die Bio-Tonne ist das nichts."

Der Chefinspektor hat vorhin nämlich einen der Behälter geöffnet, nach einer kurzen Geruchsprobe aber sofort wieder geschlossen. Und danach auch gleich telefoniert. Spurensicherung plus Umweltbundesamt, das volle Programm. Allmählich sieht er sich in einigen seiner Theorien bestätigt.

„Was den Herrn Albert betrifft, bin ich allerdings auch etwas ratlos. Auf jeden Fall setzen wir unsere Suche fort. Und zwar als Nächstes wieder im Sammelzentrum, würd ich sagen. Dort hab ich ebenfalls schon Beamte hinbeordert. Also los, steigen Sie ein, ist vielleicht gut, wenn der Hausleitner nicht vor uns eintrifft."

*

Der Albert hat den Moser Erwin davon überzeugt, dass es jetzt das Beste wäre, so schnell wie möglich Steiner zu informieren. Sich freiwillig stellen, wie die das im Fernsehen immer nennen. Alles auf den Tisch legen. Er selbst hat da ja auch noch das eine oder andere zu beichten. Zwar hat er die Nummer des Chefinspektors in seinem Handy eingespeichert, dessen Akku ist aber nach wie vor leer. Der Moser hat weder Telefon noch gar ein Ladegerät dabei, also auf zum nächsten Festnetz. Oben im Büro ist eines, die zwei begeben sich dorthin. Dabei muss der ehemalige Leiter den Albert stützen, denn der ist mittlerweile schon ziemlich entkräftet. Beim Telefon angekommen, stellt sich die Frage, wen man nun zuerst anrufen sollte. Den örtlichen Posten, den Franz oder doch lieber zuerst daheim seine Frau? Der Albert entscheidet sich für Ersteres.

Der Beamte, der den Anruf entgegennimmt – es ist nicht der Hausleitner, der ist mit der Forsthofer Svenja unterwegs –, ist alles andere als freundlich und hilfreich. Auf die Frage, wo Chefinspektor Steiner sich aufhalte und ob man mit ihm verbunden werden könne, meint er nur, dass da ja jeder kommen könne. Einfach so anrufen und Auskunft über Polizeiinternes verlangen, sicher nicht.

Genauso weigert er sich, Steiners Telefonnummer herauszugeben. Und legt dann einfach auf.

„Was war denn das jetzt?", regt sich der Albert trotz seines lädierten und unterzuckerten Zustandes auf. „So ein Depp! Im Fernseh-Krimi geht das anders. Dann suchen wir ihn halt selbst, den Steiner. Am besten zuerst beim Egger, da hat er ein Zimmer. Und vor allem gibt's da was zu essen. Hast du ein Auto in der Nähe?"

Der Moser bejaht die Frage, weiter hinten im Wald habe er sein Auto stehen gelassen. Und da den Albert nach seinem Gefühlsausbruch von eben die Kräfte wieder verlassen, entscheidet er sich, den Wagen zu holen.

*

Gruppeninspektor Thomas Hausleitner, der mit seiner jungen Kollegin zum selben Zeitpunkt gerade hinter dem Sammelzentrum ankommt, stellt den Motor des Dienstfahrzeuges ab und steigt aus. Mithilfe seiner Taschenlampe, es dämmert bereits stark, kontrolliert er Siegel und Schloss am Tor und diktiert der Forsthofer Svenja deren Zustand fürs Protokoll. Er hat beschlossen, sich auf seinen höheren Dienstgrad zu berufen und – Onkel hin oder her – dem Mädel gegenüber den Vorgesetzten herauszukehren.

„Schreiben Sie: Siegel aufgeschnitten, wahrscheinlich mit einem scharfkantigen …"

„Sollen wir das nicht einfach fotografieren? Mit dem Handy, mein ich. Dann könnt man es einfach …"

„Schreiben, hab ich gesagt", unterbricht sie der Hausleitner nun seinerseits, „und auf dem Revier wird das dann schön ins Protokoll übertragen. Das auch Sie schreiben. Damit S' was lernen."

Er will schon fortfahren, der Neuen einen ausführlichen Vortrag über Routinen im Polizeialltag halten, da wird er auf eine Bewegung innerhalb des Zaunes aufmerksam. Ein Schatten nur, aber da ist eindeutig jemand. Er richtet seine Taschenlampe auf das Gelände und versucht das, was er zu sehen geglaubt hat, mit dem Lichtkegel einzufangen. Sollte er sich getäuscht haben? Aber nein, jetzt erkennt er eine schwarz gekleidete Gestalt. Die wiederum, als sie bemerkt, dass sie entdeckt wurde, zu laufen beginnt. Mit Mühe kann der Polizist dem Schatten mit seiner Taschenlampe folgen. Den Zaun entlang, vom Tor weg, rennt der Unbekannte, die beiden Beamten tun es ihm auf der anderen Seite gleich. Da das Gelände außerhalb der Einzäunung durch allerhand Gestrüpp unwegsamer ist als auf dem Hof des Sammelzentrums, ist der Flüchtende zuerst am Loch im Zaun und schlüpft hindurch. Danach rennt er in unvermindertem Tempo weiter durch den Wald, der Hausleitner hinten nach.

„Halt, stehen bleiben oder ..." Weiter kommt er nicht, der Gruppeninspektor, denn eine etwas hochstehende Wurzel bremst seinen Lauf. Lang schlägt er hin, unsanft, mit dem Gesicht auf Gott sei Dank weichen Waldboden. Die Forsthofer Svenja, im Gegensatz zu ihrem etwas korpulenten Vorgesetzten jung und gut trainiert, vergewissert sich kurz, dass der andere nicht schwer verletzt ist und setzt die Verfolgung fort.

Allerdings erfolglos. Der Vorsprung des Schwarzgekleideten ist bereits zu groß. Auch die Sichtverhältnisse im Wald sind schlecht, schon bald hat ihn die Dunkelheit verschluckt. Die frischgebackene Polizistin gibt nicht ohne Frust auf und kehrt zum gestürzten Hausleitner zurück. Der hat sich mittlerweile aufgesetzt und reibt sich jammernd den Knöchel.

*

Mit ausgeschaltetem Licht und schon vorher abgestelltem Motor rollt der Wagen langsam auf das Haupttor des Altstoffsammelzentrums zu. Der Moser Erwin steigt aus und schließt auf. Zum wiederholten Male gratuliert er sich innerlich zu der Entscheidung, nach seinem Abgang einen Satz Schlüssel zu behalten. Damals wusste er noch nicht wofür, erst nach und nach reifte die Idee, seinem Nachfolger das Leben schwer zu machen. So hatte er begonnen, seinen ehemaligen Arbeitsplatz zu observieren. Die wollene

Maske, die er dabei trug, kam ihm anfangs selbst etwas übertrieben vor. Anfangs. Denn nach dem, was er alles zu sehen bekam, war jede Vorsicht mehr als angebracht. Auch jetzt, da er beschlossen hat, sich diesem Linzer Ermittler anzuvertrauen, alles zu sagen, bleibt er misstrauisch. Wer ihn da vorhin am hinteren Zaun beinahe erwischt hatte, war nicht genau zu erkennen gewesen, das Licht der Taschenlampe, das auf ihn gerichtet wurde, hatte ihn geblendet. Gut möglich, dass es Polizisten gewesen waren, genauso gut könnte es sich aber auch um die Leute gehandelt haben, deretwegen er diese Nacht eigentlich gekommen war. Das Risiko, das herauszufinden, wollte der Moser Erwin allerdings nicht eingehen.

Als er nun die Tür zur Halle aufsperrt, wartet dahinter schon der Albert. Dem geht es jetzt gar nicht mehr gut, gerade noch so schafft er es, vom Moser gestützt, zum Auto. Unbemerkt von den beiden Polizisten am anderen Ende des Geländes können sie den Schauplatz verlassen.

*

„Hausleitner, was haben S' denn schon wieder angestellt?"
Chefinspektor Steiner ist gerade mit dem Onkel Franz am rückwärtigen Tor angekommen. Auf der Rückbank des Streifenwagens findet er nun den verletzten Gruppeninspektor vor. Dessen Beine ragen aus der offenen Tür heraus, eines davon wird ihm gerade von seiner Kollegin verbunden. Als die den Kriminalbeamten kommen sieht, unterbricht sie ihre Tätigkeit und gibt militärisch Rapport.
„Unbekannten auf dem Gelände angetroffen, Herr Chefinspektor. Hat sich unserem Zugriff durch Flucht entzogen. Durch den Wald. Verfolgung aufgenommen, leider erfolglos. Gruppeninspektor Hausleitner dabei verletzt. Linker Knöchel. Fürchte, momentan dienstunfähig."
Beim letzten Satz kommt der jungen Beamtin ein verhaltenes Grinsen aus. Da sie dem Hausleitner dabei den Rücken zukehrt, kann

der das nicht sehen. Steiner sehr wohl, und auch der kann sich jetzt ein leichtes Schmunzeln nicht verkneifen.

„Ja, danke, Kollegin", sagt er darauf, „aber der wird schon wieder. Gell, Hausleitner?" Dann wendet er sich an den Onkel Franz „Sie warten jetzt bitte hier bei unserem Schwerverletzten, ich geh mit der Beamtin rein und durchsuche das Areal. Irgendwo muss Ihr Freund ja sein. Sobald weitere Kollegen eintreffen, informieren Sie die über die Lage, einverstanden?"

Der Onkel nickt. Am liebsten würde er sich zwar der Suche nach dem Albert anschließen, sieht aber ein, dass er wohl jetzt nicht viel Hilfreiches dazu würde beitragen können.

„Und Sie, Hausleitner, Sie fordern einen Rettungswagen an, für alle Fälle."

„Wird hoffentlich nicht notwendig sein, Herr Chefinspektor, die Schmerzen lassen schon ein bisserl nach."

„Doch nicht für Sie, Himmelherrschaft", schnappt Steiner kopfschüttelnd, „doch nicht für Sie! Ihr bringt mich noch zur Verzweiflung, ihr Innviertler."

*

„Resi, schnell, etwas zu essen! Und den Steiner brauchen wir!"

„Erwin? Was machst denn du hier mit dem Albert? Und wie schaut ihr überhaupt aus?"

Die beiden sind eben beim Egger-Wirt angekommen, die wenigen Gäste in der Stube haben sich nach kurzer Verwunderung über das sonderbar gekleidete Duo bald wieder ihren Gesprächen und Getränken zugewandt. Die Kellnerin hat die zwei nämlich umgehend ins Extrastüberl verfrachtet. Ihrem Chef, dem jungen Egger, war das ganz recht. Trotz einer gewissen Neugier, was denn da schon wieder los ist, ist es ihm lieber, kein Theater in der Gaststube zu haben. Nachdem die Resi wieder aus dem Stüberl kommt, tritt er ihr in den Weg und schaut sie mit fragendem Gesicht an.

„Jetzt nicht", schnappt die aber nur, „keine Zeit." Mit diesen Worten rauscht sie an ihm vorbei. Nach oben, in den ersten Stock, um zur Sicherheit noch mal in Steiners Zimmer nachzusehen. In derselben Geschwindigkeit kommt sie wieder herunter und durchquert erneut die Gaststube. Und wieder wimmelt sie den jungen Egger ab. Der will jetzt nämlich den Chef herauskehren, verlangt Aufklärung. Aber irgendwie – es hilft halt nichts – ist die Resi in der Hierarchie seit jeher ein bisserl über ihm gestanden, schon seit er ein Bub war. Und so geht sie auch jetzt mit ihm um.

„Keine Zeit jetzt, hab ich gesagt, Bub. Wirst es schon bald genug erfahren. Mach du derweil den Stammtisch, ich hab jetzt da drin zu tun." Mit diesen Worten verschwindet sie wieder im Extrastüberl, um dort Bescheid zu geben, dass der Chefinspektor nicht im Haus ist. Und, um sich die Vorgeschichte des Auftritts der beiden erzählen zu lassen.

In zwei, drei Sätzen berichtet der Moser Erwin vom Auffinden des Albert, nähere Details über seine Beteiligung an der jüngeren Geschichte behält er aber noch für sich. Wichtig wäre es nun, dem Entkräfteten etwas zu essen und vor allem auch zu trinken zu geben. Und den Steiner müsse man auftreiben, schnellstens. Die Resi akzeptiert diese Prioritäten und verschwindet wieder. Kommt kurz darauf zurück mit einer großen Flasche Wasser, einem Teller Suppe und einem Brotkörberl.

„Schweinsbraten und Bier gibt's ein andermal wieder. Und da habt's ein paar Ladekabel, irgendeins wird schon passen."

Tatsächlich ist eines der Kabel mit dem Mobiltelefon vom Albert kompatibel. Kaum wieder eingeschaltet, beginnt es auch schon allerhand Töne von sich zu geben. Eine Unmenge verpasster Anrufe und Mailbox-Nachrichten werden damit angezeigt. Demnach hatte der Onkel Franz versucht, ihn zu erreichen, genauso wie Chefinspektor Steiner. Sogar der Rachbauer Kevin taucht auf der Liste auf, aber all das muss warten. Denn die allermeisten erfolglosen Anrufe und Sprachnachrichten stammen von seiner Frau. Zwei davon, die erste und die letzte, hört er ab und verzieht dabei das Gesicht.

Klingt die erste noch relativ barsch – sie endet mit den Worten „Komm du mir heim!" –, ist die letzte geprägt von echter Sorge um ihn. Dem Impuls, sofort zurückzurufen, kommt schlechtes Gewissen zuvor. Schlechtes Gewissen, seine Frau, was den Zweck seines abendlichen Ausflugs betrifft, angelogen zu haben. Vor der nun anstehenden Beichte fürchtet er sich, der Albert, fühlt sich momentan auch nicht dazu in der Lage. Aber informieren muss man sie, keine Frage.

„Resi, geh bitte, rufst du meine Frau an?"

„Ich? Wieso ich?"

„Na ja, die macht sich sicher schon große Sorgen. Sag ihr, dass es mir gut geht, aber dass ich grad nicht kann. Weil …", er sucht nach einem plausiblen Grund, „… ja genau, weil mich der Steiner dringend braucht. Sagst du ihr das?"

Recht begeistert ist die Kellnerin nicht von diesem Auftrag, übernimmt es aber dann doch, die Gattin ihres Stammgastes anzurufen. Am anderen Ende der Leitung herrscht zuerst Verwirrung, dann aber vor allem Erleichterung. Ihrem Mann geht es gut, ihm ist nichts passiert, das ist das Wichtigste. Zuerst will sie zwar auf der Stelle zum Egger kommen und sich selbst davon überzeugen, die Resi kann ihr aber unter einer gewissen Beugung der Wahrheit klarmachen, dass das jetzt irgendwie nicht ginge, polizeitechnisch, verstehst du. Der Albert würde schon heimkommen. Demnächst. Nachdem sie das Gespräch beendet hat, stemmt sie ihre Hände in die Hüften und schaut den Albert kopfschüttelnd an. „Gern mach ich das aber nicht, für andere lügen. Schon gar nicht, wo ich überhaupt nicht weiß, was eigentlich los ist. Das erzählst du mir jetzt, aber ganz genau. Verstanden?"

„Ja, eh. Nur vorher muss ich jetzt endlich den Steiner anrufen."

Die Resi gibt ihm sein Handy zurück und er wählt die Nummer des Chefinspektors.

„Mailbox, das gibt's ja nicht!"

Weitere Versuche führen zum selben Ergebnis. Dass der Linzer Kripobeamte sein Handy auf lautlos gestellt hat, bevor er mit der

Forsthofer Svenja – beide mit gezogener Waffe – aufgebrochen ist, um alle Räume des Altstoffsammelzentrums nach ihm zu durchsuchen, weiß der Albert natürlich nicht. Na ja, probier ich es halt später noch mal, denkt er sich und fasst einen Entschluss. Nämlich den, solange hier beim Wirt im Extrastüberl zu bleiben, bis der Chefinspektor zurückkehrt. Er kennt seine Fernsehkrimis und aus denen glaubt er zu wissen, dass es sich für den Moser Erwin strafmildernd auswirken wird, wenn er sich der Polizei freiwillig stellt und zugibt, was er angestellt hat. Und das hat er ja eigentlich schon getan. Bei ihm, dem Albert. Der sich gerade selbst in Abwesenheit Steiners zu dessen Vertreter ernannt hat. Wasser und Suppe haben ihn anscheinend bereits so weit zu Kräften kommen lassen, dass sich der Hobby-Kriminalist in ihm wieder meldet. Und der Innviertler. Der verlangt ebenfalls sein Recht.

„Resi, das mit der Suppe war eh eine gute Idee, gell? Aber jetzt brauch ich was Gscheites. Ein Gulasch könnt ich mir vorstellen. Und ein Bier dazu."

*

„Keine Menschenseele, alles leer. Dafür ist das Siegel vorne jetzt auch nicht mehr intakt."

Steiner und die junge Kollegin sind zurück von einer äußerst gründlichen Runde durch alle Gebäude und Räume des Geländes. Die mittlerweile eingetroffene Rettungsmannschaft hat sich inzwischen um den lädierten Knöchel vom Hausleitner gekümmert und kann mangels weiterer Verletzter wieder abziehen. Den Gruppeninspektor nehmen sie dabei auf Anweisung Steiners gleich mit. Der hat nämlich beschlossen, der Forsthofer Svenja trotz ihres niedrigen Dienstranges die Leitung der folgenden Sicherung des Geländes zu übertragen. Zusammen mit den hinzugekommenen Beamten soll sie dafür sorgen, dass hier diese Nacht nichts Unvorhergesehenes mehr passiert. Da ist es dann sicher besser, der Hausleitner pfuscht nicht hinterherhumpelnd dazwischen.

„Was jetzt, Herr Franz? Denken Sie auch, was ich denke?"

Wie schon beim letzten Fall, der den Linzer Kriminaler hierher ins Innviertel geführt hatte, fällt beiden Männern erneut eine gewisse Verwandtschaft in Naturell und Herangehensweise miteinander auf. Das zeigt sich nun sogar optisch, da beide gerade ihren Hut etwas nach hinten schieben und sich am Nacken kratzen. So lässt es sich scheinbar besser nachdenken.

„Der Olaf", sagt nun der Onkel Franz, „den haben wir in der ganzen Aufregung fast vergessen, oder? Auf die eine oder andere Art hat der ja auch etwas mit der Sache zu tun. Sollen wir dort noch nach dem Albert suchen? In dem alten Firmengebäude, mein ich. Zumindest fällt mir nichts anderes mehr ein."

11

„Mann, Mann, Mann", sagt Olaf Hinrichs zu sich selbst, während er seine Habseligkeiten verstaut, „schön langsam könnt ich 'n Schluck vertragen. Und Leberkäs wär ooch nich schlecht. Ich glob, die haben mich verjessen." Die längste Zeit wartet er schon darauf, dass ihn der Onkel Franz wie versprochen wieder besucht und Proviant vorbeibringt. Sein knurrender Magen erinnert ihn in immer kürzer werdenden Abständen daran. Das größere Dilemma aber besteht darin, dass sein Vorrat an Trinkbarem vor ein paar Stunden zur Neige gegangen ist. Nachdem ich den Bullen alles gesagt habe, was ich weiß, lassen die mich jetzt also hängen, denkt er. Darum fühlt er sich nun auch nicht mehr verpflichtet, seinen Teil der Abmachung einzuhalten, nämlich sich nicht von der Stelle zu rühren. So hat er beschlossen, seine Zelte hier im Ritz abzubrechen und weiterzuziehen. Hunger, Durst und der einem Berber eigene Freiheitsdrang, all das treibt ihn jetzt an.

*

Diplomkaufmann Gerold Haubinger hat ein besonders wertiges Kuvert für die Aktion ausgesucht. Wenn man schon zu Derartigem gezwungen ist, dann kann man es auch mit Stil machen. Und wozu hat man denn eine der führenden Schreibwaren- und Büroartikelhandlungen des Bezirks, nicht wahr. Zusammen mit den zwanzigtausend Euro, die ihm Schleindinger übergeben hat, packt er seinen Anteil in den Umschlag und klebt ihn zu. Der ist für diese Summe erstaunlich leicht, er steckt ihn in die Innentasche seines

englischen Trenchcoats und macht sich auf den Weg. Offiziell zu einem Treffen mit dem Bürgermeister, tatsächlich lenkt er seinen Wagen hinaus zum Industriegelände. Die stillgelegte FRITZ AG ist sein Ziel, die dazugehörigen Schlüssel hat er dabei. Weit vor der vereinbarten Zeit trifft er am Übergabeort ein. Schließt das Haupttor auf und fährt hinein. Er hat vor, seinen Wagen in die Tiefgarage zu stellen, auch dafür hat er einen Schlüssel an seinem Bund. Dieser Meier-Lobrecht muss ja, wenn er kommt, nicht gleich mitkriegen, dass ich schon da bin, denkt er sich. Außerdem – es ist zwar um diese Zeit hier draußen nicht damit zu rechnen – falls doch irgendjemand am Gelände vorbeikommen sollte, ist es auch besser, wenn man sein Auto nicht gleich sieht. Der Mercedes G ist dann doch etwas auffällig. Was auch der Grund war, warum er ihn gekauft hat. An der Rampe angekommen, muss der Herr Stadtrat nun aber feststellen, dass sich das Rolltor nicht hochfahren lässt. Es steht zwar einen Spalt offen, die Versuche, den Mechanismus in Gang zu setzen und es ganz zu öffnen, scheitern aber. Wahrscheinlich ist das System nicht mehr mit Strom versorgt, kommt ihm in den Sinn. Gut, dann muss der Wagen eben oben bleiben. Er parkt ihn an der Rückseite des Industriegebäudes, zumindest ist er so von der Straße aus nicht zu sehen. Geht dann zu Fuß wieder nach vorn zum Haupteingang der Firma und schließt auf.
Das Foyer ist genauso, wie er es in Erinnerung hat. Zielstrebig geht er auf die Portiersloge zu. Legt dort wie vereinbart den Umschlag auf den Schreibtisch und zieht sich wieder zurück. Doch anstatt – wie ebenfalls mit Meier-Lobrecht ausgemacht – den Schauplatz wieder zu verlassen, bleibt er. Sucht ein geeignetes Versteck. Er hat vor, den anderen beim Abholen des Geldes zu beobachten. Und zu fotografieren. Zur eigenen Absicherung. Haubinger ist relativ stolz auf diese Idee. Freut sich schon darauf, die Bilder danach dem Schleidinger Ferdi zu präsentieren. Der würde ihn für diesen Weitblick zweifellos loben. Es ist nie schlecht, etwas in der Hand zu haben, nicht wahr. Als er nun mithilfe seiner Taschenlampe – tatsächlich dürfte die ganze Firma vom Stromnetz getrennt

sein – nach einem guten Standort für sein Vorhaben sucht, fällt sein Blick auf die Treppe. Die macht auf halbem Weg nach oben eine Neunzig-Grad-Wendung, sodass er sich dort, auf dem mittleren Absatz gut hinter der betonierten Brüstung wird verstecken können. Von da sollte er auch gute Sicht auf die Portiersloge haben. Oben angekommen, bestätigen sich diese Annahmen, er bezieht seinen Posten. Jetzt kann er kommen, der Herr Professor, denkt sich Haubinger, während er mit seinem Handy verschiedene Kamerawinkel ausprobiert. Dass er dabei selbst schon die längste Zeit beobachtet wird, entgeht ihm.

*

Gerade als der Obdachlose mitsamt seiner Habe den ersten Stock verlassen wollte, nahm er das Geräusch wahr. Eindeutig ein Auto, draußen auf dem Gelände. Da kommt jemand. Vielleicht wieder dieser Steiner? Im günstigsten Fall mit dem Franz, dann wäre auch mit Leberkäse zu rechnen. Aber er beschloss, vorsichtig zu sein. Jahre auf der Straße lehren einen, misstrauisch zu sein. Also blieb er vorerst in Deckung. Noch erschien niemand auf der Bildfläche, lediglich das Motorengeräusch kam näher. Nun musste der Wagen etwa vor dem Haupteingang sein. Doch wurde er dort nicht wie erwartet abgestellt, sondern fuhr weiter, das Geräusch entfernte sich wieder. Angestrengt lauschend versuchte Olaf Hinrichs festzustellen, wohin sich das Fahrzeug bewegt. Scheinbar umrundete es das Gebäude, wurde wohl dahinter abgestellt. Im Anschluss daran war es längere Zeit still. Auf der obersten Stufe der Treppe stehend, der Berber überlegte bereits, ob er hinuntergehen sollte, war ihm, als hörte er wieder etwas. Zuerst kaum wahrnehmbar, dann deutlicher. Schritte. Draußen, vor der Eingangstür zur Halle unten. An der daraufhin jemand hantierte, es wurde aufgeschlossen. Die Tür ging auf, eine Gestalt betrat das Foyer. Im Licht der Taschenlampe, die der Fremde zu diesem Zeitpunkt aktiviert hatte, konnte der Olaf beobachten, wie der Mann zur Portiersloge ging, etwas aus seiner Tasche zog und dort deponierte. Dann kehrte er in die Mitte der Halle zurück, sah sich scheinbar suchend um. Und bewegte sich im Anschluss auf die Treppe zu, in seine Richtung! Verdammt, der kommt herauf, dachte sich der Berber und zog sich zurück. Das Ganze war ihm nicht geheuer, schon überlegte er, womit er sich im Ernstfall verteidigen könnte. Doch Gott sei Dank stoppte der Fremde auf halber Treppe, ging dort nun seinerseits in Deckung.

*

Siegfried Alexander Meier-Lobrecht hat nicht wirklich mit sich ringen müssen. Der leichte Anflug von Zweifel, welcher nach seinem Zusammentreffen mit Haubinger zaghaft angeklopft hatte, konnte schnell wieder verscheucht werden. Das Angebot, über dreißigtausend Euro anzunehmen, scheint ihm nun den Umständen nach vertretbar und angemessen. Mehr wäre zwar gut gewesen, natürlich, aber auch diese Summe wird seiner etwas angespannten finanziellen Lage guttun. Die Pension, die er als Gymnasiallehrer im Ruhestand bezieht, ist zwar nicht besonders schmal, dennoch reicht dieser Bezug nicht immer aus für den Lebensstil, den der Herr Professor bevorzugt. Allein beim Einkauf von Lebensmitteln gibt der selbst ernannte Gourmet und Gastrosoph Summen aus, die sein Budget schon arg strapazieren. Geht aber nicht anders. Wenn in feinsinniger Runde gekocht wird, etwa Coq au vin, dann ist es ein Ding der Unmöglichkeit, irgendetwas anderes als Poulet de Bresse zu verwenden, nicht? Und das kostet. Genauso wie die regelmäßigen Genuss- und Studienreisen in die Toskana oder Bretagne. Sich hier mit weniger zufriedenzugeben, ist für ihn als Mensch von Bildung und Niveau schlichtweg nicht vorstellbar.

Mit diesen Gedanken, die ihm sein Handeln als vertretbar und gerechtfertigt erscheinen lassen, macht er sich nun also auf zu dem von Haubinger vorgeschlagenen Übergabeort. Umweltbewusst mit dem Rad. Sein Auto war zwar eher notwendigen Sparmaßnahmen als seinem grünen Gewissen zum Opfer gefallen, aber Letzteres macht sich als Erklärung für diesen Verzicht einfach besser. Nebenbei lässt sich so ein Rad auch besser verstecken, die letzten fünfhundert Meter zur FRITZ AG legt Meier-Lobrecht danach zu Fuß zurück. Immer tunlichst darauf bedacht, dass ihn keiner sieht. Die Chancen dafür stehen gut, es ist bereits halbwegs dunkel und Samstagabend ist hier im Industriegelände ohnehin meist kein Mensch mehr. Am stillgelegten Betrieb angekommen, findet er das Tor offen. So wie es ihm der Stadtrat angekündigt hatte. Auch der Haupteingang, der ins Foyer der Firma führt, ist unversperrt. Wie verabredet geht er hinein. Das Licht der mitgebrachten Taschenlampe wird ihm den Weg zur Portiersloge weisen. Dort, so war es mit Haubinger ausgemacht, würde der Umschlag mit dem Geld auf ihn warten.

*

Auch Chefinspektor Steiner hält es für klug, den Wagen in einiger Entfernung zum Firmengelände abzustellen und den Rest des Weges zu Fuß zu gehen. Den Onkel Franz wollte er dabei eigentlich im Auto zurücklassen, ihm war nur mittlerweile klar, dass der eine dementsprechende Anordnung sowieso ignoriert hätte und ihm gefolgt wäre. So ist es ihm nun lieber, den sturen Innviertler halbwegs kontrolliert an seiner Seite zu wissen.

Die FRITZ AG liegt so vor ihnen, wie sie sie nach dem letzten Besuch verlassen haben. Mit einem Unterschied, das Tor steht jetzt offen. Das ist ungewöhnlich. Durch Handzeichen gibt der Linzer seinem Begleiter zu verstehen, dass er es für klüger hält, das Gelände wieder durch das Loch im Zaun zu betreten. Das Licht des Mondes reicht ihnen aus, um ihren Weg dorthin zu finden, sie schlüpfen hindurch und bewegen sich daraufhin langsam und in gebückter Haltung auf das Gebäude zu. Wie schon beim letzten Mal beabsichtigt Steiner durch die Tiefgarage ins Innere zu gelangen. Da die Sachlage unklar ist, man die Rolle dieses Olaf in dem

Fall nicht eindeutig zuordnen kann, ist Vorsicht geboten. Falls der Albert hier ist, falls er in Gefahr sein sollte, ist es wohl besser, dass man sie nicht frühzeitig bemerkt. Am unteren Ende der Rampe angekommen, zwängen sie sich durch den Spalt des Rolltores. Im Inneren ist es nun beinahe stockdunkel, Steiners Taschenlampe kommt zum Einsatz. Allerdings äußerst vorsichtig, den Lichtkegel etwas mit der Hand abgedeckt und meist nur auf die nächsten paar Meter Boden vor ihnen gerichtet. So finden sie die Tür zum Stiegenhaus und schleichen die Treppe nach oben.

*

Olaf Hinrichs sitzt in der Falle. Der Fremde, der ihm den Rücken zukehrt, hat zwar noch immer nichts von ihm mitbekommen, scheint sich aber dauerhafter einzurichten auf seinem Posten. Vorhin noch hatte er ein Handy über die Brüstung der Stiege gehalten, so als würde er Fotos von der Halle machen. Wozu, kann sich der Berber beim besten Willen nicht erklären. Während er noch darüber nachdenkt, wird seine Aufmerksamkeit vom Geschehen im Parterre in Anspruch genommen. Denn da ist jetzt noch einer. Vom Haupteingang her durchquert der Neuankömmling nun ebenfalls das Foyer, steuert auf die Portiersloge zu. Die eingeschaltete Taschenlampe, die er trägt, bringt zwar etwas Licht in die Szene, um wen es sich handelt, ist aber wieder nicht zu erkennen.
Nun passieren drei Dinge zur beinahe gleichen Zeit, alles geht sehr schnell. Zum einen hebt der Mann auf der Treppe seine Arme erneut ein Stück über die Brüstung, beginnt nun tatsächlich zu fotografieren. Das Blitzlicht, das jetzt aufflammt, lässt darauf schließen. Und genau das, soweit hat der heimliche Fotograf wohl nicht gedacht, schreckt den anderen auf, lässt ihn herumfahren. Im selben Moment tut sich was an der Tür zur Treppe, die von der Tiefgarage her, aufführt. Sie beginnt sich zu öffnen, ein schwacher Lichtschein erhellt den Spalt. Das bemerkt vorerst nur der Obdachlose, wenn er auch von seiner Position aus nur den unteren Teil der Tür im

Blickfeld hat. Was ihn wiederum dazu verleitet, sich etwas vorzu-
beugen. Etwas zu sehr, er verliert das Gleichgewicht und stolpert
etliche Stufen hinab, direkt in die von ihm selbst aufgestellten Dosen. Ein Höllenlärm zerreißt die Stille.

*

Als Chefinspektor Steiner die Tür zum Erdgeschoß langsam öffne-
te, war ihm schnell klar, dass jemand hier sein musste. Leise Schritte konnte er wahrnehmen, dazu Licht, wahrscheinlich das einer
Taschenlampe. Als Nächstes zuckte von der Treppe zum Oberge-
schoß her ein Blitz auf, gefolgt von lautem Scheppern. Woher das
rührte, konnte er sich von seinem letzten Besuch hier denken.
Das reinste Chaos bricht aus, was genau sich nun ereignet, wird
später noch eingehend zu rekonstruieren sein. Steiner hat die Tür
zum Foyer jetzt ganz aufgestoßen, leuchtet in alle Richtungen.
Schatten von zwei oder mehr Personen, die sich in verschiedene
Richtungen aus dem Staub machen, streift der Lichtkegel seiner
Lampe. Dicht gefolgt vom Onkel Franz dringt er weiter in den
Raum vor. Dabei bemerken sie gerade noch, wie jemand durch den
Haupteingang davonläuft. Der Chefinspektor nimmt die Verfolgung auf, dabei aber leider auch seine Stablampe mit. Jetzt steht er
im Dunkeln, der Onkel, das wenige Licht des Mondes, das durch
die schmutzigen Scheiben hereindringt, reicht nicht aus, um sich
groß zu orientieren. Ein flaues Gefühl in der Magengegend macht
sich in ihm breit. Beide Arme von sich gestreckt, tastet er sich vor,
bekommt etwas zu fassen. Die Kante des Pults der Portiersloge
ist es, nun weiß er wenigstens, wo im Raum er sich befindet. Sonst
sieht er nicht viel, aber er glaubt zu spüren, dass da noch jemand
in der Nähe ist. Und dieses Gefühl trügt ihn nicht. Im selben Moment, da er überlegt, ob er lieber ruhig stehenbleiben oder Steiner
folgen soll, streift ihn etwas. Oder jemand. Dieser jemand bringt
ihn beinahe zu Fall, gerade noch so kann er sich auf den Beinen
halten und einen Sturz vermeiden. Er fängt sich und tastet sich

vorsichtig in Richtung der Tür, durch die sie gekommen sind. Denn dahin ist der Schatten, der an ihm vorbeigerannt ist, verschwunden. Glaubt er zumindest.

Ohne lange zu überlegen, läuft er hinterher. Gut, von Laufen kann nicht die Rede sein, dazu fehlt ihm bei diesen schlechten Sichtverhältnissen der Mut. So schnell es ihm unter diesen Umständen möglich ist, bewegt er sich die Treppe hinunter, in die Tiefgarage. Groß ist die Hoffnung nicht, den Flüchtenden dort noch anzutreffen, tatsächlich nimmt er aber gerade noch wahr, wie sich da eben einer durch den Spalt des Rolltores nach draußen zwängt.

Langsam bin ich zu alt für so einen Blödsinn, denkt sich der Onkel Franz, wie er so auf dem Boden liegt und sich ebenfalls unter dem Tor durchschiebt. Die Zeit, die er gebraucht hat, die Tiefgarage zu durchqueren, hat dem Unbekannten gereicht, um zu verschwinden. Draußen angelangt, erhebt sich der Onkel stöhnend und wankt die Rampe nach oben. Sein Kreuz hat etwas gelitten bei der eben absolvierten Turnübung, die Kleidung auch. Doch er kommt nicht dazu, sich mit diesen Befindlichkeiten zu beschäftigen, denn in dem Moment, als er sich nach links und rechts wendet, um Ausschau zu halten nach dem Flüchtenden, rast ein schwerer Wagen an ihm vorbei. Wer in dem Fahrzeug sitzt, ist nicht auszumachen, dafür die Marke. Ein Mercedes ist es, der da gerade durchs Tor verschwindet, irgend so ein Geländewagen. Und noch etwas kann der Onkel Franz erkennen: das Kennzeichen.

*

„Meinst schon, dass das gescheit ist, wenn ich dir jetzt noch ein Bier bring?"

Dem Albert hat das Gulasch gutgetan, die halbe Bier auch. Glaubt zumindest er. Die Fachfrau in diesen Dingen, die Resi, sieht das etwas anders. Wenn ihr Gast erfahrungsgemäß auch sonst drei oder vier Krügerl problemlos verträgt, heute zeigt schon das erste Wirkung. Andererseits: Der Mann ist erwachsen und sie nicht seine

Mutter. Also stellt sie ihm dann doch noch eine Halbe hin. Der Moser Erwin ist derweil schon beim dritten Bier, er wirkt ein wenig nervös. Kein Wunder, steht ihm doch ein Geständnis beim Linzer Kripobeamten bevor. Auf den warten sie jetzt alle, denn auch weitere Versuche, ihn telefonisch zu erreichen, sind bis jetzt gescheitert. Der Albert nutzt die Zeit und geht noch einmal die Liste der entgangenen Anrufe auf seinem Mobiltelefon durch. Einer davon, der vom Rachbauer Kevin, bringt ihn darauf, dass er ja noch nicht alle Sprachnachrichten abgehört hat. Das holt er jetzt nach. Die seiner Frau haben alle denselben Inhalt, von Mal zu Mal von größerer Besorgnis geprägt, Steiner bittet einfach nur um Rückruf und vom Franz gibt es lediglich ein Fragment eines Selbstgesprächs, das die Mobilbox vor dem Auflegen gerade noch aufgezeichnet hat. Nicht besonders gut zu verstehen, irgendetwas in der Art von „blödes Bandl, wo steckt denn der ..."

Die Nachricht, die der Kevin hinterlassen hat, ist hingegen deutlich und präzise. Allerdings verwendet der junge Techniker darin einige Fachausdrücke, die der Albert nicht gleich auf Anhieb einordnen kann.

„Hab grad einen Alert bekommen, dass das File-Back-up, zu dem ich dir den Link geschickt hab, auf ComTransfer nur noch vierundzwanzig Stunden available ist. Wenn ihr das also noch braucht, müsst ihr's bald downloaden, gell."

Die zwei Bier, die der Albert in seiner heutigen Verfassung nun doch schon sehr deutlich spürt, sind es nicht allein, die ihn jetzt etwas ratlos dreinschauen lassen. Tatsächlich ist er – obwohl er gern das Gegenteil vorgibt – nicht ganz so firm mit der Sprache der Generation 4.0. Nach einem Blick auf die Uhr im Herrgottswinkel, es ist schon reichlich spät, beschließt er, den Buben anzurufen. Denn irgendwie hat sich die Nachricht wichtig angehört. Und das ist sie durchaus, wie sich bei dem Gespräch nun herausstellt.

*

„So, so, gestohlen also."

Nachdem Chefinspektor Steiner ebenfalls keinen Erfolg gehabt hatte bei der Verfolgung des zweiten Flüchtenden, war er wieder mit dem Onkel Franz zusammengetroffen. Der konnte zumindest mit einem Teilerfolg aufwarten. Wagenmarke und Kennzeichen, immerhin. Steiner hatte sofort zum Telefon gegriffen und den Auftrag erteilt, eine Fahndung nach dem Fahrzeug einzuleiten und den Halter auszuforschen. Sowie einige Beamte zur FRITZ AG beordert, die das Firmengelände gründlich absuchen sollten. Er selbst hatte zusammen mit dem Onkel im Gebäude bereits Nachschau gehalten, mit bescheidenem Ergebnis. Das einzig Auffällige war eine Tasche beziehungsweise deren Inhalt, der über die halbe Treppe verstreut herumlag zwischen all den umgeworfenen Dosen und Kanistern. Habseligkeiten vom Olaf, eindeutig, der Onkel Franz konnte sich an die Sachen erinnern. Das ließ den Schluss zu, dass es möglicherweise der Berber gewesen sein könnte, der in die eigene Alarmanlage gestolpert war und damit das anschließende Tohuwabohu ausgelöst hatte. Von ihm fehlte aber ansonsten nun auch jede Spur, genauso wie von jedem anderen, der sich diese Nacht hier im Ritz ein Stelldichein gegeben hat. Ob man von insgesamt zwei, drei oder gar mehreren Personen ausgehen muss, da war sich der Linzer Kriminalbeamte nicht wirklich sicher.

Was aber seit dem Rückruf der Kollegen, den er eben erhalten hat, jetzt mit Sicherheit feststeht, ist der Halter des Wagens, der das Gelände fluchtartig verlassen hatte. Stadtrat Gerold Haubinger. Der interessanterweise vor wenigen Minuten auf dem Posten angerufen und das Fahrzeug als gestohlen gemeldet hat. Wenn Steiner von dieser Nachricht überrascht ist, so sieht man es ihm zumindest nicht an. Anders beim Onkel Franz.

„Der Haubinger? Dem bin ich nach?"

„Schaut so aus. Kennen Sie den näher?"

„Kennen wär zu viel gesagt. Ich weiß halt, wer das ist. Einer von den Stadtplatz-Hirschen halt. Und auf der Gemeinde macht er sich neuerdings auch wichtig."

„Na, dann kommen Sie, schaun wir uns den wichtigen Herrn einmal genauer an."

*

„Mo…Mo…Moment, ich hab da ja noch was."
Der Albert greift in seine Tasche und legt die kleine Plastikdose auf den Tisch, die er in einem der Spinde im Sammelzentrum gefunden hatte. Mit ungeschickten Fingern versucht er, das Ding zu öffnen. Die Resi bereut bereits, ihm das zweite Bier gegeben zu haben, ihr Stammgast hat nämlich mittlerweile einen Zustand erreicht, der gemeinhin als „Damenspitz" bezeichnet wird. Bei der langen Zeit, die er ohne etwas zu essen im Keller zubringen musste, kein Wunder. Das haben wohl auch der Teller Suppe und das vorhin verspeiste Gulasch noch nicht auszugleichen vermocht. Weshalb sie ihm jetzt auch ein weiteres Krügerl Bier verweigert.
„Zeig einmal her, was ist denn das?"
Sie öffnet die Dose, beim Anblick des Inhalts muss sie sich setzen.
„Das sind die von der Helga, eindeutig. Erwin, was sagst du?"
Der ehemalige Chef der Pawlak Helga, die angeblich gekündigt und den Ort verlassen haben soll, nickt. Auch er erkennt die Prothese, das Unikum mit den großen, breiten Schneidezähnen ist schwer zu verwechseln.
„Aber dann", spricht die Kellnerin aus, was sich alle bereits denken, „dann ist ihr sicher was passiert. Auf gar keinen Fall hat sie die da vergessen."

*

„Herr Stadtrat Haubinger, nehme ich an?"
Chefinspektor Steiner steht vor der Tür, die neben der Passage des Schreibwarengeschäfts zum Treppenhaus führt. Die wurde vorhin gerade auf minutenlanges Läuten vom Hausherrn geöffnet. Haubinger trägt einen rot-gold-gestreiften Morgenmantel über seinem

Schlafanzug, die nackten Füße in dazu passenden Pantoffeln. Auch die tragen sein Monogramm, der Onkel Franz muss dabei an seine Kindheit denken. Damals hatte ihm die Mutter auch überall seine Anfangsbuchstaben eingestickt, wenn auch mit grober Wolle und aus gänzlich anderen Beweggründen. Denn nicht selten war der kleine Franzi mit einer fremden Haube aus der Schule heimgekommen, oft hatte er seine Sachen auch einfach irgendwo liegen gelassen. Daher die Kennzeichnung.

Den Hoheitszeichen, die sich der Herr Stadtrat auf die Nachtgarderobe hat sticken lassen, liegen da bestimmt andere Motive zugrunde. Wenn er auch ansonsten nun alles andere als herrschaftlich ausschaut. Zerzaustes Haar, zerknautschte Gesichtszüge, müde Augen. Dazu ein ausgiebiges Gähnen, so steht er jetzt Steiner gegenüber und beschwert sich mürrisch über die nächtliche Störung. Was denn so wichtig wäre, warum man ihn mitten in der Nacht aufwecke, was das Ganze denn überhaupt solle. Dieses Gehabe wirkt aufgesetzt, genauso wie Haubingers Aufzug, da ist sich Steiner sicher. Außerdem ist dem Geschäftsmann dabei ein Denkfehler unterlaufen. Seine Behauptung, eben geweckt worden zu sein, beißt sich etwas mit der Tatsache, dass er vor Kurzem auf dem Posten angerufen hat. Steiner konfrontiert ihn mit dieser offensichtlichen Diskrepanz, Haubinger kommt gleich etwas ins Stottern.

„Ach so, ja, das kann ich schon erklären. Ich war ja gerade wieder eingeschlafen, nicht wahr. Nachdem ich bei Ihren Kollegen angerufen habe, verstehen Sie? Nachdem ich beim Toilettengang gesehen hab, dass mein Wagen weg war. Wie ich aus dem Fenster geschaut hab, runter in den Innenhof, da wo er immer steht, verstehen Sie?"

Etwas gar arg zusammengebastelt, diese Erklärung, Steiner sagt ihm das auch. Lässt Haubinger dann aber vom Haken, er hat genug gehört.

„Gut", sagt er, auch zur Verwunderung des Onkel Franz, „lassen wir das vorerst. Ich hab allerdings noch etliche andere Fragen. Die können aber bis morgen warten. Wann und wo lasse ich Sie beizeiten wissen, gell?"

*

„Warum haben wir da jetzt nicht nachgeschaut? Ich mein, ob der Wagen nicht doch da ist?"

Der Onkel Franz scheint etwas verwirrt, kein Wunder bei den Vorkommnissen dieser Nacht.

„Weil ich mir sicher bin", antwortet Steiner, „dass er den irgendwo hat stehen lassen und zu Fuß nach Hause ist. So blöd kann er fast nicht sein, dass er ihn als gestohlen meldet und daheim parkt. Nach dem Mercedes wird bereits gesucht, den sollten wir bald irgendwo auffinden. Außerdem wissen wir noch immer nicht, wo sich Ihr Freund Albert aufhält, das hat jetzt Vorrang. In der FRITZ AG ist er nicht, so viel haben die Kollegen bei einer ersten Durchsuchung schon festgestellt. Auch kein Olaf im ganzen Gebäude. Dafür sein ganzes Zeug. Gepackt und abreisebereit, sonst fehlt aber auch vom Hinrichs jede Spur."

Die Sorge um den Albert drängt sich wieder in den Vordergrund. Sie war zwar nie weg, aber bei dem ganzen Wirbel der letzten Stunden ist der Onkel kaum zum Denken gekommen. Als er den Linzer schon fragen will, wo man denn noch suchen könne, was jetzt zu unternehmen wäre, läutet das Telefon des Chefinspektors. Erst vorhin hat er es wieder auf laut gestellt. Zum Kontrollieren der vielen entgangenen Anrufe war noch keine Zeit.

„Steiner. Wie? Was, wo? Jaja, wir kommen sofort."

„Wer war das jetzt?"

„Der Herr Albert. Und wo, glauben Sie, ist er? Beim Wirt. Scheinbar gesund und munter. Wenn er sich auch etwas komisch angehört hat."

12

„Ich weiß schon, mein Lieber", raunt Stadtrat Haubinger seinem
Verbindungsbruder zu, während er die Tür zur Gaststube öffnet,
„das ist hier nicht so ganz unsere Art von Lokal, aber es hilft ja
nicht. Wenn einen die Staatsmacht herbestellt, müssen sogar wir
uns fügen."
„Leider", gibt Ex-Minister Ferdinand Schleindinger übellaunig zurück, „leider ist das so. Ich bin ja schon froh, dass man mich nicht
aufs Revier vorlädt. Wär mir in meiner aktiven Amtszeit nicht passiert, das kann ich dir sagen."
Verhaltenen Schrittes ob der ungewohnten Umgebung betreten
die beiden den Gastraum. Grüßen standesgemäß wortlos mit kaum
wahrnehmbarem Kopfnicken den auch an diesem Sonntag gut be-
suchten Stammtisch. Egger junior, der nicht gleich mitkriegt, dass
er es hier mit unfreiwilligen Gästen zu tun hat, setzt sein Arlberg-
Gesicht auf und spult sein Entree-Programm ab, das er immer dann
abruft, wenn er der Meinung ist, es mit gehobener Kundschaft zu
tun zu haben.
„Einen wunderschönen guten Abend die Herren, was steht zu
Diensten? Tisch für zwei oder mehr? Plat du jour, menu, à la carte?"
„Aber was", schnappt Gerold Haubinger ungehalten, „nichts von
alledem. Ein Herr Steiner erwartet uns." Dabei wedelt er mit seiner
rechten Hand, als wolle er ein lästiges Insekt verscheuchen. Jetzt
beginnt der junge Wirt zu verstehen, aus Sicht der Resi allerdings
nicht schnell genug. Sie greift ein, schiebt sich dazwischen. Das Gehabe der beiden „Großkopferten", wie sie derartige Herrschaften zu
nennen pflegt, geht ihr auf die Nerven. Aufgrund der aktuellen Ereignisse verständlicherweise umso mehr.

„Mitkommen", knurrt sie im Befehlston, „Extrastüberl!"
Tatsächlich folgen ihr die beiden Würdenträger ohne Widerrede.
Im Stüberl angekommen, wird die Tür hinter ihnen geschlossen
und Chefinspektor Karl Steiner erhebt sich halb von seinem Platz
am Kopfende des Tisches. „Schön, dass Sie es einrichten konnten,
meine Herren, nehmen Sie Platz. Nein, Herr Schleindinger, nicht
da, einen Stuhl weiter bitte. Und der Herr Stadtrat gegenüber. Ja,
genau. Heute Abend muss ich leider auf einer gewissen Sitzord-
nung bestehen."

„Na, wie Sie meinen", brummt Schleindinger missgelaunt, während
er sich setzt, „ganz ist mir aber immer noch nicht klar, wie wir zur
Ehre dieser Einladung kommen."

„Das erschließt sich demnächst, keine Sorge. Davor müssen wir
aber noch auf ein paar weitere Gäste warten."

Tatsächlich treffen kurz darauf im Minutentakt die restlichen der
von Steiner vorgeladenen Personen ein. Deren Mimik angesichts
der bereits Anwesenden zeigt, dass wohl kaum einer von ihnen mit
einem derartigen Aufeinandertreffen gerechnet hat. Schleindinger
junior ist der vorerst Letzte, der das Stüberl betritt, zuvor waren
schon sein Vorgänger, der Moser Erwin, Harweck, der Chef der
WSVH, der dort angestellte Branko Juric sowie der Vorsitzende
der Bürgerliste BUM auf der Bildfläche erschienen. Sascha Meier-
Lobrecht fühlt sich augenscheinlich ähnlich unwohl in der Runde
wie sein Amtskollege Haubinger, versucht dies aber mit seinem üblichen generösen Gehabe zu überspielen.

„Herrlich, diese alten Wirtsstuben, finden Sie nicht?", wirft er in die
Runde. „Ich weiß gar nicht, warum man hier nicht öfter herkommt.
Das Einfache hat nämlich schon auch seinen Charme. Gutbürger-
lich nennt man das wohl, nicht?"

Als wäre das ihr Stichwort gewesen, erscheint die Resi, mit Block
und Stift bewaffnet, um die Bestellungen aufzunehmen. Der Zeitpunkt ihres Auftritts ist allerdings keineswegs zufällig, Steiner hat
den Ablauf des Abends genauestens geplant.

„So", meint nun Schleindinger senior, „können wir jetzt bitte langsam erfahren, was das alles soll?"

„Sehr gern", antwortet der Linzer, „und schön, dass Sie sich melden, mit Ihnen wollte ich ohnehin anfangen."

„Mit mir, wieso?"

„Weil Sie es eigentlich waren, mit dem das Ganze ins Rollen gekommen ist. Durch Ihre Intervention bei Ihrem Freund Haubinger musste der Herr Moser hier vorzeitig seinen Posten räumen, um für Ihren Sohn Platz zu machen, nicht?"

„Aber ich bitt Sie, wie kommen Sie denn auf so etwas?" Schleindinger setzt sein jahrelang in der Bundespolitik eingeübtes Unschuldsgesicht auf.

„Das ergibt sich aus dem Entwurf eines Berichts für den Prüfungsausschuss, den mir dessen Vorsitzender freundlicherweise zukommen hat lassen. Das waren doch Sie, Herr Meier-Lobrecht, oder?"

Der so Angesprochene zuckt unsicher mit den Schultern, es scheint ihm wohl der falsche Zeitpunkt, sich in irgendeiner Form festzulegen. Wie alle Denunzianten bevorzugt er dazu den Schutz der Anonymität. Doch so leicht lässt ihn Steiner nicht vom Haken.

„So wie ich mir auch ziemlich sicher bin, dass Sie es waren, der den bewusstlosen Obdachlosen am Zaun des ASZ gefunden hat. Und die Polizei davon informiert hat. Ohne Ihren Namen zu nennen, versteht sich. Worüber wir heute Abend auch noch reden müssen, ist, ob Sie nicht womöglich auch schon beobachtet haben, wie er niedergeschlagen wurde. Und von wem."

Die Blicke sämtlicher Anwesenden richten sich nun auf Meier-Lobrecht, der allerdings anstatt einer Antwort nur stumm den Kopf schüttelt.

Gut, lassen wir das", fährt Steiner fort, „dazu, wie gesagt, später mehr. Die Aussagen, die mir von Herrn Olaf Hinrichs, so heißt der Obdachlose, und anderen vorliegen, sowie diverses Beweismaterial haben nämlich schon einiges an Licht in die Sache gebracht."

Den Herrn Professor verlässt nach diesem letzten Satz des Inspektors zusätzlich zur Sprache nun auch ein Teil der Gesichtsfarbe.

Dementsprechend froh ist er, dass die Aufmerksamkeit der Runde sich jetzt kurz von ihm ab und der Tür zuwendet. Die Resi kommt erneut ins Stüberl, in der Hand ein Tablett mit verschiedenen Getränken. Mineralwasser, einige Biere sowie ein paar Achterl Wein stellt sie auf den großen Tisch, Meier-Lobrecht bekommt seinen Ingwer-Tee. Steiner bedankt sich stellvertretend für die anderen und schickt die Kellnerin mit den Worten „Ich melde mich dann" wieder hinaus.

Nachdem alle etwas an ihren Gläsern genippt haben – bis auf Branko Juric, der nimmt einen kräftigen Schluck von seinem Bier –, meldet sich Harweck zu Wort. „Herr Steiner, könnte ich jetzt bitte erfahren, warum ich hier bin? Ich war der Meinung, ich hätte Ihnen bereits ausführlich Auskunft gegeben. Was ist so wichtig, dass wir das nicht am Telefon hätten klären können? Immerhin bin ich eine gute halbe Stunde im Auto gesessen, um hierherzukommen."

„Mit welchem Auto", will der Polizist darauf wissen, „sind Sie denn heute da, wenn man fragen darf?"

„Mit meinem Porsche, wieso?"

„Na ja, weil nach meinen Informationen auch noch ein schwarzer Dodge Ram auf Sie zugelassen ist. Und da Ihr Wohnsitz im Flachgau liegt, tragen beide Fahrzeuge ein Salzburger Kennzeichen. Stimmt das?"

„Ja, richtig. Und?"

„Nun, ich wollte nur sichergehen. Mit dem Dodge waren Sie in letzter Zeit auch schon hier?"

„Wohl kaum. Meine Fahrer kommen regelmäßig ins hiesige Sammelzentrum, mit unseren Lkws. Ich selbst war wohl an die zwei Jahre nicht mehr da."

„Da sind Sie sich sicher, ja? Genauso, wie Sie mir bei meinem letzten Besuch in Ihrer Firma versichert haben, diesen Mann noch nie gesehen zu haben, oder?" Damit legt Steiner ein Foto des Toten aus dem Wald vor Harweck auf den Tisch. Und zwar so, dass auch alle anderen gute Sicht auf den stark vergrößerten Abzug haben. Die Reaktion aller Anwesenden im Blick, fährt er fort. „Herrn Juric hier hatte ich das Foto auch bereits gezeigt. Der glaubt allerdings schon, das Gesicht zu kennen. Nicht wahr, Herr Juric?" Der Angesprochene nickt kaum merklich, begleitet von einem unsicheren Seitenblick auf seinen Chef.

„Und zwar auf dem Firmengelände der WSVH. Aus Ihrem Büro soll er gekommen sein, dieser Mann." Dabei tippt Steiner mit dem Zeigefinger mehrmals auf das Bild.

„Aus meinem Büro, der da?", Harweck schaut sich in der Runde um, als erwarte er von irgendjemand Schützenhilfe. „Wenn dem so gewesen sein sollte, dann kann ich mich zumindest nicht mehr erinnern. Sie müssen wissen, zu mir kommen öfter solche Leute. Suchen Arbeit, verstehen Sie?"

Die Art, wie er diese Worte betont, auch wie er dabei Juric anschaut, zeigt eindrücklich, dass er von „solchen Leuten" wohl nicht allzu viel hält.

Eine feine Gesellschaft, denkt sich der Chefinspektor, lässt es aber vorerst dabei bewenden.

„Gut", sagt er, „das klären wir gleich genauer. Jetzt zu Ihnen, Herr Schleindinger. Herrn Leopold Schleindinger meine ich. Auch Sie haben mir gegenüber ausgesagt, den Mann hier noch nie gesehen zu haben, richtig?"

Der Poldi nickt bestätigend, unterdrückt dabei ein Gähnen. Sein blasiertes Getue kann den geübten Beobachter jedoch nicht darüber hinwegtäuschen, dass er damit lediglich versucht, seine Unsicherheit zu kaschieren.

„Sie bleiben also dabei. Na ja, wir werden sehen. Was ich Ihnen allen auf jeden Fall mit Sicherheit sagen kann, ist, dass unser Toter hier es war, der Olaf Hinrichs niedergeschlagen hat. Dafür haben wir deutliche Hinweise. Und ich glaube, auch mindestens einen Zeugen. Herrn Meier-Lobrecht habe ich in dem Zusammenhang ja eh schon vorhin ins Spiel gebracht. Es gibt unter ihnen aber noch jemanden, der da für mich infrage kommt. Herr Moser, wo waren Sie eigentlich an besagtem Abend?"

Erwin Moser zuckt mit den Schultern. „Das könnt ich jetzt auf An-hieb gar nicht so genau sagen. Daheim wahrscheinlich. Seit mich die Herrschaften hier in den Vorruhestand geschickt haben, bin ich nämlich meistens daheim, wissen Sie." Der Blick, mit dem er Ge-rold Haubinger und die Schleindingers dabei streift, ist alles andere als freundlich.

Anstatt auf diese Worte einzugehen, erhebt sich Steiner nun und öffnet die Tür zur Gaststube einen Spalt. Gibt der Resi ein Zei-chen. Kaum, dass er sich wieder gesetzt hat, kommt die Kellnerin herein, in jeder Hand eine Halbe Bier. Dicht gefolgt vom Onkel Franz und dem Albert. Die zwei begeben sich zu den bis dahin noch freien Plätze am Kopfende des Tisches, jeweils links und rechts vom Linzer Chefinspektor. Der nun wohl den richtigen Zeitpunkt für gekommen sieht, seine beiden – wie er gerade der Runde verkündet – wohl wichtigsten Auskunftspersonen dazuzuholen. Dem Onkel ist das nicht gerade angenehm. Ganz anders dem Albert, der ge-nießt die Rolle, zieht auch bereits Notizblock und Kugelschreiber aus der Tasche und legt beides theatralisch vor sich auf den Tisch. Vom Onkel Franz erntet er dafür ein leichtes Kopfschütteln, das lässt ihn allerdings unbeeindruckt. Zu sehr geht er auf in seiner Rolle als wichtiges Glied in der Beweiskette.

„Die Herren, müssen Sie wissen", erklärt Steiner, „hatten von An-fang an ihre Nasen in meinem Fall. Natürlich rein zufällig. Und wenn ich auch oft nicht erfreut war über die Eigeninitiative der beiden, letztendlich waren sie es, die den entscheidenden Hinweis lieferten. Unser talentierter Modellbauer hier", dabei legt er dem Albert kurz die Hand auf die Schulter, „war zur richtigen Zeit am richtigen Ort mit seinem Fluggerät."

„Drohne", wirft der stolz ein, „Drohne nennt man das. Kamera-Drohne, um genau zu sein. Hat alles aufgezeichnet."

„Genau", fährt Steiner fort und wendet sich an Leopold Schlein-dinger, „und zwar an dem Abend, an dem Sie Besuch gehabt haben im Sammelzentrum. Wollen Sie uns sagen, mit wem Sie der Herr Albert da gefilmt hat?

„Ich weiß nicht, wovon Sie reden", gibt der Angesprochene zurück, „aber sollte man tatsächlich solche Aufnahmen gemacht haben, muss ich aufs Schärfste protestieren. Weil so was verboten ist, nicht wahr. Überflug einer öffentlichen Einrichtung wär das, Gemeingefährdung auch. Und die Datenschutzgrundverordnung würd dabei auch verletzt. Ich hab nicht umsonst Jus studiert, meine Herren."

„Jaja", wirft sein Vater ein, „knapp zwei Semester immerhin. Aber der Bub hat schon recht. Ich glaub auch nicht, dass man das so einfach darf. Wie dem auch sei, wenn da irgendwas gefilmt worden ist, würden wir das schon gern sehen, oder?" Dabei lehnt sich der Ex-Minister zurück und schaut Steiner herausfordernd an. „Aber ich glaub, Sie haben gar nichts zum Herzeigen, nicht?"

„Da gab's tatsächlich ein Problem", räumt der Linzer ein, „denn das Fluggerät ist leider über dem Gelände abgestürzt und seither ..."

„Na dann", sieht sich Schleindinger senior bestätigt, „dann ist es ja eigentlich eh müßig, darüber zu reden. Seh ich das richtig?"

„Schon", gibt ihm Steiner recht, „die Drohne war verschwunden. Aber die Aufzeichnungen haben wir." Dabei hält er eine kleine Speicherkarte hoch.

„Wie ... woher?", stammelt nun Leopold Schleindinger, „ich hab gedacht ..."

„Was haben Sie gedacht? Dass die Karte mit der Drohne verschwunden ist, nicht? Das stimmt schon. Die Reste des Fluggerätes konnten wir zwar mittlerweile sicherstellen, Datenträger war da aber leider keiner mehr zu finden."

„Sehen Sie", jetzt fängt sich der ASZ-Leiter wieder etwas, „sag ich ja. Dann weiß ich aber nicht, was der Bluff soll."

„Gar kein Bluff", erwidert der Linzer, während er die Karte in seinen Laptop steckt, „die hier haben wir von einem Großneffen des Herrn Franz. Sie glauben ja gar nicht, was diese Buben heute so alles lernen in der HTL. Der junge Mann hat die Aktion sozusagen technisch betreut. Und uns darauf aufmerksam gemacht, dass die Aufnahmen nicht nur auf der SD-Karte in der Drohne, sondern auch online in einer Cloud gespeichert wurden. Und die schauen wir uns jetzt an." Er aktiviert die Wiedergabe und dreht den Laptop so, dass die meisten der Anwesenden die Szene des fraglichen Abends gut mitverfolgen können.

Die ersten Bilder, die nun erscheinen, sind chaotisch und verwackelt. Der Albert zuckt entschuldigend mit den Schultern, will schon etwas dazu sagen, ein Seitenblick Steiners hält ihn davon ab. Langsam stabilisiert sich das Bild, der Pilot scheint die Drohne nun halbwegs unter Kontrolle zu haben. Dennoch ist noch nichts genau zu erkennen, zu schnell sind die Schwenks der Kamera. Kaum, dass sie die beiden Männer hinter der Einfriedung erfasst hat, wechselt der Fokus wieder. Bilder vom Zaun und dem bewaldeten Gelände außerhalb sind kurz zu sehen, dann wieder das Tor und das Geschehen dahinter. Viel besser wird es auch nicht, bevor dann das Bild noch stärker taumelt, an Höhe verliert und auf zwei immer größer werdende Gestalten zurast. Gleich darauf ist der Bildschirm schwarz, mehr kommt nun anscheinend nicht mehr. Auch die Tonspur des Videos scheint unergiebig und liefert nichts Identifizierbares. Lediglich am Schluss vermeint man aufgeregte Schreie zu hören, daraufhin ein Krachen.

Der Schleindinger Poldi, der noch eben nervös an seinen Fingernägeln gekaut hatte, scheint nun seine überhebliche Blasiertheit wiedergewonnen zu haben und sieht Steiner herausfordernd an.

„Und das war alles? Deswegen haben Sie uns herbestellt? Also, wenn sonst nichts mehr ist, dann geh ich jetzt, gell?"

„Hinsetzen!"

Eine Spur schärfer als beabsichtigt kommt dieses Kommando des Linzers. Einige der Anwesenden zucken leicht zusammen, der Poldi, der schon Anstalten gemacht hat, sich zu erheben, gehorcht widerwillig.

„Sie müssen wissen, unser junger Techniker hat uns auch einen kleinen Zusammenschnitt angefertigt. Ein Best of sozusagen. Das müssen Sie sich schon noch anschauen."

Wieder erscheint ein Bild auf dem Laptop. Diesmal wackelt es weniger, wirkt auch zeitverzögert. Zuerst sieht man Ausschnitte des

Kameraschwenks entlang des Zaunes. In diesem Bereich, dort wo allerhand Gestrüpp die Sicht erschwert und der auch nicht besonders gut beleuchtet ist, erkennt man nun dennoch eine Silhouette. Eine schwarz gekleidete Gestalt, die sich langsam in Richtung Tor bewegt. Danach sind aus verschiedenen Blickwinkeln die zwei Männer auf dem Gelände zu sehen. Der Rachbauer Kevin hat sich die Mühe gemacht, eine Abfolge zusammenzustellen, in der von Mal zu Mal die Gesichter deutlicher zu erkennen sind. Besonders zuletzt, denn da blicken beide erschrocken nach oben. So steht am Ende zweifelsfrei fest, wer da abgebildet ist. Zum einen Leopold Schleindinger, zum anderen Harweck.

„Nun, Herr Harweck, wie es ausschaut, ist es doch keine zwei Jahre her, dass Sie hier vor Ort waren, was?"

Der Chef der WSVH ist beim Betrachten der Bilder zusehends blasser geworden, fängt sich nun aber wieder etwas.

„Na, dann hab ich mich eben getäuscht. Was hat das schon zu bedeuten. Wissen Sie, ich hab mit so vielen Partnerbetrieben zu tun, da verliert man schon mal den Überblick."

„Und ist es bei den anderen Partnerbetrieben auch üblich, dass man sich zu später Stunde derart konspirativ trifft? Und was mich auch noch interessiert, was hatten Sie an dem Abend eigentlich in dieser Tasche?"

Dabei deutet der Chefinspektor auf das eingefrorene Bild am Laptop. Deutlich ist darauf zu sehen, dass Harweck eine Art Aktentasche bei sich trägt.

„Sie stellen Fragen. Das weiß ich beim besten Willen nicht mehr, was da drin war an dem Tag. Und zu Ihrer ersten Frage, ich bin Geschäftsmann. Und zwar ein vielbeschäftigter. Da hat man nicht Feierabend um fünf wie ein Beamter, verstehen Sie?"

Steiner sieht nun den Zeitpunkt gekommen, sich einem anderen der Anwesenden zuzuwenden. Zur allgemeinen Überraschung lässt er vorerst kommentarlos von Harweck und Schleindinger junior ab und nimmt sich Gerold Haubinger vor.

„So, Herr Stadtrat, jetzt unterhalten wir zwei uns mal ein wenig. Beginnen wir ganz am Anfang. Wie ich schon erwähnt habe, sind ja Sie es gewesen, der dafür gesorgt hat, dass unser Herr Moser hier frühzeitig Richtung Ruhestand abgeschoben wurde und der Sohn Ihres Freundes Schleindinger dessen Posten bekommen hat. Wie ging's dann weiter, wollen Sie uns das darlegen oder soll ich?" Haubinger bleibt stumm, zieht es vor, abzuwarten. Wie viel weiß dieser Linzer? Stellt er nur Vermutungen an oder kennt er schon alle Zusammenhänge? Der Herr Stadtrat schwitzt, eine leichte Panik beginnt in ihm aufzusteigen. Nach außen hin halbwegs gefasst, zuckt er nur mit den Schultern und gibt mit einer Handbewegung zu verstehen, dass er gern Steiner den Vortritt lässt.

„Na gut, dann sag ich es Ihnen. Ich habe zwar zuerst geglaubt, dass Sie darüber hinaus nicht allzu sehr verwickelt sind in die Geschichte, aber seit uns Ihr Wagen, der ja angeblich gestohlen wurde, draußen auf dem Gelände der FRITZ AG untergekommen ist, sehe ich das anders. Sie spielen sehr wohl eine nicht unerhebliche Rolle bei dieser Erpressung. Bei der es auch schon einen Toten gegeben hat, vergessen wir das nicht."

Nun ist es zum ersten Mal gefallen, dieses Wort. Erpressung. Manche in der Runde blicken verwundert, einzelne zucken zusammen, zumindest innerlich. Siegfried Alexander Meier-Lobrecht verliert kurzzeitig seine mühsam aufrechterhaltene Contenance. Seine rechte Hand, die den Löffel hält, mit dem er gerade in seinem Ingwer-Tee rührt, beginnt zu zittern. Das Geräusch, das dabei entsteht, lenkt die Aufmerksamkeit der anderen auf ihn. Auch Steiner sieht ihn jetzt an.

„Na, Herr Professor, wollen Sie eine Rede halten? Nein? Dann erzähl ich Ihnen ein bisschen was. Bei Ihren Nachforschungen im ASZ für den Prüfbericht, den ich übrigens sehr aufmerksam gelesen habe, sind Sie auf Verschiedenes gestoßen, nicht? Zum Beispiel darauf, dass bei der Neubesetzung des leitenden Postens nicht alles ganz regelkonform abgelaufen ist. ‚Freunderlwirtschaft‘ nennt man das wohl. Und was die Geschäftsbeziehungen zwischen dem hiesigen Sammelzentrum und der WSVH angeht, da ist Ihnen wohl auch das eine oder andere merkwürdig vorgekommen. Ich wiederum finde es merkwürdig, dass Sie den Bericht zuerst noch zurückgehalten haben und damit nicht gleich zum Bürgermeister gelaufen sind. Dafür lag er heute Vormittag auf meinem Schreibtisch. In einem neutralen Umschlag, ohne Absender. Der diensthabende Beamte hat ihn in der Früh im Posteingang gefunden."

Meier-Lobrecht will protestieren, auch Haubinger scheint etwas auf der Zunge zu liegen. Steiner würgt das mit einer Handbewegung im Ansatz ab, wechselt erneut Thema und Ansprechpartner.

Aus der Innentasche seines Sakkos holt er ein Kuvert hervor, dem er einige Fotos entnimmt. Die legt er nun auf den Tisch, direkt vor Branko Juric.

„Herr Juric, erkennen Sie etwas auf diesen Bildern?"

Der Angesprochene nimmt eines der Fotos in die Hand und sieht es sich genau an. Dann nickt er ausgiebig.

„Jaja, die sind öfter mal bei uns im Betrieb herumgestanden. In einem Lagerraum, den wir selten benutzen. Hat aber keiner von uns eine Ahnung gehabt, was da drin ist und woher die kommen. Manchmal waren plötzlich zehn bis zwanzig davon da, am nächsten Tag aber auch oft schon wieder weg. Einmal hab ich den Chef gefragt, was das denn für rote Fässer sind, da hat er mich ganz schön zusammengestaucht. Geht dich nichts an, hat er gesagt. Von da an war der Lagerraum dann auch immer abgesperrt."

Harweck wäre seinem auskunftsfreudigen Mitarbeiter am liebsten über den Mund gefahren, das ist ihm deutlich anzusehen. Auch der Schweiß, der ihm nun auf der Stirn steht, ist nicht zu übersehen. Die beiden uniformierten Beamten, die kurz zuvor den Raum betreten haben, behalten ihn nun genau im Auge. Als Steiner die Fotos hervorholte, hatte er sie per Handy über ein zuvor vereinbartes Zeichen dazugerufen. Denn langsam kommen nun Tatbestände zur Sprache, bei denen die Reaktion der Beschuldigten nicht abzuschätzen ist. Der Chefinspektor nimmt Juric die Fotos wieder ab, legt sie nun Leopold Schleindinger und Harweck vor.

„Sie wundern sich, wie wir die gefunden haben, nicht? Nun, das haben wir der Geistesgegenwart dieses Herren hier zu verdanken." Dabei deutet er auf den Albert. Als ihn der Linzer dazu befragte, konnte er zwar nicht erklären, wie er auf die Idee gekommen war, den Transponder der Drohne in das Fass zu werfen, bevor er es wieder verschlossen hatte. Eine Eingebung wahrscheinlich. Oder war es doch die kriminalistische Vorbildung, die er sich beim Konsum seiner Fernsehserien erworben hat? Wie auch immer, dass so die Fässer gefunden werden konnten, ist unbestritten sein Verdienst, ein dementsprechend stolzes Gesicht zeigt der Albert nun. Sogar der Onkel Franz schaut ihn anerkennend von der Seite an.

„Eine Analyse des Inhalts hat ergeben, dass es sich dabei um hochgiftige Industrierückstände handelt. Für deren Übernahme Höchstpreise gezahlt werden. Weil eine gesetzeskonforme Aufbereitung und Entsorgung extrem kostenintensiv ist. Es sei denn, man mischt diese Ölschlacken illegal irgendwo unter. Trotz der Bestechungsgelder, die man seinen Mitwissern dafür zahlt, bleiben da noch immer hohe Gewinnsummen. Nicht wahr, Herr Harweck?"

Der Angesprochene ist nun fahl im Gesicht, die beiden Beamten sind in der Zwischenzeit links und rechts an ihn herangerückt.

„Das müssen Sie mir erst einmal nachweisen."

„Keine Sorge, das werden wir. Nicht nur, dass wir die Fässer gefunden haben, wir wissen auch, wo sie vorher waren. Bei deren Abholung Freitagnacht sind Sie und Ihr Helfer nämlich beobachtet worden. Und zwar im hiesigen ASZ. Es dürfte auch nicht die erste derartige Lieferung gewesen sein. Die Pumpe, mit der man dort das giftige Zeug sonst wohin verteilt hat, haben wir auch, die ist ebenfalls bereits im Labor. Und die für morgen geplante Untersuchung des Sammelzentrums habe ich auf heute vorverlegt. Wenn Gefahr im Verzug ist, arbeiten wir gern auch sonntags. Weiters werden gerade die am Fundort der Fässer sichergestellten Fahrzeugspuren mit den Reifen Ihres Pick-ups verglichen. Auch auf der Ladefläche lassen sich sicher noch gewisse Rückstände nachweisen. Wir haben da nämlich ein paar sehr gute Leute bei der Spurensicherung, die finden alles."

Harweck zieht es jetzt vor zu schweigen. Als Steiner nun erneut Leopold Schleindinger ins Visier nimmt, scheint der mühsam um Fassung zu ringen.

„Da haben Sie sich auf etwas eingelassen. War letztlich eine Nummer zu groß für Sie, was? Und als Ihnen dann eine der Angestellten auf die Schliche gekommen ist, gerieten Sie in Panik. Oder wie war das?"

„Ich weiß nicht, was Sie meinen."

„Die Frau Pawlak. Die, die angeblich gekündigt hat. Die mein ich."

„Dazu kann ich nichts sagen."

„Aber ich. Leider." Bei diesen Worten holt der Chefinspektor die Plastikdose mit der Zahnprothese hervor. Öffnet sie und platziert sie mitten auf dem Tisch. „Hat man im Spind der Helga Pawlak gefunden. Ganz hinten. Ist Ihnen wohl entgangen, als sie den restlichen Inhalt verschwinden haben lassen. Wie alles andere aus der Wohnung der Pawlak, was uns zum DNA-Abgleich hätte dienen können. Doch damit hier haben wir nun unsere Vergleichsprobe. Und bevor Sie es anzweifeln, die Prothese kann eindeutig dem Opfer zugeordnet werden. Da liegen mir mehrere Aussagen vor."

Schleindinger bricht zusammen. Alle Überheblichkeit, das ganze aufgesetzte großspurige Getue ist nur noch eine schwache Erinnerung, das Häufchen Elend, das da nun vor Steiner auf seinem Stuhl zusammensinkt, ist fast mitleiderregend. Doch der Linzer hat kein Mitleid.

„Das Labor hat eine Nachtschicht eingelegt, das Ergebnis des Abgleichs ist eindeutig. Bei den Leichenteilen, die in der WSVH aufgetaucht sind, handelt es sich um die Überreste der Frau Pawlak. Die Sie auf dem Gewissen haben!"

Das ist zu viel für den Poldi, alle Dämme brechen.

„Nein", heult er auf, „das war ich nicht! Das war der da!"

Er deutet mit zittrigen Fingern auf das Foto des Toten, das noch immer auf dem Tisch liegt. Nach diesem kurzen Ausbruch beginnt er mit leiser Stimme und apathischem Gesichtsausdruck seine Beteiligung am illegalen Entsorgen problematischer Stoffe zuzugeben.

Demnach war, kaum dass er seinen Posten als Leiter des ASZ angetreten hatte, Otto Harweck bei ihm aufgetaucht, um ihm dahingehend ein äußerst lukratives Angebot zu machen. Die beiden wurden schnell handelseinig, denn – und das war nun auch für den Chefinspektor neu – man kannte sich. Auf dem Campus der BOKU, zu der der Chef der WSVH Kontakte pflegt, hatte er Leopold Schleindinger vor einem knappen Jahr zufällig kennengelernt. Scheinbar nicht besonders gut, aber wohl gut genug, um den Charakter des Langzeit-Studenten einschätzen zu können. Harweck dürfte sich dadurch wohl ziemlich sicher gewesen sein, dass der neue ASZ-Leiter sich auf die Sache einlassen würde.

Das erübrigt nun zumindest die eine oder andere Frage, die der Kripo-Beamte noch gehabt hätte. Was die Rolle des Mannes auf dem Foto betrifft, ist allerdings noch einiges zu klären, er hakt nach. Der wäre von Harweck mitgebracht worden, um beim Verladen der Fässer zu helfen, gibt Schleindinger darauf noch an. Als Steiner Näheres über dessen Rolle im Zusammenhang mit dem Schicksal der Helga Pawlak wissen will, verstummt er aber. Schüttelt nur unwillig den Kopf und gibt kein weiteres Wort mehr von sich.

Die beiden Polizeibeamten haben nun auch ein genaues Auge auf ihn, wenngleich der In-sich-Zusammengesunkene aktuell wohl keine Gefahr darstellt. Steiner fährt fort.

„Tatsächlich gehen wir im Moment davon aus, dass Frau Pawlak wohl irgendetwas mitgekriegt haben muss von Ihren Müll-Schiebereien. Ob sie – wie es scheinbar öfter vorgekommen ist – selbst in die Presse gestiegen ist und jemand die Gunst der Stunde genutzt hat, oder ob wir uns das Ganze noch viel schlimmer vorstellen müssen, ist unklar. Wer da nachgeholfen hat, lässt sich vielleicht anhand der Ergebnisse unserer Untersuchungen nachweisen. Momentan sind meine Leute gerade dabei, an allen relevanten Stellen Fingerabdrücke sicherzustellen. Spätestens morgen wissen wir wohl mehr."

Der Chefinspektor legt eine kurze Pause ein, nippt an seinem Rotwein. Dann wendet er sich erneut dem Stadtrat und seinem Parteigenossen, dem Ex-Minister, zu.

„Nun aber noch einmal zu der misslungenen Erpressung. Ich hatte da ja vorhin schon etwas in dieser Art angedeutet. Jetzt werden Sie sich wundern, woher ich davon weiß. So diskret, wie Sie waren. Das kann ich Ihnen gern verraten. Vom Erpresser selbst. Der hat mir bereits ein allumfassendes Geständnis abgelegt."

Steiner entgeht nicht, dass beinahe synchron die Köpfe der beiden unmerklich zur Seite zucken. Und zwar in Richtung Meier-Lobrecht.

„Falsch, meine Herren. Der Herr Professor hat damit nichts zu tun, glauben Sie mir. Der ist, was diese Erpressung betrifft, absolut unschuldig."

Sascha Meier-Lobrecht, der eben noch angespannt darauf gefasst war, dass man ihn beschuldigen würde, gewinnt jetzt wieder etwas Oberwasser. Und begeht nun den Fehler, der überheblichen Menschen öfter unterläuft, wenn sie sich in Sicherheit wiegen. Er wird präpotent.

„Na also", meint er in herablassendem Tonfall, „dann ist nun wohl endlich klar, dass ein Mann meiner Stellung und meines Rufes hier völlig fehl am Platze ist bei dieser zweifelhaften Veranstaltung. Ich hatte lediglich das Pech, zufällig auf diesen bedauernswerten Toten zu stoßen. Wobei ich psychischer und physischer Gewalt ausgesetzt war, wie ich neuerlich anmerken möchte. Darüber habe ich bereits ausgiebig Zeugnis abgelegt, mit allen weiteren Vorgängen habe ich – wie der Herr Chefinspektor eben betonte – nichts zu tun. Weshalb ich mich nun auch empfehlen werde."

Nach diesem Vortrag macht Meier-Lobrecht Anstalten, sich zu erheben. Das ist zu viel für Stadtrat Haubinger, er fällt aus der Rolle.

„Und ob der uns erpresst hat", ruft er aus, „so kommen Sie mir nicht davon! Ich selbst bin der, der mit der Sache nichts zu tun hat. Reine Freundschaftsdienste waren das, die mich da hineingezogen haben!"

Dabei wirft er einen giftigen Seitenblick auf Ferdinand Schleindinger, der es vorzieht, stumm zu bleiben.

„Ja, ist doch wahr", fährt Haubinger fort, „zuerst soll ich deinem verblödeten Buben einen Job besorgen, dann darf ich auch noch mit diesem miesen Erpresser da verhandeln und das Geld übergeben. Aber mir reicht's jetzt, ich sage alles!"

In der Folge legt Gerold Haubinger tatsächlich alle Karten auf den Tisch. Dabei wird ihm anscheinend selbst erst bewusst, dass er den genauen Grund der Erpressung gar nicht benennen kann. Also was Meier-Lobrecht nun alles verraten haben würde, hätte man nicht gezahlt. Den Postenschacher, gut, aber darüber hinaus? Wie die Rohfassung des Prüfberichtes aussieht, hat er ja nie zu Gesicht bekommen. Dafür der Chefinspektor, und das verwirrt ihn. Schließlich war man ja bereit gewesen zu zahlen. Und dass die Übergabe schiefging, war ja nun nicht seine Schuld.

„Dreißigtausend, zehn davon von mir", beschwert er sich am Ende seines Geständnisses, „und die verlange ich auch zurück. Wo ist das Geld überhaupt?"

„Tja", antwortet Steiner, „Geld haben wir keines gefunden. Herr Professor?"

Der Linzer sieht Meier-Lobrecht, der mittlerweile wieder auf seinen Stuhl zurückgesunken und ziemlich blass um die Nase ist, fragend an. Der startet darauf einen letzten Versuch, sich herauszuwinden. „Gut, ich war dort, letzte Nacht. Haubinger hat mich dort hinbestellt. Genauso, wie er mir besagte Summe geradezu aufgedrängt hat. Die ich ausschließlich gemeinnützig verwendet hätte, glauben Sie mir. Niemals habe ich irgendjemanden erpresst. Und das Geld habe ich auch nicht, dazu kam es nicht. Bin mir somit keiner Schuld bewusst."

Bei diesen Worten macht der Vorsitzende der Bürgerliste BUM den Eindruck, als würde er sich seine Unschuld selbst glauben. Steiner holt ihn in die Realität zurück.

„Na ja, Herr Professor, das müssen dann wohl die Gerichte klären. Aber Vorteilsnahme im Amt ist da mindestens drin, so viel ist sicher.

Sie haben sich schlichtweg bestechen lassen. Aber der Erpresser sind Sie tatsächlich nicht, das kann ich zumindest schon mal verraten."

„Ich bitte Sie", meldet sich da Haubinger, „ich hab ihn doch gesehen, Freitagnacht vor meinem Geschäft. Wie er mir etwas unter der Tür durchgeschoben hat."

„Freitagnacht?", Meier-Lobrecht scheint zu überlegen. „Da war ich tatsächlich auf dem Stadtplatz. Ein später Spaziergang, sonst nichts. Aber ich habe auf keinen Fall irgendwo etwas durchgeschoben, niemals."

„Himmel noch mal", Schleindinger senior scheint aus seiner Erstarrung erwacht zu sein, „wer war's denn dann?"

„Ich."

Alle wenden sich nun dem Moser Erwin zu. Der, obwohl ihn Steiner gebeten hatte, nur auf Fragen zu antworten, jetzt wohl das Bedürfnis hat, sich zu erklären.

„Die Briefe, die sind von mir. Alle. Ich wollt es mir nicht gefallen lassen, wie sie mich abgeschoben haben, die feinen Herren. Zuerst hab ich nur beobachtet, war mir sicher, dass der Neue irgendetwas dreht. Harweck hat mir schließlich schon vor Jahren ein ähnliches Angebot gemacht. Das ich allerdings abgelehnt habe. Hätt ich ihn nur damals angezeigt, dann wär wohl vieles nicht passiert."

Ein Blick des Chefinspektors lässt ihn verstummen, bedeutet ihm, dass er es nun wieder übernehmen will, die weiteren Zusammenhänge darzulegen.

„Der Herr Moser hat mir gegenüber bereits ausführlich ausgesagt. Und zwar freiwillig. Sein Vergehen ist in meinen Augen allerdings noch das geringste. Weder ist es zu einer Geldübergabe gekommen, noch hat er mit irgendetwas anderem gedroht als mit der Polizei. Gut, seine Beobachtungen hätte er uns mitteilen müssen, dass er das unterlassen hat, sollte aber auch keine nennenswerte Strafe nach sich ziehen. Noch dazu, wo mir gar keine Erpresserbriefe vorliegen. Oder möchte mir einer der Herren etwas in dieser Art übergeben?"

Schweigen im Walde. Der Ex-Minister blickt Gerold Haubinger eindringlich an, schüttelt dabei kaum wahrnehmbar den Kopf.

„Briefe?", meint der Stadtrat darauf und zuckt mit den Schultern. „Welche Briefe? Also ich kann da nicht dienen."

Was die feinen Herrschaften nun letztlich da so alles getrieben oder nicht getrieben hätten, meint Chefinspektor Steiner jetzt, würde noch genauer zu prüfen sein, nun gälte es aber, Wichtigeres zu beleuchten. Der Tote im Wald. Hier gäbe es nichts zu deuten, der Mann war erstochen worden. Und anschließend verscharrt. Das Opfer, das zuerst nicht zu identifizieren gewesen war, hätte nun einen Namen.

„Georgi Petrov, Bulgare. Bei uns bis jetzt unauffällig, daher auch nicht in der erkennungsdienstlichen Datenbank. Mittlerweile hat uns Interpol aber eine umfangreiche Akte zur Verfügung gestellt. In Lyon waren seine Fingerabdrücke sehr wohl gespeichert. Körperverletzung, Diebstahl, Beteiligung an einer kriminellen Vereinigung, das volle Programm. Und wie uns Herr Juric vorhin ja sagen konnte, auch schon mal Gast in der WSVH. Nicht, Herr Harweck?"

„Ja, mein Gott, kann schon sein. Für gewisse Hilfsdienste hab ich öfter externe Leute. Da frag ich nicht so genau nach Namen und Vorgeschichte."

„Na also", meint darauf Steiner, „warum nicht gleich. Die Art dieser Hilfsdienste schauen wir uns später näher an, jetzt gilt es erst einmal zu klären, wie dieser Petrov zu Tode gekommen ist. Und durch wen." Wieder greift der Chefinspektor in seine Tasche, diesmal fördert er den silbernen Flachmann mit den gravierten Initialen zutage. Er legt ihn vor Harweck auf den Tisch, sieht ihn forschend an.

„Kennen Sie dieses Teil?"

„Nie gesehen."

„Seltsam. Trägt nämlich Ihre Initialen."

„Das sagt nichts. O.H., das könnte jeder sein."

„Könnte, ja. Fingerabdrücke gibt es zwei verschiedene auf dem Flachmann. Einmal von dem Mann, der ihn gefunden hat. In der Nähe des Toten übrigens. Die anderen, da bin ich mir sicher, werden wir Ihnen zuordnen können."

Otto Harweck überlegt, scheint seine Optionen abzuwägen.

„Na gut, dann ist es eben meiner. Aber das beweist gar nichts. Dass ich vor Ort war, wissen Sie ja mittlerweile schon."

„Ach ja, fein. Und wissen Sie auch noch, wie Sie zu dem guten Stück gekommen sind?"

„Was weiß ich. Ein Geschenk, nehme ich an."

„Da liegen Sie richtig. Ein Geschenk Ihrer Jagdrunde zu Ihrem fünfzigsten Geburtstag, um genau zu sein. Erworben in einem noblen Spezialgeschäft für Jagdzubehör in der Salzburger Getreidegasse. Ich war gestern dort. Und was soll ich Ihnen sagen, die führen akribisch Buch über ihre Verkäufe. Sie müssen Ihren Jagdfreunden ja ganz schön was wert sein, denn das Set war alles andere als billig. Einzeln gibt es dieses spezielle Modell hier nämlich gar nicht. Ist nur erhältlich in einer edlen Box. Zusammen mit einem ebenfalls in Sterling-Silber gearbeiteten Taschenofen und einem weiteren Gegenstand. Einem Hirschfänger. Silberner Griff, achtzehn Zentimeter lange, beidseitig geschliffene, breite Klinge. Ich habe ein identes Set besorgen lassen, der Dolch ist bereits bei uns in der Gerichtsmedizin. Nach einer ersten Einschätzung der Kollegen dort passt die Stichwunde genau zu diesem Modell. Ich erwarte jeden Moment einen Anruf mit einer dementsprechenden Bestätigung."

13

Otto Harweck wurde in Gewahrsam genommen, genauso wie Leopold Schleindinger. Nachdem Chefinspektor Steiner seine Beweise und Indizien auf den Tisch des Extrastüberls beim Egger-Wirt gelegt hatte, zogen es beide vor, eisern zu schweigen. Harweck mit einem Gesichtsausdruck, der weder Anzeichen von Reue oder Schuld aufwies, Schleindinger hingegen gebrochen und vollkommen in sich zurückgezogen. Vom aufgeblasenen, selbstgefälligen Günstling war kein Hauch mehr übrig. Was durchaus auch daher rührte, dass ihn sein Vater vom dem Zeitpunkt an, da die Rolle seines Sohnes in dem Fall nicht mehr zu leugnen war, keines Blickes würdigte. Ein mögliches Comeback in hohe Ämter – dass das bevorsteht, war er sich sicher – durfte nicht gefährdet werden. Im Notfall würde der Ex-Minister wahrscheinlich sogar leugnen, überhaupt einen Sohn zu haben. In diesen Dingen war Ferdinand Schleindinger schon immer schmerzfrei. Sonst bringt man's ja auch nicht so weit, nicht wahr.

In Gedanken hatte er zu diesem Zeitpunkt bereits das halbe Strafgesetzbuch durchgeblättert, auf der Suche nach etwaigen Tatbeständen, die man ihm würde anhängen können. Viel sollte nicht an ihm haften bleiben, da war er sich sicher. Immerhin hatte Schleindinger senior auch fast zwei Semester auf der juridischen Akademie verbracht, bevor er das Studium abbrach, um in die Politik zu gehen. Gerold Haubinger hingegen, dem wohl ebenfalls kaum eine Strafe drohen würde, brachte nicht ganz dieses Maß an Kaltschnäuzigkeit auf, die sein Partei- und Verbindungsbruder ausstrahlte, als dieser erhobenen Hauptes das Extrastüberl verließ. Das würde er allerdings noch lernen, der Herr Stadtrat, die Anlagen dazu waren ja vorhanden.

Branco Juric wurde mit der Bitte, sich für die Protokollierung seiner Zeugenaussage zur Verfügung zu halten, ebenso nach Hause geschickt wie Erwin Moser. Ähnlich wie bei den beiden Herren Politikern waren dessen Handlungen strafrechtlich kaum relevant. Doch anders als bei jenen freute das Steiner sogar. Er hatte Verständnis für den Moser, würde sich für ihn einsetzten. Letztlich könnte man argumentieren, dass der ehemalige ASZ-Leiter aktiv zur Aufklärung des Falles beigetragen hatte.

Siegfried Alexander „Sascha" Meier-Lobrecht war, nachdem seine liberale Bildungsbürger-Fassade durch den Nachweis seiner Bestechlichkeit arge Risse bekommen hatte, verzweifelt darum bemüht, einen Rest von Gesicht zu wahren. Und das versuchte er, seinem Naturell entsprechend, indem er sich über die Verfehlungen der anderen entrüstete. Versprach, in seinen Funktionen als Gemeinderat, Oberhaupt der untadeligen Bürgerliste BUM und Vorsitzender des Prüfungsausschusses den, wie er sagte, „abscheulichen Umweltskandal, diesen ruchlosen Anschlag auf Mutter Erde", lückenlos aufzuklären. Nachdem ihm die meisten der Anwesenden zu verstehen gegeben hatten, dass man ihm seine noble Gesinnung in Zukunft wohl nicht mehr ganz abkaufen würde, durfte auch der Herr Professor das Extrastüberl verlassen.

Zurück blieben ein mit seinem Ermittlungserfolg durchaus zufriedener Kriminalbeamter sowie zwei Stammtischbrüder, die nicht minder stolz auf ihre Beteiligung an der Aufklärung waren, das jedoch unterschiedlich zeigten. Einer von ihnen, der Albert, glühte geradezu vor Aufregung über sein Abenteuer. Der andere, der Onkel Franz, der derartige Ausbrüche für nicht altersgerecht erachtete, hatte Ermahnung und Belobigung des Chefinspektors betont gelassen entgegengenommen. Die Ermahnung, sich in Zukunft nicht mehr ungefragt in Belange der Polizei einzumischen, wurde von ihm mit einem kryptischen „Jo na eh" quittiert, die Belobigung für die wichtige Mithilfe bei den Ermittlungen mit einem generösen „Passt scho".

*

Montagmittag, eine Woche später, am großen Tisch beim Kachelofen in der Gaststube vom Egger-Wirt. Der am Montag eigentlich
Ruhetag hat. Aber heute macht er eine Ausnahme. Geschlossene
Gesellschaft, Chefinspektor Karl Steiner gibt sein Abschiedsessen.
Am Kopfende sitzend, führt er quasi den Vorsitz. Links und rechts
von ihm haben der Onkel Franz und der Albert Platz genommen,
ein jeder mit seiner Gattin an seiner Seite. Die Resi ist heute ebenfalls Gast, der von ihr persönlich zubereitete Schweinsbraten wird
in der Küche gerade vom Juniorchef aufgeschnitten. Der heute
ganz allein den Service übernehmen muss, denn auch Egger senior
ist Teil der Tischrunde. Die Stimmung ist naturgemäß etwas gedrückt, immerhin ist mit der Helga Pawlak ein unbeteiligtes Opfer
zu beklagen. Vor allem die Kellnerin trifft der Verlust, wenngleich
sie zu ihrer Cousine nicht die engste Verbindung hatte. Dennoch
herrscht auch Erleichterung in der Runde. Erleichterung darüber,
dass der Albert gesund wieder aufgetaucht ist, der Mord an dem
Toten aus dem Wald aufgeklärt werden konnte. Und nicht zuletzt
ist es ja auch gelungen, eine Giftmüllschiebung im großen Stil auf-
zudecken. Otto Harweck unterhielt nämlich, wie sich bei einer breit
angelegten Untersuchung durch Kriminalpolizei und Umweltamt
herausgestellt hat, nicht nur Geschäftsbeziehungen der besonderen
Art zu Leopold Schleindiger, mindestens fünf weitere Recycling-
betriebe dürften mitgemischt haben bei der illegalen Entsorgung
der Giftschlacken.
„So, meine Damen, meine Herren", eröffnet Steiner die Tafel, nachdem der junge Egger eine große Rein mit herrlich knusprigem
Schweinsbraten nebst traditionellen Beilagen in die Mitte des Tisches gestellt hat, „dann greift zu, geht alles auf die Republik." Der
Kollege, der in Linz für die Bearbeitung der Spesen zuständig ist,
würde zwar nicht die größte Freude an der Rechnung haben, das
ist dem Chefinspektor momentan aber egal. Er ist einfach nur froh,
dass er den Fall nun als abgeschlossen betrachten kann und seinen

hiesigen Hobby-Detektiven nichts Ernsthaftes zugestoßen ist. Vor allem dieser Albert verfügt ja über ein großes Maß an Talent, sich in Schwierigkeiten zu bringen. Ihn dafür allzu sehr zu tadeln, konnte sich der Linzer aber sparen, das hatte bereits seine Frau übernommen. Als sie ihn Freitagnacht in etwas alkoholisiertem Zustand bei ihr daheim abgeliefert hatten, war sie zwar froh gewesen, ihren Mann gesund wiederzubekommen, dennoch durfte sich der Arme im Folgenden einiges anhören. Auch jetzt schaut sie ihn noch immer ab und zu mit in Falten gelegter Stirn leicht kopfschüttelnd von der Seite an.

„Ich bitte Sie", sagt jetzt Steiner, dem das aufgefallen ist, zu ihr, „sein Sie ihm halt nicht allzu bös. Ist ihm ja Gott sei Dank nichts weiter passiert."

„Ja, schon", lautet die Antwort der gestrengen Gattin, „hätte aber können. Was passieren, mein ich."

„Aber ohne ihn", setzt der Linzer seine Verteidigung vom Albert fort, „hätten wir die Giftfässer vielleicht gar nicht gefunden. Das muss man ihm lassen."

„Stimmt schon", gibt sie zu und wendet sich daraufhin nahtlos an den Onkel Franz, „aber dass ihr zwei auch immer auf so blöde Ideen kommt."

Das lässt der Onkel so nicht auf sich sitzen.

„Jetzt hör aber auf. Diesmal hab ich aber wirklich kaum was damit zu tun gehabt, oder? Zu viel Krimis schaut er, der Albert. Und seine Modellbauerei, die ist auch ein bisserl schuld. Find halt ich."

„Mit der hör ich sowieso wieder auf", wirft der Albert jetzt ein, „viel zu gefährlich. Außerdem mag ich nicht mehr im Keller sitzen, davon hab ich mehr als genug."

Die Tante hat sich das Ganze bis jetzt relativ ruhig angehört, nun meldet sie sich aber mit einem ausgiebigen Räuspern zu Wort.

„Na ja, ganz so unbeteiligt warst du dann doch nicht, lieber Mann. Ich glaub, da müssen wir Frauen uns noch irgendeine Pensionisten-Beschäftigung für euch ausdenken. Was Ungefährliches. Und am besten unter Aufsicht."

Der Onkel Franz will schon widersprechen, so geht's ja dann bitte auch nicht, das leichte Schmunzeln in den Mundwinkeln seiner Frau ist ihm vorher entgangen. Jetzt fällt es ihm auf, genauso wie ein Aufblitzen in ihren Augen. Außerdem gibt sie ihm unter dem Tisch gerade einen freundschaftlichen Stoß gegen das Knie.

„Ja, hast eh recht", gibt er nach, „dann pass ich halt in Zukunft noch besser auf den Albert auf. Damit sie ihn nicht wieder irgendwo einsperren."

„Apropos einsperren", meldet sich jetzt die Resi zu Wort, „ich hoff, dieser Harweck wird verurteilt. Wie schaut's da aus?"

„Mit Sicherheit", antwortet Steiner, „die Indizien hätten dazu womöglich schon ausgereicht. Seinen Hirschfänger hat er zwar verschwinden lassen, aber anhand des identen Dolchs konnten wir zweifelsfrei nachweisen, dass genau dieses Modell die Tatwaffe gewesen sein muss. Na ja, und dann hat schließlich der Leopold Schleindinger doch geredet. Somit wissen wir jetzt Bescheid über den genauen Tathergang."

Jetzt spitzen alle ihre Ohren. Sogar der Onkel Franz, der gerade seine Gabel mit einem besonders knusprigen Stück Schweinsbraten zum Mund führen wollte, hält inne. Gespannt schauen sie den Chefinspektor an, der nun beginnt, die Vorgänge der besagten Nacht zu schildern.

Nach Aussage Schleindingers habe alles damit angefangen, als bei der Ankunft Harwecks und Petrovs mit einer weiteren Lieferung roter Fässer der Verdacht aufgekommen war, dass da noch jemand auf dem Gelände anwesend sein könnte. Der Bulgare war der Erste gewesen, der geglaubt hatte, etwas zu hören. Schon wie beim letzten Mal, als er den Obdachlosen am Zaun entdeckt und niedergeschlagen hatte. In dieser Nacht meinte er nun aber Geräusche vom hinteren Teil des Geländes her wahrzunehmen, dort wo die große Plastikpresse steht. Wenn die beiden anderen dies erst auch als Paranoia abgetan hatten, Petrov war nicht davon abzubringen gewesen. Also waren sie nachsehen gegangen. Hatten sich vorsichtig herangeschlichen und konnten so tatsächlich eine Gestalt beobachten, die gerade dabei war, die Leiter an der Presse hinaufzusteigen. Die Pawlak. Lange nach Feierabend, noch immer in ihrer Arbeitskleidung. Die schnüffelt rum, geht womöglich irgendeinem Verdacht nach, waren die drei überzeugt gewesen. Denn, wie man mittlerweile nachvollziehen konnte, hatte Schleindiger die giftigen Schlacken nicht nur auf die gelben und blauen Altölbehälter verteilt, sondern war auch auf die grandiose Idee gekommen, sie in geringen Dosen in verschiedensten Sammelbehältern des Betriebs verschwinden zu lassen. Unter anderem auch über die Presse. Zurück an den Absender, sozusagen. Nun, keiner hat je behauptet, dass der Poldi einer der Hellsten wäre, warf Steiner an dieser Stelle seines Berichtes ein. Wahrscheinlich hatte ihn die Gier dazu getrieben, das lukrative Geschäftsmodell auf diese Weise zu beschleunigen.

Was weiter geschehen war, hatte sich, nach allem was man nun weiß, ungefähr folgendermaßen abgespielt: Helga Pawlak, die wohl nach Feierabend auf dem Gelände geblieben ist, sich hat einschließen lassen, geht ihrem Verdacht nach. Nimmt, um die Klappe der Presse öffnen zu können, das Gerät in Betrieb. Fühlt sich unbeobachtet, hat bis dahin von der Ankunft der Müllschieber nichts bemerkt. Steigt hinein, untersucht den Inhalt. Georgi Petrov – so zumindest die Aussage Schleindingers – pirscht sich heran, überlegt nicht lange und drückt auf den Startknopf. Was dann passiert, lässt der Chefinspektor in seiner Schilderung aus. Nimmt seinen Bericht an der Stelle wieder auf, an der es zum Streit zwischen Harweck und Petrov kommt. Die Brutalität des Bulgaren, die Unberechenbarkeit des Mannes, all das überfordert den Chef der WSVH, gefährdet zudem seine Pläne. Das Wortgefecht wird immer aggressiver, Petrov bedroht Harweck, der zieht sein Jagdmesser. Was dann passiert, versuchen sowohl Harweck als auch Schleindinger nach wie vor als Unfall darzustellen. Letzterer behauptet auch, dass ihn der andere dazu gezwungen habe, dabei zu helfen, den Toten zu verscharren. In der Nähe des Tatorts, dazu auch nicht sonderlich sorgfältig. Wohl eher eine Kurzschlussreaktion. Selbst für einen ansonst schmerzfreien Charakter wie Otto Harweck stellt das Verschwindenlassen einer Leiche wohl keine Routine dar.

In Bezug auf die Helga Pawlak hatte er dann jedoch versucht, überlegter vorzugehen. Wozu er auch reichlich Zeit hatte. Denn es war noch nicht sehr lange her gewesen, dass der Container der Plastikpresse zuletzt abgeholt und durch einen leeren ersetzt worden war. Somit würde es noch etliche Tage dauern, bis man ihn, ohne Aufmerksamkeit zu erregen, erneut tauschen könnte. Eine brenzlige Situation, Harweck befürchtete Geruchsbildung. Darum hatten sie noch in derselben Nacht reichlich Kalk sowie weiteres Material in die Presse geworfen. Das hatte wohl funktioniert, bis zur Abholung war niemand etwas aufgefallen. Die Weiterverarbeitung in der WSVH hatte er dann hinausgezögert, wollte den Inhalt am darauffolgenden Wochenende persönlich und ohne Zeugen schreddern. Daraus wurde allerdings nichts, Branko Juric und seine Kollegen hatten dummerweise gerade in jener Woche etwas zu schnell gearbeitet.

Jetzt ist es still am Tisch. Der junge Egger räumt ab. Chefinspektor Steiner hat seine Schilderung des Geschehens zeitlich so abgestimmt, dass die grausigen Details erst zur Sprache gekommen sind, als man bereits fertig gegessen hat.

„Wieso", bricht nun der Albert das Schweigen, „wieso hat jetzt die arme Helga vorher ihre Zähne in den Spind gelegt, da wo ich sie gefunden habe?"

„Nun", meint Steiner, „das haben wir uns zunächst auch gefragt. Nach Aussage ihrer Kolleginnen war das nicht ungewöhnlich für sie. Die alte Prothese hat wohl schon arg gedrückt, und sich eine neue anfertigen zu lassen, dafür wollte sie scheinbar kein Geld ausgeben. Jetzt hat sie das Teil immer dann, wenn sie nicht unter Leuten war, herausgenommen. Gut für uns, denn letztlich war es diese Angewohnheit, die uns ermöglicht hat, sie zu identifizieren."

„Und ich", wirft der Albert nicht ohne Stolz ein, „weil ich hab die Zähne ja …"

„Ist schon recht", unterbricht ihn der Onkel Franz, „hast den Fall praktisch im Alleingang gelöst, gell? Was ich aber schon die ganze Zeit fragen wollt, weiß man schon, was mit dem Olaf ist? Gibt's da irgendeine Spur?"

„Wie vom Erdboden verschluckt", antwortet der Chefinspektor, „genauso wie der Umschlag mit den dreißigtausend Euro. Was wir mittlerweile allerdings gefunden haben, ist der als gestohlen gemeldete Mercedes des Herrn Haubinger. In Salzburg am Bahnhof. Und im Wagen eine Art Nachricht. Adressiert an Sie, Herr Franz."

Jetzt ist die Verwunderung groß, nicht nur beim Angesprochenen. Steiner greift in seine Tasche, holt ein Kuvert hervor und übergibt es dem Onkel. Der setzt sich nun umständlich seine Lesebrille auf, um es genau in Augenschein zu nehmen. Einen blaugrauen DIN-A5-Umschlag hält er da in Händen, der auf der Verschlusslasche eine kleine Prägung aufweist. Eine Art Lorbeerkranz mit dem Buchstaben H in der Mitte, Firmenlogo der Schreibwarenhandlung Haubinger. Der Onkel Franz erkennt es, prangt es doch in noblem Messing über der Eingangstür des Geschäfts. Der Blick, den er daraufhin Steiner über den Rand seiner Brille zuwirft, spricht Bände. Handelt es sich hierbei um das Kuvert, in dem die Dreißigtausend übergeben werden sollten? Und, wenn ja, hat Haubinger dafür tatsächlich eines mit dem Logo seines Geschäfts verwendet? Aus unverständlicher Eitelkeit womöglich, oder hat man es hier einfach nur mit Blödheit zu tun? Wahrscheinlich eine ordentliche Mischung aus beidem.

Der Linzer zuckt nur leicht mit den Schultern, macht anschließend eine kreisende Bewegung mit dem Zeigefinger. „Umdrehen", soll die bedeuten. Der Onkel versteht, sieht sich nun die andere Seite des Kuverts an. „Für den Franz", steht da in tadelloser Handschrift zu lesen. Jetzt steigt die Neugier. Alle Anwesenden haben ihre Augen auf ihn geheftet, als er nun in den Umschlag greift. Aber es ist kein Bündel Banknoten, das er herauszieht, lediglich einen Bogen Papier hält er in Händen. Er faltet ihn auf, liest die kurze Nachricht und beginnt zu schmunzeln. Anschließend legt er das Blatt

wieder zusammen und verstaut es in der Innentasche seines Jankers.
Greift sich anschließend sein Bierglas und nimmt einen ausgiebigen
Schluck. Mit Ausnahme Steiners schauen ihn nun alle fragend an,
aber er schüttelt nur den Kopf. Wendet sich darauf an den jungen
Egger, der gerade wieder hereinkommt und sagt: „So, Herr Wirt,
gut war's, das Bratl, aber jetzt brauch ich einen Schnaps."
Nachdem die Runde Zwetschkenbrand serviert worden ist, halten
jetzt alle ihr Stamperl hoch, prosten sich zu. Der Onkel Franz muss
dabei noch immer leicht grinsen, denkt nach wie vor an den Brief
in seiner Tasche. Die zwei kurzen Sätze, ebenfalls in kultivierter
Handschrift verfasst, lauteten: „Danke für den Leberkäse, Alter.
Ich zieh jetzt nach Süden."

Epilog

So, das war's. Ich hoffe, es war nicht gar zu grauslich und die Übung ist gelungen. Deren Zweck nämlich vordergründig darin bestanden hat, Vergnügen zu bereiten. Denn nichts anderes wäre der Endzweck der Künste. Meinte jedenfalls Gotthold Ephraim Lessing bereits im achtzehnten Jahrhundert. Und daran hat sich seither nichts geändert, zumindest im Innviertel.

Aber nicht, dass sie jetzt darauf kommen, unserem schönen Landesteil oder gar dem Onkel Franz selbst Rückständigkeit zu unterstellen. Wenn auch dort und da Anklänge von Nostalgie nicht zu leugnen sind. Sogar ich als Berufsjugendlicher entdecke immer wieder einmal Derartiges an mir. Was mir allerdings nicht übermäßig unangenehm ist, im Gegenteil. Schadet nämlich gar nicht in unserer schnelllebigen Zeit. Weil aber jedes Hamsterradl von innen ausschaut wie eine Karriereleiter, fällt es vielen schwer, ab und zu mal auszusteigen aus dem Karussell des Fortschritts. Sollte man aber. Einfach mal abschalten, offline gehen, ein gutes Buch zur Hand nehmen. Kann gern eines von mir sein, würde mich freuen.

Der Onkel Franz wird mir natürlich nach Erscheinen dieses Buches wieder einen Besuch abstatten. Und mir dabei zuerst ein paar Vorhaltungen machen, so viel ist sicher. „Da hast mir ja wieder a saubere Suppen eingebrockt, Bua", hör ich ihn schon sagen, oder „noch einmal machst mir des nimmer, für so was bin i scho z' alt." Dann, nach einem Weißbier und einer kleinen Jause, sollte es aber auch ein klein wenig Lob geben. Denn eines weiß ich, an der Rolle, die ich der Kleinstadt-Bourgeoisie in seinem neuesten Abenteuer zugedacht habe, wird er Gefallen finden. Er nennt sie halt „de Großkopferten", auch ein schönes Bild. Was würde da jetzt besser passen, als diesen Epilog mit einem Zitat des geschätzten Onkels zu schließen. Jedesmal dann, wenn irgendjemand meint, er wäre von höherer Geburt als seine Mitmenschen, sagt er nämlich gern zu mir: „Du, i glaub, der hat vergessen, dass wir alle aus'm selben Froschweiher kommen. Und der war in Afrika."

Dem ist nichts hinzuzufügen.

Klaus Ranzenberger

Der Onkel Franz
oder
die Typologie des Innviertlers

VERLAG ANTON PUSTET

Der Onkel Franz
oder
die Typologie des Innviertlers

4. Auflage, 160 Seiten
13,5 x 21,5 cm, Hardcover, ISBN 978-3-7025-0767-1
€ 22,00

eBook 978-3-7025-8001-8
€ 14,99

Leseprobe

Mediterranes

Der Onkel Franz hat Kopfweh. Alkoholbedingt. Nein, er war nicht am Stammtisch, Besuch war da. Verwandtschaft. Einer seiner zahlreichen Neffen. Der Jacques – Jacques Scharinger und seine Frau, die Mitzi. Am Vorabend waren die beiden überraschend aufgetaucht. Auf der Rückfahrt von ihrem alljährlichen Toskana-Urlaub hatten sie spontan beschlossen, beim Patenonkel vorbeizuschauen. Liegt ja am Weg. Der Jacques lebt nämlich seit fünf Jahren in München, wo er für irgendein großes Unternehmen in der Werbung tätig ist. So waren sie also beim Onkel Franz vorgefahren in ihrem schwarzen Volvo-Kombi und hatten sogleich Gastgeschenke und kleines Gepäck für die Nacht ausgeladen.

„I moan, de woin üba d'Nocht bleibm", sagte der Onkel zur Tante, wenig begeistert. Er wurde nämlich durch den überraschenden Besuch bei seiner Abendjause gestört. Kaltes Schweinernes mit Kren und Senfgurken, hausgemachte Sulz, dazu ein Weißbier. Die Abendjause war dem Onkel Franz heilig. Am Küchentisch, an seinem angestammten Platz sitzend, pflegte er – in aller Ruhe – diese Köstlichkeiten zu genießen. Widerwillig stand er auf, um seinen Neffen zu begrüßen. „Jo so was, da Jakob, griaß eich, kemmts eina!" Jakob Scharinger, der sich seit seiner Studienzeit vorzugsweise mit „Jacques" anreden ließ, stellte den mitgebrachten Karton toskanischen Weines ab und umarmte seinen Onkel nach französischer Manier. Nach einigen Begrüßungsformeln, die eine Selbsteinladung über die Nacht beinhalteten, nahm der Besuch auf der Eckbank Platz. „Marie, meine Liebe", sprach der Jacques zu seiner Mitzi, „bitt doch die Tante um ein paar Teller, wir haben euch da etliche spezielle Köstlichkeiten mitgebracht, die wollen wir doch gleich mal verkosten."

Das Schweinerne und die Sulz wurden beiseitegeschoben und Prosciutto, Parmesan, Oliven und getrocknete Tomaten stattdessen aufgetragen, der mitgebrachte Rotwein fachmännisch entkorkt und eingeschenkt. „Direkt aus der Toskana, Sangiovese, feine Traube, den müsst ihr probieren!" Der Onkel blickte sehnsüchtig auf sein Weißbier, stöhnte kaum hörbar auf und fügte sich in sein Schicksal.

Und jetzt auch noch Urlaubsfotos! Der Onkel Franz hat das immer schon gehasst – Diavortrag! Aber der Jacques braucht keine Verdunkelung, keinen Projektor. Er klappt seinen Laptop auf und los geht's. Man drängt sich auf der Eckbank um den kleinen Bildschirm. Die Mitzi im Olivenhain, der Jakob im Weinberg, beide im Weinkeller. „Und da bin ich mit unserem Patrone, dem Giovanni. Ein ganz feiner Kerl. Wir kennen ihn ja auch schon seit drei Jahren", kommentiert der Jacques.

Es folgen einige Bilder vom Alimentari des feinen Kerls. Eine Art Hofladen. Produkte aus eigener Herstellung, aus der Region. Effektvoll aufgebaut in Sperrholzkistchen, auf Stroh, von Weinlaub umrankt. Eben jene Mitbringsel, denen man sich jetzt wieder zuwendet.
Den Wein bezeichnet der Onkel mit einem gemurmelten „sauba hantig", was ihm einen strafenden Blick der Tante einbringt. Der Jacques versteht „kantig" und setzt zu einem Vortrag über die Ursprünglichkeit der Sangiovese-Traube an, lobt den Onkel als Weinkenner. Als dieser nach seiner Lesebrille verlangt, um das Etikett der „Pommodori secci" zu studieren, setzt es das nächste Lob ob des italophilen Interesses. Dabei sucht der Onkel Franz nur nach dem Verfallsdatum, weil ihm die getrockneten Tomaten „a weng ranzig" vorkamen, wie er der Tante zuflüstert. Den Prosciutto findet der Onkel „zach" und „austrikat", das Toskanabrot „bröslt eahm

z'vui" und die Oliven sind ihm sowieso „z'bitta". Das alles hört der Jacques nicht, er bekommt nur mit, wie der Onkel Franz nach dem Genuss besonders alten Parmesans hörbar aufstößt und nach einem Schnaps verlangt. „Grappa", ruft er der Mitzi zu, „Marie, öffne den Grappa!" – „Eh ned schlecht – fia an Trebernschnaps", meint der Onkel. „Lässt er sich ja auch ordentlich bezahlen, der Giovanni, diese Spezialitäten, aber – sagt selbst – das ist's schon wert, original toskanisch!", freut sich der Jacques, dass es allen so schmeckt.

Anderntags, nach einem ebenfalls mediterranen Frühstück, verabschieden sich Jakob und Mitzi Scharinger herzlich, steigen in ihren Volvo und fahren ab. Onkel und Tante winken ihnen noch etwas nach und gehen zurück ins Haus. Die Tante begibt sich in die Küche und bereitet das Mittagessen. Blutwurst mit Sauerkraut und Bratkartoffeln, dazu ein Weißbier. Der Magen des Onkels beruhigt sich, auch das Kopfweh geht weg.

Nach dem Essen sitzt man noch zusammen am Tisch und liest Zeitung. Der Onkel lokal und international, die Tante die Werbebeilagen. Später wird man tauschen. Trotzdem lesen sich die beiden gegenseitig vor: „In Italien hom s' jetzt a de Schuidnkrise", kommentiert der Onkel, und die Tante sagt: „Do schau her, ‚Hofa informiert': italienische Wochen, Spezialitäten aus der Toskana, Sonderangebot, schaut genauso aus wia des Zeig vom Jakob. Franzl, moanst, dass' in Italien a an Hofa gibt?"

„Sowieso", meint der Onkel Franz und macht sich noch ein Weißbier auf.

Klaus Ranzenberger

Geboren 1964 in Braunau am Inn, wo er nach wie vor lebt und einen Friseursalon betreibt. Beschäftigt sich seit frühester Jugend autodidaktisch mit Karikatur, Malerei und dem Schreiben und verfasst Kolumnen für lokale Blätter. Erfinder des „Onkel Franz", einer zeitgenössischen Innviertler Entsprechung von Torbergs Tante Jolesch, sowie der Burgheim-Krimi-Reihe im Verlag Anton Pustet.

Mostkost
Ein Fall für den Onkel Franz
Innviertler Krimödie

224 Seiten
13,5 x 21,5 cm, Hardcover, ISBN 978-3-7025-1025-1
€ 22,00

eBook 978-3-7025-8083-4
€ 14,99

Neues vom
Onkel Franz
oder
die Odyssee eines Innviertlers

2. Auflage, 160 Seiten,
13,5 x 21,5 cm, Hardcover
ISBN 978-3-7025-0900-2
€ 22,00

eBook
978-3-7025-8054-4, € 14,99

Alles Gute
vom Onkel Franz
oder
der Innviertler im Jahreskreis

160 Seiten, 13,5 x 21,5 cm, Hardcover
ISBN 978-3-7025-0975-0
€ 22,00

eBook
978-3-7025-8073-5, € 15,99

Mord
in vier Gängen
Ein Burgheim-Krimi

192 Seiten, 13,5 x 21,5 cm
Hardcover
ISBN 978-3-7025-0822-7
€ 22,00

eBook
978-3-7025-8027-8
€ 14,99

Mord ist
kein Patentrezept
Ein Burgheim-Krimi

192 Seiten, 13,5 x 21,5 cm
Hardcover
ISBN 978-3-7025-0869-2
€ 22,00

eBook
978-3-7025-8040-7
€ 14,99